把语文课上成语文课，用语文的
方法教语文。

——黄厚江

· 教育家成长丛书 ·

黄厚江
与语文本色教育

HUANGHOUJIANG YU YUWEN BENSE JIAOYU

中国教育报刊社 · 人民教育家研究院 组编

黄厚江 著

北京师范大学出版集团
BEIJING NORMAL UNIVERSITY PUBLISHING GROUP
北京师范大学出版社

图书在版编目（CIP）数据

黄厚江与语文本色教育/黄厚江著；中国教育报刊社人民教育家研究院组编．—北京：北京师范大学出版社，2016.6（2024.8重印）
（教育家成长丛书）
ISBN 978-7-303-20269-0

Ⅰ．①黄…　Ⅱ．①黄…　Ⅲ．①中学语文课—教学研究
Ⅳ．①G633.302

中国版本图书馆 CIP 数据核字（2016）第 080283 号

图 书 意 见 反 馈	gaozhifk@bnupg.com	010-58805079
营 销 中 心 电 话	010-58802135	010-58802786
北师大出版社教师教育分社微信公众号	京师教师教育	

出版发行：北京师范大学出版社　www.bnup.com
　　　　　北京市西城区新街口外大街 12-3 号
　　　　　邮政编码：100088
印　　刷：北京虎彩文化传播有限公司
经　　销：全国新华书店
开　　本：787 mm×1092 mm　1/16
印　　张：21.5
字　　数：368 千字
版　　次：2016 年 6 月第 1 版
印　　次：2024 年 8 月第 3 次印刷
定　　价：70.00 元

策划编辑：伊师孟　　　　责任编辑：齐　琳　韩　妍
美术编辑：焦　丽　　　　装帧设计：焦　丽
责任校对：陈　民　　　　责任印制：马　洁

教育家成长丛书

编委会名单

总　顾　问：柳　斌　顾明远

顾　　　问：叶　澜　田慧生　林崇德　陈玉琨

编委会主任：杨春茂

编　　　委：（按姓氏笔画为序）

于　漪　王瑜琨　方展画　田慧生

成尚荣　任　勇　刘可钦　齐林泉

孙双金　李吉林　杨九俊　杨春茂

吴正宪　汪瑞林　张志勇　张新洲

陈雨亭　郑国民　施久铭　徐启建

唐江澎　陶继新　龚春燕　程红兵

赖配根　鲍东明　窦桂梅　魏书生

主　　　编：张新洲

副　主　编：赖配根　王瑜琨　汪瑞林

总　序

　　教育是国家发展的基石，教师是基石的奠基者。古人云："国将兴，必贵师而重傅。"兴国必先强教，强教必先重师。党中央、国务院高度重视教师队伍建设。2013 年教师节，习近平总书记在给全国广大教师的慰问信中指出："百年大计，教育为本。教师是立教之本、兴教之源，承担着让每个孩子健康成长、办好人民满意教育的重任。"2014 年，在第 30 个教师节前夕，习总书记到北京师范大学视察并发表重要讲话，指出："一个人遇到好老师是人生的幸运，一个学校拥有好老师是学校的光荣，一个民族源源不断涌现出一批又一批好老师则是民族的希望。"《国家中长期教育改革和发展规划纲要（2010—2020 年）》也明确提出，"有好的教师，才有好的教育"，要"努力造就一支师德高尚、业务精湛、结构合理、充满活力的高素质专业化教师队伍"。"倡导教育家办学"，要创造有利条件，鼓励教师和校长在实践中大胆探索，创新教育思想、教育模式和教育方法，形成教学特色和办学风格，造就一批教育家。"两个一百年"奋斗目标的实现、中华民族伟大复兴中国梦的实现，归根结底要靠人才、靠教育，而支撑起教育光荣梦想的，是千百万的教师。

　　时代呼唤好老师。有一流的教师，才有一流的教育；有一流的教育，才有一流的国家。出名师、育英才、成伟业，是时代赋予我们教育战线的神圣使命。"所谓大学者，非谓有大楼之谓也，有大师之谓也。"好学校、好教育的最重要标准，就是要有好老师。一所学校、一个地区，乃至一个国家，如果教师有理想、有爱心、有学识、有高超的教育艺术，那么即使硬件设施有些简陋，家长、学生也会心向往之。教师是中国梦的奠基者。教师的重要使命，就是为每个孩子播种梦想、点燃梦想，并帮助他们实现梦想。每一间平凡的教室，每一节朴实的课，都不仅是知识的传递，而且是人类文明精神的接续、人生梦想的起航。正是有亿万个孩子梦想的放飞、绽放，中国梦才更加光彩夺目。如果说中国梦最坚实的土壤是学校，那么教师就是最伟大的"筑梦师"，他们用默默无闻、孜孜不倦的智慧劳动，让每一颗年轻的心灵都与中国梦激情相拥。

倡导教育家办学，造就一批好老师，首先要尊重、珍惜我们的本土智慧、本土创造。教育家不是凭空产生的，而是扎根于自己的民族文化土壤，同时吸收人类文明成果，从而创造出独特而生动的教育实践、教育智慧和教育文明。五千年源远流长的中华文明，不但形成了有我们民族特色的教育理论体系，而且涌现出了千千万万优秀的教育家，有被推崇为"大成至圣先师""万世师表"的孔子，有"匹夫而为百世师，一言而为天下法"的韩愈，有"捧着一颗心来，不带半根草去"的人民教育家陶行知，等等。改革开放40年来，随着教育改革的不断深入，教育战线涌现出了一大批杰出教师。他们痴情于教育事业，坚守理想信念和教育良知，在三尺讲台上默默耕耘、刻苦钻研，同时以敢为天下先的精神大胆创新，不断进取、不断超越，形成了各具特色的教育思想和教学风格。正是他们的成功探索和实践，创造了具有中国风格的教育经验，丰富了具有中国特色的教育理论宝库。原由教育部师范教育司组织编写，现由中国教育报刊社人民教育家研究院组织编写的"教育家成长丛书"，就是要向这些宝贵的本土创造性的教育经验致敬。

当前，教育领域综合改革正在深入推进，考试招生制度改革的大幕已经拉开，立德树人、培育和践行社会主义核心价值观成为大中小学教育的头等任务。可以预见，中国教育将发生深刻的变革，将从"中国制造"向"中国创造"转变。"没有革命的理论，就没有革命的运动。"没有适合中国土壤、具有中国智慧的教育理论，就不可能为未来的中国教育改革提供有效的指导。我们的教育要向"中国创造"飞跃，必然要首先创造属于我们自己的教育理论，而不是"言必称希腊"或者老是贩卖欧美的教育理论。170 多年前，美国思想家、诗人爱默生发表了著名演说《美国学者》，号召美国知识界："我们依赖旁人的日子，我们师从他国的长期学徒期时代即将结束。在我们周围，有成百上千万的青年正在走向生活，他们不能老是依赖外国学识的残余来获得营养。"由此，美国迈入精神立国阶段。

如今，我们也面临与爱默生同样的情形。随着我国 GDP 已从世界第二向第一迈进，我们要自觉养成强烈的"中国意识"，独立的中国文化品格，并由此去环视世界，去改造本土实践，去创造属于我们自己的精神养料——这在教育界显得尤为紧迫。"教育家成长丛书"，旨在把我们本土教育实践中蕴含的中国智慧提炼出来，从而形成具有时代意义的中国特色的教育话语体系，再以此去观照、引领、改造中国的教育实践，为伟大的教育改革提供经验、理论支持，也为未来的教育家提供丰富、可资借鉴的精神养料。

让我们为中国教育的伟大未来一起努力吧！

2018 年 3 月 9 日

前　言

　　见证着中国基础教育半个世纪的春华秋实，代表着中国基础教育教学成果的最高成就——"首届基础教育国家级教学成果奖"，闪耀着李吉林、窦桂梅、吴正宪、张思明、洪宗礼、唐江澎、邱学华、于永正、孙双金、薄俊生、龚春燕等一大批优秀教师的名字。而上述这些教师杰出代表恰恰都是《人民教育》"名师人生"栏目中最受读者喜爱的名师，都是"教育家成长丛书"的作者。

　　"教育家成长丛书"（以下简称"丛书"），是在第 20 个教师节前夕，为了研究、总结、宣传和推广我国众多优秀中小学教师的先进教育思想和鲜活宝贵的教育教学经验，培养造就一大批德才兼备的优秀教师和杰出的教育家，促进教师队伍整体素质的提高，根据教育部党组安排，由师范教育司组织编写的一套凝聚着一大批教育家成长智慧的大型教育丛书。

　　"丛书"自 2006 年问世以来，不但得到国务院和教育部领导同志的高度重视，而且先后印刷多次尚不能满足广大读者的需求。这其中的奥秘何在？

　　当你翻开"丛书"，每一部著作都讲述着一位教育家成长的故事。这些著作主要从"成长历程""思想概述""课堂实录"和"社会反响"等方面全景式反映其教育思想、教育智慧、专业精神和专业人格的形成过程与教学实践过程。这是教育家成长的基本素质所在。

　　当你沿着教育家成长的足迹走近他们的时候，你会融入这些带有"草根色彩"、扎根中华教育实践大地、充满田野芳香的真实感人的教育故事中。

当你从"丛书"中，从这些当年和自己一样的普通教师，成长为今天受人尊敬的教育家的成长过程中受到启迪，当你触摸着自己的心，把学生的成长和祖国的未来紧紧连在一起的时候，你会真切地感受到教育家离我们并不遥远。

当你用整个身心蘸着自己的生活积累去品味"丛书"中的每一部著作的"成长历程"时，在一位位名师不断学习、不断超越自我、不断超越学科教学的求索足迹中，你会读懂"教育是事业，其意义在于奉献"的丰富内涵。

当你研读"丛书"中的每一部著作的"思想概述"，和每一位名师展开心灵对话的时候，都会深深地感受到，一名教师对教育独立的理解与执着的追求有多么重要。从一名普通的教师成长为受人尊敬的教育家的过程中，你会读懂"教育是科学，其价值在于求真"的深刻含义。透过"丛书"，你会看到一代代教师用爱与智慧塑造民族未来的教育理想。

随着我们从"知识核心时代"走向"核心素养时代"，教师教育教学活动的视野已拓展到人的生存与发展的方方面面。教师要结合自己的教学实践去感悟"教育理念是指导教育行为的思想观念和精神追求"，应该把爱化为自己的教育行为，让爱充盈课堂，触摸到一个个灵动的生命，让爱产生智慧，让爱与智慧在学生心中留下岁月抹不去的美好回忆，让教育者和受教育者都感受到教育的幸福。这是"丛书"给我们的启示，也是每位教师应有的胸怀和视野。

时代呼唤教育家。为了进一步把我们本土教育实践中蕴含的中国智慧提炼出来，从而形成具有时代意义的中国特色的教育话语体系，以此去观照、引领、创新中国的教育实践并在更大范围加以推广，"丛书"将由中国教育报刊社人民教育家研究院继续组织编写，希望能够在更广大教师的心田中播种教育家成长的智慧，从而出更多的名师，育更多的英才，成就中华民族复兴的伟业。这是时代赋予广大教育工作者的神圣使命。如果广大教师能在每位教育家成长、探索教育智慧的过程中受到启迪，形成自己的教育智慧，则实现了我们编辑这套"丛书"的初衷。

"教育家成长丛书"

编委会

2018 年 3 月

目 录
CONTENTS
黄厚江与语文本色教育

我的成长之路

我的语文教育观

我的语文教学主张

我的语文教学方法

走进课堂

[社会反响]

[附 录]

我的成长之路

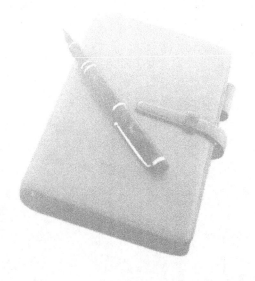

一、我不是个乖孩子

我一直想写一本书，书的名字就叫"我不是个乖孩子"。

常有教师问我："你遇到调皮的孩子怎么办？"

我说："做教师快 40 年了，至今还没有遇到比我更调皮的孩子。"

估计大家想象不出我小时候有多调皮，或者说有多坏。

母亲说我刚刚学步，就想在木制篮车的边沿上走，摔得鼻青脸肿。自记事起，我就经常挨父亲的巴掌，甚至被父亲用细竹枝和绳子抽屁股，主要原因是我经常闯祸，经常有同学到家里告状。有时候，我放学到家刚刚端起饭碗，一名同学就站到我家门口："你们家黄厚江今天打我了。"母亲连忙道歉，父亲则瞪我一眼。刚刚吃了半碗饭，一名同学就又挨近我们家的门，说："你家黄厚江把我的铅笔弄断了！"母亲又连忙给人家赔礼，父亲又狠狠瞪我一眼。饭还没吃完，又来一个女生，站在门，哭着说："你家黄厚江把我的新衣服弄脏了。"母亲连忙答应帮人家洗。"啪"的一声，父亲的筷子已经飞到我的头上。我的童年，包括已不是童年的很长一段时间，可以说是调皮至极，劣迹斑斑。高中毕业之后，我还带着一帮无所事事的小兄弟到处生事，甚至带着他们进城打架，颇有恶名，是"东南五霸"之一。苏州中学的一位领导到我的老家时，听人说起过去的我，回来以后死命盯着我看，然后说："黄厚江，看不出来，你原来是那样一个人！"

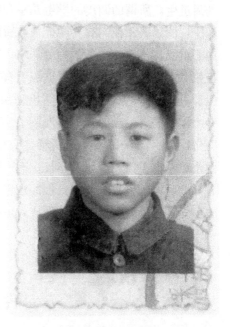

高中毕业时的照片

记得刚刚上小学的时候，农村学校的厕所非常简陋，是土坯垒起来的不高的茅房。男厕和女厕之间有一堵不高的墙隔着。那时候，可以娱乐活动的东西和场地都很少。到了冬天，男生就挤在墙边榨麻油，也就是大家都贴墙站着，一个挨着一个，两边的都使劲儿向中间挤，努力地把别人挤得靠不了墙。不少女生在厕所里跳键子。我顿时恶念萌生，便带头做起恶作剧，隔壁的女生发出一片尖叫，轰地跑走了。这正好被校长看到。晚上校长到我家里向我父亲告了一状，临走时对我父亲说："你这个儿子，将来不是个人物，就是个反王！"当天晚上，我自然少不了父亲的一顿狠打。

1977年恢复高考，1978年我考上师范学校。因为我天天出工下地劳动，村里人都不相信我考上了"大学"。相信的人也以为我是考上了专门教学生"打架"的体育学校。我都快要退休了，回到老家，还有人问我："厚江，还教体育吗？"我笑笑说："是的。""这么大年纪了，打架还打得过学生？"我说："打得过的"。他们很信任地说："是的，你从小打架就凶。庄上没有人打得过你的。"

诸如此类的故事数不胜数。这就是我，一个很不乖的孩子。直至我读了师范，甚至调进盐城市第一中学工作后，还有这样的故事发生。

但这样的经历，也成全了我的工作。调皮成了我做教师做班主任的优势。所谓的后进生，所谓的调皮的学生几乎和我都是好朋友。因为自己曾经是个调皮捣蛋的孩子，所以我和他们有共同语言，所以我的心和他们贴得很近，我更能理解他们的内心世界，也更能知道他们的需求。在别人眼中的坏孩子和我都是好朋友。在盐城市第一中学的时候，有一届班级上有"八大金刚"，都是一些不守规矩的孩子，夏天上课，光着头，赤着上身，露出一块块肌肉，不止一个教师上课时被他们气跑了，一个年轻的男教师都被他们气哭了。可他们和我都是好哥们。他们的老大对他们说："老黄上课，不许闹！谁不听话，我就收拾谁。"后来这几个孩子转变都比较大，有两个还考上了比较理想的学校。有一段时间，我转变差生的做法得到了很多家长和领导的认可，省报《新华日报》还宣传我的做法。我觉得，我的教育理念的形成和本色语文一系列教学主张的形成，可能都和我曾经是个"坏孩子"，是个非常普通的孩子，有着紧密的联系。

二、我从田野里走来

1974年，我高中毕业，做过4年多非常地道的农民。当年我老家的房子的墙上，贴满了我劳动的奖状。可以说，我是一个很地道也很优秀的农民。那几年的生活，使我对种庄稼和农民有了深切的理解，也使我具有了更浓厚的农民气息。对农民的智慧，也有了一种更强烈的崇拜。

就说我父亲，看他扬场（用木掀把稻子或麦子抛上天空，借助风把干瘪和饱满的稻子、麦子分开），那简直是一种艺术。等他扬完一个麦堆或稻堆，那地上一个个层次非常清楚，最里边是土块瓦砾，然后是饱满的麦子、稻子，再远处是干瘪的麦子、稻子，最远处是草叶。他知道同样的风，扬麦子、稻子或黄豆分别应该是什么样的高度、什么样的斜度。春天播种，只要事先定好是一亩30斤种还是50斤种，他都能撒得不剩也不缺，均匀刚好。他是队里育秧苗的好手。我经常陪他睡在焐稻种的队房里。夜里他都要起来好几次，从来不用闹钟。手伸到稻种里一探就知道温度是高了还是低了。而水温也完全是靠手感掌握。无不恰到好处。"手里没数，眼里没数，心里没数，种什么庄稼！"不仅是我父亲一个人，村里每一个人几乎都有这样的智慧。我一个伯伯，用铁锹挖泥，说好一锹100斤，一称，相差不会超过一两斤。开一条墒，说5寸宽3寸深，每条都经得住用尺量。"没有这点数，还能干活！"他干活总是慢条斯理。"地里的活，急不来。""急吼吼，不长久。"这些都是他常说的话。他们的言行都深深地影响了我。我有时候想，在今天的语文教师队伍里，我应该是个农民，或者说得好听点叫"农派"。他们的智慧帮助了我，他们的狭隘、容易满足也一定制约了我。但没有办法，我是他们的后代，我是他们中间的一个。

1980年，我师范毕业，来到一个乡村中学工作。那是一所公社中学。我在一些文章中写到过。那是我做语文教师的第一站。那6年对我来说也是极为重要的一个阶段。我在以前的文章中，谈过当时比较早的自发式的"教学研究"对于我后来成长的意义。现在想来，更有意义的是，那6年我无拘无束，没有任何束缚，没有任何限制，甚至是没有任何目的自由摸索。没有人要求我，我自己也没有具体的目的。我说过，那时候没有教研员，校长是个老干部，并非教师出身，开会除了读报纸讲形势，就是传达上级精神。教研组是有的，开会除了选先进，就是讨论救济金的分配。没有教研活动，没有集体备课，更没有什么统一的练习、月考、统考。每个年级一个人，爱怎么干就怎么干。这真正成了我"大有作为"的"广阔天地"。成功了，没有人鼓掌；失败了，自然也没有人批评。精彩，没有人夸赞；难堪，也不在意别人讥笑。无牵无挂，自由自在。今天的年轻教师，就像今天的孩子。物质是富裕的，精神上似乎没有我当年的自由空间。有师傅有导师，有这样那样的培训，有各种精神物质的鼓励。但是就是容不得失败，就是没有自由空间。想到这些，真为今天的年轻教师委屈。也许受这一段日子的影响，我至今还固执地认为，一个好教师不是师傅带出来的，也不是什么培训活动或者什么培训班培训出来的。——看，这就是农民式的思维。见笑了。我还觉得，我们今天的许多优秀的青年教师，不能得到充分的发展，功利心太强，成名心太切，也是一个很重要的原因。常常是先想好了为了得到什么，然后再去做什么。先是什么"级"，后是什么"派"，再是什么思想。这就像一开始谈恋爱就想着生一个什么样的孩子，未免有点无趣。

在农村中学工作 6 年之后，我来到了一所省重点中学。这是一所在我们家乡很有威望的中学。学校里有几位在当地语文圈子里得到大家充分认可的前辈，尤其是教研组长邵老师和德高望重的林老师。在这所学校，在这个教研组，在他们身上，我学到了很多很多。我想，假如我一直在那所农村中学，一个人自由自在地、为所欲为地干下去一定走不到今天。首先是这个学校培养了我严谨的治学态度。我们的备课异常认真，集体备课质量非常高，经常是一个半天不够，还要加上一个晚上，有时就是一整天。备课强调统一，更强调细节。为一个问题吵架是正常的事情，甚至吵得红了脸几天不说话。我就有过"以下犯上"然后登门道歉的行为。老教师对青年教师很关心，但要求也很严格。年轻的教师，看到前辈很害怕也很敬重。有几位很有背景的年轻教师待不下去，便只能出去做公务员。这样的学风教风，培养了我扎实的专业底子，也培养了我较强的应考能力。这也有如一个孩子的成长和学习，小时候应该有必要的自由、必要的空间，甚至应该天真和单纯，长大了必须要学会懂规矩、守规矩。

三、成长，从课堂开始

2006 年，《人民教育》的"名师之路"栏目约我撰写关于自己成长经历的文章，在那篇题为"行走在现实与理想之间"的文章中，第一个小标题就是"成长，从课堂开始"。我至今仍坚持这样的观点：课堂是一个教师立身和立业的根本。

1980 年我被分配到一个离县城几十里远的乡村中学。学校很小，消息十分闭塞，自然没有什么教研的氛围，甚至从没听说过这么一回事。大家都是照着教参上课，能把教参上的内容都理解了，能把学生都讲懂了，那就是好教师。

尽管我从小学一至三年级，一直是班级里的"小先生"，但由于种种原因，1978年高考时，我的志愿没有一个是师范学校。因为第一志愿海运学院的身体复检和政审没有过关，所以开始的几批录取都被耽搁了，最后因为分数还比较高，被录进了师范学校。

我既是一个很现实的人，又是一个不安于现实的人。我知道自己没有能力改变在这乡村中学做一个教师的命运，我能做的就是把课上好，做一个学生欢迎、家长放心、领导信任、同行认可的好教师。

参加江苏省首届语文课堂教学比赛

学校里平行班级才两个，一般由一个教师担任，自然不可能有今天的所谓集体备课。我读了两年师范学校，几乎都是学的中学内容，汉语拼音则是小学的水平，自然不会有什么教学法之类的课程。语文课到底该怎么上呢？什么样的课才叫好课？心里一点底也没有。主要就是听学生的反映，学生喜欢我就高兴，学生说好我就坚持。同班同学中有几个分配的学校比较近，我就发起每周一次聚会，大家轮流坐庄，轮到的同学既要上一节课让大家评议，又要招待大家喝一顿 1.2 元一瓶的二曲酒。记得有一次，在一个同学的学校听课，他的一个年轻同事也参加我们的活动，评议时和我意见不合。他激将道：你上一节给大家听听，如何？年轻气盛的我居然真的上了一节课。至于好还是不好，已没有多大印象。在这种有点沙龙味道的活动中，我对语文课似乎越来越有感觉，学生也越来越喜欢。

谁也没有想到，就这样近乎盲目的摸索为我带来了改变一生的机遇。

那一年，县里成立了教研室，第一项大活动就是进行优质课评比。一层一级筛选，竞争还真激烈。自己也没有想到，我连续在学校、乡镇、片（由几个乡镇组成）的比赛中一路夺得第一，最后参加县里的决赛，又获得一等奖第一名。一年后，我又获得市第一名，去参加省首届语文优质课比赛。应该说，我从偏僻的乡村中学调进城里的省重点中学，1988年首次职称评审，就被破格评为中学一级教师，1992年被破格评为中学高级教师，乃至1998年成为江苏省特级教师都不能说与这没有关系。

更重要的是，因为在省里上课获得好评，市内外许多学校都请我去上课。所在的县，我几乎每个乡镇都去过，外县外市请我去的也不少。就是那几年，我上过的公开课也有100多节。当然，有成功，也有失败；但收获是巨大的，成长是显著的。有一段时间，人们狠批公开课的虚假，大有让公开课"下课"的趋势，我专门撰文为公开课正名。我公开承认，我是公开课的得益者，当然这绝不是指上文所说的那些实惠，而是指自己在执教公开课的过程中和听别人评议的过程中所得到的巨大收获。从那时开始，作为一个语文教师，我觉得自己才算"入门"了，也入迷了。

我实在记不清我听过多少公开课，而使我得益最多的是那些名师的课。于漪、钱梦龙、宁鸿彬、魏书生等教师的课我都听过，有的还听过不止一节。不仅听课，我还读他们的教学实录，读他们的关于课堂教学艺术的文章，读他们的"课"。这至今仍是我的一个重要的学习方式和学习习惯。最近《语文教学通讯》约我开设"名课名评"的栏目，我欣然接受。江苏教育出版社出版的那本《中国著名特级教师思想录·中学语文卷》我不止读过一遍。使我收益最大的，是钱梦龙先生灵活机智的引导和行云流水的课堂节奏，还有宁鸿彬先生对教材智慧的处理以及具有创造性的教学活动的设计。说到这些，不能不提到当时的县教研员，我语文教学的启蒙教师——丁如愚先生。多少次，在我上课前，他对我进行具体的指导；多少次，在听了我的课后，他引导我做深入的反思和分析……"要有追求，又不能脱离实际；要灵活，更要有效；要敢于创新，又要脚踏实地。"他朴实的告诫至今仍时时在我耳边响起。

正是他们，使我感受到语文教学的无穷魅力，把我的心永远和语文教学系在了一起。于是我置整整一木箱的退稿和很多文学刊物编辑的鼓励于不顾，放弃了从小就有的做一个作家的理想，移情别恋，把所有的心血倾注在语文教学，尤其是课堂教学之上。这其中自然有"独上高楼，望尽天涯路"的期盼和迷惘，也有"为伊消得人憔悴"的执着和付出，当然也有"蓦然回首，那人却在灯火阑珊处"的意外喜悦。

江苏省教育科学研究院杨九俊院长说："一个教师应该敬畏课堂。"我们要在课堂中获得成长，必须要对课堂有一份敬畏之心。而敬畏课堂，首先必须热爱课堂。一个教师的尊严，一个教师的幸福，一个教师的价值，都来自课堂。"得课堂者得天下。"对于教师来说，这应该是一个很朴素的真理。一个人只要从事了教师的职业，他的尊严，他的幸福感，他的人生价值，都主要体现在课堂上。很多优秀的教师都在课堂中找到了人生最大的幸福，也在课堂上实现了人生的价值。在平时，他们也许都是十分普通的人，甚至显得有点平庸，但一走进课堂，他们就会神采飞扬，就会沉醉在课堂的境界中；他们不仅自己获得了幸福，还会给他们的学生带来幸福。他们面对的是学生衷心喜爱甚至崇拜的目光，他们在学生心中有着至高无上的地位。我固执地感到，这样的幸福远远超过对金钱和权力的拥有。可也有些教师一走进课堂，就感到痛苦。我曾亲耳听到过一些教师表达对课堂的厌烦和恐惧。这样的教师，不仅自己痛苦，学生更加痛苦。我真不敢想象：一个不能从课堂中获得幸福的教师，如何教一辈子书；一个让学生痛苦的教师，如何面对学生去教他们的课。当然，也有些人标榜喜欢语文，喜欢课堂，只是为了追逐什么"特级"、什么"名师"，乃至什么"家"之类的名号，这并不是真的喜欢课堂，更不能创造让学生喜欢的课堂。不止一个年轻教师问我："黄老师，你在语文教学上有这样的成就，最主要的原因是什么？"我知道我在语文教学上还谈不上有什么成就，只能说多少有一点进步，只能说一直在不断努力，我回答他们说："真正热爱语文。"任何人，只要真的热爱一项事业，就一定能有成就，就一定能有幸福感，做语文教师也是如此。

要在课堂中获得成长，不仅要真的热爱语文喜欢课堂，还要能养成琢磨课堂、研究课堂的好习惯。"有时间，常听听自己的课。"这是我对青年教师常说的一句话。你会在对课堂的琢磨中获得进步，你会在对课堂的琢磨之中获得成长的快乐。每学期拿到新书，我都会选择几篇课文好好琢磨。这个习惯我一直保持到现在，它使我受益无穷。我也知道，现在有了一点名号、有了一点名气的人，或者是为了珍惜"羽毛"，或者是缺少自信，愿意继续上课的人实在不多了，愿意上公开课的则更少。

甚至有人公开宣称：让我讲座可以，让我评课也可以，要我上课不行。也有人劝我：你就做做讲座吧，上公开课风险太大，万一上砸了，毁了一世的"英名"。可是我没有接受这样善意的劝告，还是乐此不疲地上课。我不仅一直在一线教学，而且经常应邀执教公开课；不仅教高中，而且常常客串去教初中。我时常要挑战自己，不断选择一些新的课题进行公开教学，甚至一篇课文的教学已经得到了比较广泛的认可，我还要挑战自己，重新寻找新的教学思路。《黔之驴》等课文的教学，我有两个版本，《蜀道难》等课文的教学，我有 3 个版本。近两年，几次应邀和一些年轻的教师一起"同题异构"琢磨课堂教学。从某种意义上说，"风险"当然是难免的，但我觉得这样做很有意思，总能不断有新的提高，也从中享受了不少幸福。2012 年全国中学语文教学专业委员会在苏州召开了"黄厚江本色语文教学研讨会"，本来我想执教 6 节研讨课，从七年级至高三，从写作到阅读，覆盖各种主要文体和课型，后来大家都担心我身体受不了，最后我上了 4 节课做了两个讲座，有初中有高中，有阅读有写作。在谢绝了苏州市的教师之后，全国仍有 1000 多位教师参加活动，学校大剧场的走廊过道、舞台两侧和后边台都挤满了与会教师，我想各位的热情参与一定与我建议组委会将主题确定为"用思想引领课堂，用课堂演绎思想"有关。

同样，研究别人的课堂也会使我们获益无穷。多年来，研究于漪、钱梦龙、宁鸿彬、陈中梁等教师的课堂，获益良多。我对语文课程，对语文学习规律，对语文课堂教学，对教师的角色定位，都有了更为清晰更为正确的理解。不仅是琢磨名家的课堂，琢磨那些普通教师的课堂，也使我们不断长进。和许多年轻教师一起琢磨课堂，在帮助他们的同时，我自己也有了新的进步。正是在不断琢磨课堂的过程中，我逐渐形成了自己比较系统的本色语文教学思想和本色语文课堂的基本观点，确立了我个性化的语文课堂追求，建构了课堂教学诊断的基本理论框架。现在，听课评课的活动很多，这是研究别人课堂的好机会。但要能在这些活动中获得成长，必须要有良好的听课心态和正确的听课动机，要有理性分析课堂的能力，要建立起比较科学的课堂教学标准；如果动机不良，认识偏颇，方法不当，标准不对，收获就很小，甚至适得其反。

事实证明，学科研究必须从课堂开始。课堂教学让我们发现问题，课堂教学为我们提供了丰富的研究资源，在课堂教学中才能逐渐形成我们的教学追求和教学风格，一个人的教学思想更是来自于课堂。脱离了课堂的教学研究，脱离了课堂的教学风格，脱离了课堂的教学思想，都是空中楼阁、自欺欺人、纸上谈兵的东西，是没有任何价值的。特别要注意的是，我们还要让研究的成果回归到课堂，用自己的课堂验证自己研究和思考的成果，用自己的研究成果、教学思想重新观照自己的课堂，提升自己的课堂品质。所以说，课堂既是学科研究的出发地，也是学科研究的归宿地。一个比较成熟的教师，还必须用课堂表达自己的教学思想。脱离课堂、凭空想象的教学思想和来自书本由概念到概念的教学思想，是没有意义的；只能在文章中阐述，只能在讲座中演绎，而不能用课堂表达的教学思想，不是自欺，就是欺人。只有来自课堂且能用课堂表达的教学思想，才是真正的教学思想，才是有价值的教学思想。

四、行走在现实与理想之间

当我们和许多人谈到语文教学改革和追求的时候，他们往往会列数对现实的种种失望：社会环境的不理想，应试教育的畸形化，考试制度的不合理，语文教材的不如意，学生对语文的不重视，教育行政部门追求政绩的短期行为……一直到家庭教育的极端功利化。总之，他们认为，在这样的环境下要进行语文教学改革，寸步难行，毫无希望，却很少反思自己做了什么，应该怎么做。同时，我们也看到一部分人完全脱离现实，大唱语文教学改革的高调，好高骛远，异想天开。而这一部分人的所有理论、所有理想，都只能是停留于开研讨会，只能停留于写文章、做报告，只能停留于搞一些表演式的活动，进不了教室，进不了课堂，更不能成为"新常态"。而这种人一接触现实，就会彻底崩溃，十有八九最后又归入到前一类悲观失望主义的行列。

因此，我们采取的态度是：行走在现实与理想之间。

2005 年，《人民教育》的名师之路栏目约稿，我的文章题目是《行走在理想与现实之间》。我一直很喜欢这个题目。现在已经到了快 60 岁的年纪，回头看看，觉得这个题目还是非常贴切地概括了我走过的 30 多年的语文教学之路和我的语文教学主张。我是一个现实感非常强的人，但我并非没有自己的教育理想，并非没有自己的语文教学追求。然而，我从不将它们和现实对立起来。我不会因为现实让我们失望而放弃理想，也不会因为理想而不顾现实。

有人问我，这几十年的路是怎么走过来的？我说："一手拿着面包，一手拿着鲜花。"我一边想办法让学生考出好成绩，让家长开心，让校长放心；一边想办法把语文课上得更好玩，更像语文课，让学生喜欢，让同行认可，让自己有点享受。我一边为了备课，读教参，做题目；一边写着文学作品，做着作家梦。我一边参加比赛，想获奖，想写论文，乐此不疲地上公开课，想得到圈子里同行的认可，想赢得一点虚名；一边研究语文学习方法，研究语文课堂教学，探讨什么才是真正的语文课。我一边积极投身新的课程改革，学课标，编教材，搞培训；一边思考着课程改革到底是什么，语文课程到底应该改什么。我一边拼命抓分数，一边琢磨着怎么才能真正提高学生的语文素养。我一边向前走，一边向后看。这一切好像是矛盾的，而我就是这么过来的。

因为这样的生活姿态，所以我对语文教学中的很多矛盾，都持"中庸"的态度。有人说我是个中庸主义者。我不把这话当作批评。中庸，是儒家的一种主张，是孔子的重要思想。"中"不是中间，不是在两个极端中找到"中间"的那个点，而是找到"最适合"的那个"点"。中庸之意，就是在处理问题时不走极端，而是要找到处理问题最适合的方法。中庸又称为"中行"，中行是说，人的气质、作风、德行都不偏于一个方面，对立的双方互相牵制，互相补充。中庸是一种折中调和的思想，也是一种具有强烈民族特色的文化。调和与均衡是事物发展过程中的一种状态，这种状态是相对的、暂时的。孔子揭示了事物发展过程的这一状态，并概括为"中庸"，这在认识史上是了不起的贡献。中庸不是骑墙，是"不偏不倚"，是"和而不同"，是"中庸致和"，是"执两用中"，是"权时而动"。尽管我并未真得中庸的精髓，但我不喜欢极端，我喜欢不偏不倚，我喜欢中庸调和。

大家不难发现一个事实，即几十年来我们在语文教学的许多问题上一直在两极之间摇摆。比如，工具和人文的两性问题，课程改革的继承和发展的问题，守正和创新的问题，考试成绩和素质培养的问题，学生主体和教师主体的问题，教学形式和教学内容的问题，接受学习和探究学习的问题，预设和生成的问题，感悟和积累的问题，自由写作和应试写作的问题，等等，都是如此。即使像如何理解教学目标，如何对待语文知识，如何认识训练，如何认识文体诸如此类相对比较独立的问题，也会在要与不要之间形成两极。这要么是没有目标跟着感觉走；要么是强调目标课堂的即时达成和实现；要么是知识中心，或者淡化一切知识；要么全无训练，或者全靠做练习；要么简单淡化文体，或者以文体为中心。对于新课程改革本身的认识也是如此，少数人标新立异，走得很远，很多人则一切照旧，我行我素。公开课花样翻新，看上去理念新颖超前，平时的教学则仍是低下野蛮地追求分数。写文章、做报告高谈阔论，大讲时尚理论，办学校、上课堂依然是彻头彻尾的应试教育。这种种对立的两极思维和教学行为，严重影响了语文教学的健康发展和新课程改革目标的实现。当然，最大的危害是对孩子们的伤害。

2012年10月在苏州召开的黄厚江"本色语文"教学研讨会

而我和我的本色语文在这些问题上从不走极端，而是力求"不偏不倚""执两用中"。

我们认为语文教学必须大力进行改革，但又强调必须在继承的基础上追求创新，坚决反对为改而改，为新而新，坚决反对一概否定，我们坚持认为语文教学改革是改良，而不是革命。我们积极追求语文教学的创新，但又竭力倡导在立足母语学习规律的基础上创新，在遵循语文教学基本规律的基础上创新，在守正中创新。我们承认考试成绩对于学生、对于家庭、对于学校的重要性，但坚决反对简单化、极端化，甚至魔鬼化地背离学习规律、背离人性的应对考试，坚决反对把成绩作为唯一的追求，始终追求学生语文综合素养的提高。我们反对"教师中心"，但也不主张"学生中心"；我们认为语文教学不能没有目标，但又认为不必刻意追求目标的达成。

这些年，我们积极倡导本色语文，提出了语文本色教学的系统主张，总结了本色语文的教学方法。我们组织各种活动通过各种方式推广语文本色教学，但我们绝不偏执地认为，只有本色语文才是语文。本色语文的核心主张是"把语文课上成语文课，用语文的方法教语文"，但我们绝不提倡狭隘的语文观，绝不主张囿于"语文"教语文，而是以提高学生语文学习的综合素养为根本追求，也绝不简单化地拒绝用其他的方法教语文。只要能真正有益于学生语文素养的提高，我们也采用"非语文"的方法。我们提出了语文本色教学的"学生立场"，但我们也特别强调教师在教学中的重要作用。我们心目中语文课的最高境界是：一切应有尽有，一切又都为了语文，一切为了学生语文素养的提高。

我们宣言：本色，不是守旧；本色，不是倒退；本色，更不是无为。本色，不排斥其他风格；本色，也不放弃创新；本色，更不停止更高更好的追求。本色，是语文教学的原点。你可以走得很远，但这里是出发地。可以说，在语文教学的所有问题上，我们都坚持了"不偏不倚""执两用中"的立场，我们努力在所有矛盾中寻找那个"中间点"。

尽管几十年来我们一直在探求语文教学的改革之路，但我们从来不以简单否定考试来显示自己的改革姿态。在农村中学工作 6 年之后，我来到市里的一所省重点中学。这是一所在我们家乡很有威望的中学。这所学校，成绩决定一切，分数的地位之高，不在其中的人是无法想象的。期中、期末考试都是背对背命题，背对背阅卷，均分统计一律保留两位小数，算出均分，分出正负，排出名次。凡是所带班级分数在均分以下的，便要参加分析会。大概由于我的身份有些特殊，抓教学的校长说："黄厚江比大家高 5 分，是应该的。"这使我对考试有了更为深切，也更为理性的认识。我们自己的孩子要高考，别人的孩子也要高考。我也知道考试使我们的教师很累，使我们的学生很苦，使我们的教育很可怕。但我想，倘若没有考试，或许更可怕。所以，我在全国很多地方和教师们说：让我们热爱考试吧！没有考试，我们民族、我们国家的人才培养和选拔还一下子找不到更好的办法；没有考试，很多孩子会受到不公平的待遇；没有考试，教师的社会地位会一落千丈；没有考试，我们很多教师会没有办法上课！当然，我坚决反对畸形化、魔鬼式地应对考试。考试并不可怕，可怕的是这种畸形化、魔鬼式的做法。所以我常常说：做教师不会对付考试，是不称职的；只会对付考试，是很可怜的；只会做题目对付考试，是很愚蠢的。

新课程改革没有也无法否定考试，如果以为新的课程改革必须以让学生考得差为前提，这肯定是对新课程改革的误解；如果准确理解新课程改革的理念，按照语文学科的规律去教学，绝不会考差。曲解新课程理念，不按规律教学，自身功底不够，考差了，责任全在自己。需要重申的是，这绝不是赞颂、肯定唯考试是求的语文教学，也不是无视有些试卷中，荒唐得除命题人谁也回答不正确，甚至命题人也回答不出来的问题。意思很明白：理想的语文教学不把考试作为唯一的追求，但又能够经得住应有的考试。考试和素养并不是绝对对立和矛盾的。恰恰相反，如果以为不能对付考试，就是素质教育，如果以为素质教育，就不能考试，便是一个骗人的谎言。而我们常常看到的是，一方面大唱新课程改革和素质教育高调，一方面却在搞极端化、畸形化的应试教育。

不仅仅对考试和成绩，我们持这样的态度。对这次新课程改革本身的认识，也是如此。我不相信发几个文件、开几次会议就能带来面貌的彻底变化。我在写于2001年的《"改良"还是"革命"》这篇论文中，阐述了我对新课程改革的应有态度：应该积极对待，辩证理解，又必须实事求是。所谓积极，就是要认识到这是有关民族未来的大事，这是每个教师的责任；所谓辩证就是不能割断新与旧的关系，不能极端化地理解新的理念，更不能简单地否定过去的做法（包括考试）；所谓实事求是，就是既要承认现实的问题和改革的迫切性，又要承认现实和理想的距离之大，绝不可一蹴而就。急于求成必然是欲速不达，简单化地以为新课程改革指日成功和对新课程改革采取排斥的态度，都会消解新课程改革的真正意义和价值。今天我们在看到新课程改革带来的可喜变化的同时，也看到了运动式的、形式化的、极"左"的做法所带来的严重后果。

我尤其崇尚"思想"和实践相统一。不能做思想的巨人，行动的矮子，不能嘴里说着最响亮、最好听的口号，手里干着自己批判得最彻底的事情，不能用一次表演式的课堂代表语文教学的普遍规律，不能写的是一套做的又是另一套，不能为了写文章而提出一些炫目的理论吸引眼球。为此，我写过一篇题为《做一个真实的语文教师》的文章。许多同龄人都有远大的志向，要做语文教育家；实在惭愧我没有这样大的志向，只想做一个优秀的语文教师。我追求的就是让我的语文课能给学生多一点享受，对学生的终身发展能有更大的用处。我也追求语文的诗意，也反对只追求考试成绩的唯功利的教学，但不以为诗意就排斥功利，不以为诗意就是形式的花哨，不认为语文的诗意就只有浪漫主义而没有现实主义；我也注重语文课的人文价值，但从不刻意地搞所谓人文性的活动，而是在语文的活动过程中、在语文学科价值实现的过程中自然地去体现；我也强调语文教学的感悟，我也追求语文教学的开放，但不以为感悟就可以跟着感觉走，不以为开放就是随心所欲；我也承认阅读的个性化理解，我也主张让学生成为课堂的主体，但不以为学生不管怎样回答都是正确的，不认可教师就是课堂教学中的主持人。总之，我认为语文教学必须坚持新的教育理念，但又不能违背学科教学的基本规律。

五、不断拓展思想的天空

有人归纳了我30多年的历程里有许多个"三"：

工作的"三个学校"：最普通的乡村中学——一般省重点——全国著名中学；

关注的"三个重点"：考试的成绩——课堂教学的艺术——语文学科的使命；

教学研究的"三个阶段"：专业知识和教学内容研究——学习方法、教学方法研究——语文学科课程研究；

语文教学研究的"三个目的"：为生存——为发展——为热爱的事业。

还有人调侃地归纳为"三个玩"：自己一个人玩语文——跟着别人玩语文——带着别人玩语文。

关注的角度不同，都有一定道理，而融于其中的，是我一直在努力拓展思想的天空。

记得1985年我在《中学文科》上发表的第一篇论文，谈的是关于课堂教学"追问艺术"的问题。现在想来，这便是一个具有象征意义的开头。30 多年来，我走过的道路，其实就是对语文教学不断追问的过程。

什么样的课，才是好的语文课？这是我思考的第一个理性问题。

算起来，我在全国举行的语文教学专题讲座（包括新教材培训）大概已经有好几百场了。但我对我的第一次讲座，至今仍然印象极为深刻。1988 年秋天，开学不久，丁如愚先生找到我说他准备组织一次课堂教学的活动，既要上课、评课，又要有专题讲座。课是让一个很有才气的年轻教师上的，他自己评课，讲座的任务交给我。这对我来说，是一个了不起的信任，也是一个严峻的考验。两小时的讲座讲什么呢？我有这么多东西可讲吗？能讲好吗？这么多的问号，都是后来想到的。当时除了谢谢他的信任，我并没有说多少。任务接下来以后，我也不再去考虑很多，便开始精心准备。首先，确定话题，围绕课堂的话题很多，但基本的话题是：什么是好课？如何上好课？于是稍微加以修饰，就确定话题为"语文课堂教学的优化"，因为我读过巴班斯基关于教学优化的著作，但我的优化也并不完全是他的优化。其次，开始搜集大量的案例，有名家的，也有自己的，有成功的，也有不成功的。再次，进行正反两方面的分析。最后，我归纳出语文课堂教学优化的和谐原则、适度原则、整体原则、节奏原则。讲座以案例为主，适当讲了一些课堂教学的理论。我自己都没有想到讲座能有那样好的效果。那些老资格的前辈，高学历的同行，资深的教研组长，看我的眼神，都是由衷的肯定。我为自己没有让丁老师失望而感到欣慰。后来这个讲座，成为我讲座的一个保留专题，最近这几年，我在省内外的一些学校还讲过。

就在讲座后不久，丁老师说，你这个讲座内容很不错，丰富一下，加工一下，可以写成一组文章。丁老师自己很少写论文，但却经常提醒我们年轻教师多写论文。无疑，他的这一次提醒又是非常及时的。但要把一个讲座变成一组文章还要做大量工作。因为我做讲座，从不写成文稿，都是提纲。我觉得这样利于及时地创造和发挥，现场效果会更好一些。但要形成文章，就要再花很多时间了。我又花很多时间寻找更为典型的例子和理论依据，同时对四个原则分别进行细化，建构更为合理的逻辑框架。我记得第一部分完稿之后，在将第一篇《和谐：语文课堂优化的重要原则》投到《江苏教育》的同时，我将全文提纲投到东北的一个叫《语文教学论坛》的刊物，结果两家都发表了。后来陆陆续续，一组文章都发表了，并且《和谐：语文课堂优化的重要原则》在首届"师陶杯"论文大赛中获得一等奖第一名。我常常和朋友们说：这四个原则的提出，对我来说是我对语文教学的第一次理性思考。从功利角度说，它对我后来破格被评为中学高级教师和特级教师起到了很大的作用，对我后来形成"用和谐的教育培养和谐发展的人"这样鲜明的教育追求，建构比较系统的语文本色教学理论，建构语文共生教学法都起到了非常重要的奠基作用。

有了这样一个开头之后，我对语文教学进行了一系列的理性思考。

语文教学的效率不高，是许多人的看法。30多年前，吕叔湘先生的一篇《当前语文教学中的两个迫切问题》，振聋发聩地指出了语文教学效率低下的严重问题，引发了广泛的关注，也引起了我的思考。我想，语文教学的效率真的很低吗？从哪个角度看说它效率是低呢？低效率的原因到底什么呢？我的结论是，这是因为没有一个具体的科学的效率标准。由于没有这样的标准，所以语文教师没有很科学的依据；由于没有这样的标准，所以评价的标准各不统一，结论也不一样；由于没有这样的标准，所以引起矛盾无法解决。在深入思考的基础上，我写了论文《语文教学亟须建立一个科学的效率标准》，发表以后，不仅被中国人民大学复印资料全文复印，而且被《中国教育报》全文转载，形成了较大的影响。有的朋友说，后来的课程标准的制定很可能受到我的这篇文章的启发。这我不敢肯定，但有一条是可以肯定的，即我在1998年提出的这一观点以及有关设想与有关专家、部门的后来的许多想法是基本一致的。

语文教学的性质问题至今仍是一个争议很大的问题。我从教学大纲对这一问题表述的变化梳理入手，发现其中有难以圆通的矛盾，在对这个问题深入思考和研究之后，我写了《语文到底是什么样的工具》一文，表达了自己对语文性质的理解：语文是人们物质生活和精神生活不可或缺的工具。尽管这一观点未必就是最好的说法，但这是我个性化的见解。语文教学，尤其是课堂教学，最大的问题在哪里？我的思考是：在整个语文教学过程中，尤其是课堂教学中，只有教的过程，缺乏学生学的过程，是一个最严重的问题。鉴于此，我撰写了《语文教学：关键在于学的过程》一文，提出了语文教学要确立以学生的学为主，要突出学生的学的过程的观点。后来新的课程标准提出了"知识与技能，过程与方法，情感、态度与价值观"的三维目标。我始终以为三维目标真正具有创新意义的理念是"过程观"。"知识与技能"是我们一贯强调的，尤其是改革开放之后，"重视双基"成为语文教学界的共识；

"授之以鱼，不如授之以渔"，重视方法的传授，更是我们传统的教育经验；"情感、态度与价值观"，在某种意义上也不是一个新理念，"文以载道"，重视思想教育也是我们的一贯传统，只不过不同时代"情感、态度与价值观"的内涵不一样。然而，"过程观"是传统语文教育所关注不多的。

新课程改革为我思想的拓展，提供了更广阔的平台。我应邀参加了苏教版、语文版国标本初中语文教材的编写，以及苏教版国标本高中语文教材的编写，有机会参加了关于高中课程标准征求意见的座谈会和许多有关的活动，结识了许多全国著名的专家，听到了许多闪烁着思想光芒的见解，使我对语文学科的关注更为广泛，思考也更深入。尤其是在各地讲座时，和教师们的对话，使我对新课程的具体实施有了很多更深切的认识。在学习新理念、新理论的过程中，在参与各类教学研究和教材编写等活动的过程中，我时时磨砺自己的思想，并把自己的思想付诸教学的实践和教学研究活动的实践，提出的关于语文学科性质、关于新课程改革实施等方面的"知识观、训练观、过程观、方法观、教材观"等一系列观点，都形成了比较大的影响。

新课程标准公布之后，明确了许多问题，也引发了许多讨论。比如，什么是"工具性"和"人文性"的"统一"？语文的"人文性"基本内涵是什么？经过深入的思考和研究，我提出了"语文的人文性必须体现在工具价值实现的过程之中"的观点，得到了广泛的认可。我还具体明确了语文工具性的基本内容为：培养学生对母语和民族文化的热爱，培养学生对生活的热爱和丰富健康的情感，培养学生独立的人格意识和良好的审美的趣味。新课程改革以后，许多人对语文教学的"知识"问题和"训练"问题也形成了很多误解。有人认为，语文知识就是语文基础知识，就是语法修辞，就是文体知识和文化知识；有人认为语文知识是语文教学内容的全部。我们提出语文教学的中位知识观，认为语文知识是一个介于狭义知识和广义知识之间的一个中位概念。有人认为，语文教学应该淡化语文知识，很多课堂里已经看不到语文知识；而有人把语文知识作为语文教学的全部，认为教给学生语文知识是最主要的，甚至就是全部教学内容。我们提出语文教学的知识运用观，强调语文教学不能不教给学生语文知识，但知识的学习本身不是目的，学习语文知识是为学生语文学习活动服务的，是为提高学生的语文素养服务的。很多语文课就是做题目式的训练，就是教师提问题、学生找答案式的变相训练。而有些人则谈训练色变，有些语文课堂，形式越来越好看，内容越来越空泛，语文的基本训练几乎看不到了。我们说，学生语文能力的培养和素养的提高必须进行训练，但语文教学的训练，不是做题目，不是做练习，而是融合于整个教学过程之中的听、说、读、写等丰富的语文学习活动。

对三维目标中的"方法"的理解和体现，也存在很多不正确的做法。我们分析了"以为方法是最重要的""以为学方法就是学知识""以为方法一学就会""以为方法一用就灵"等认识误区，指出了"方法为中心""方法为归宿""方法复杂化""节外生枝"的方法运用等不正确的方法体现，明确了"语文学科积累和能力比方法更重要""学习方法并不是学习关于方法的知识""学习方法不是教学的中心和目的""方法的效果体现是有一个过程的"等基本观点，并提出了"方法是为学生的阅读和写作服务的""方法是渗透在阅读和写作过程之中的""内容是确定方法的依据""方法要根据内容而确定"等方法体现的基本原则。

新课程改革之中，由于一些极"左"的认识和浮躁的心态，语文教学出现了严重的异化现象。一是语文被夸大了。我们几乎把所有相关甚至关系不大的东西，都当作语文必需的内涵和责任。不是说语文的外延和生活相等吗？于是什么都是语文，语文也成了什么都是。什么都是语文了，而语文也就什么都不是了。于是什么都有了，就是语文不见了。二是语文被拔高了。放弃了语文学科的基本责任，而去追求那些高位的目标。基础知识没有了，基本能力训练没有了。课文还没读懂，就和文本对话；文章还没有理解，就和作者质疑；基本内容，还没有掌握，就开始探究。三是语文被虚化了。语文课，越来越好看了；语文课，越来越热闹了。新理念越来越多，新形式越来越丰富。体验多了，积累少了；看影视多了，读课本少了；听录音多了，教师朗读少了；其他活动多了，语言活动少了。课上得越来越好看，学生的收获却越来越少。四是语文被转移了。语文课不教语文了。作者写什么就教什么，教师自己喜欢什么、擅长什么就教什么。语文课成了历史课，语文课成了地理课，语文课成了政治课，语文课成了班会课，语文课成了"艺术课"，语文课成了"文化课"。五是语文被萎缩了。很多语文课堂，很多语文教师的教学，很多同学的语文学习，只剩下一个目的——考试。教什么，学什么，都紧紧盯着考试；考什么就教什么，考什么就学什么。课堂上就是教师讲答案，学生记答案，回家练答案，甚至有的教师让学生背答案。

　　面对这样严重的异化现象，我们开始了对语文教学原点问题的思考：什么是语文？学生应该学什么样的语文？我们应该怎样教语文？学生应该怎样学语文？以对这些问题的思考为基点，我们的"语文本色教学"的系统主张和操作机制逐渐形成。我们明确提出了"语文就是语文""把语文课上成语文课，用语文的方法教语文，教师按语文的规律教语文，学生按语文的规律学语文"等核心主张。我们还明确了阅读教学的基本定位和基本策略，写作教学的基本定位和基本策略，同时提出了语文课堂教学的基本原则、基本逻辑和基本追求。因下文有系统介绍，对具体内容这里不再赘述。在语文本色教学的系统建构逐渐完成的同时，我们开始了更加深入的研究和探索：本色语文教学的教学主张应该如何落实？应该采用什么样的教学方法才能很好地体现这些主张？怎样才能解决结论教学和答案教学的问题？在本色语文教学主张的引领之下，在几十年语文教学实践的基础上，在充分的理论支撑之下，我们总结概括出语文共生教学法，并提炼概括出语文共生教学的核心纲领和操作要领，总结出共生阅读教学和共生写作教学的 20 多个基本课型，并在一定范围内实践推广，产生了积极而广泛的影响。

六、要像叶圣陶那样做教师

　　2013 年，苏州市教育局提出一个口号：像叶圣陶那样做教师。

　　我没有看到有关部门对这句话的权威解释，但它却说出了我内心隐藏的一份追求。

　　叶老在中国现代教育中的崇高地位和对中国教育的巨大贡献，今人很少有人能比，更不用说像我这样普通平凡的中学教师。但这并不影响我们对他的追随。我在《我要和你一样幸福》这首小诗里写道："你是一片大海一片湖/我是散落在这片土地上的一滴水珠/但我们来自同一片天空/滋润着同样的一片土地/我/要和你一样幸福。"

　　要像叶老那样做教师，就是要把全部心献给孩子，把全部爱献给教育事业。

　　叶老的一生，在诸多方面都做出了巨大的成就，但我们以为他的一生对教育的倾注最多，从事教育近 80 年，从小学教师到大学教授，从普通教师到教育部部长，从教材编写到课标制定，写课文，办杂志，为教育做出的贡献最为杰出。他对教育充满挚爱，他的心始终在教育上，始终在孩子身上。

我们无法做出叶老那样的贡献，但我们可以像他一样热爱教育，像他一样真正为孩子着想。30多年来，我始终要求自己把全部心思用在语文教学上。在和学生一起学习《孔乙己》这篇小说时，我安排了一个活动，让学生为孔乙己写碑文。不少学生不了解碑文，我就以自己为例写了两个碑文：一个是中国式的——"语文教师黄厚江之墓"；另一个是西方式的——"这里躺着一个热爱语文的人"。我想，"热爱语文教学"这个评价我是当之无愧的。30多年来，我把所有的时间和心血都用在语文教学上，研究教学内容，研究学习方法，研究课堂教学，研究如何考试，研究教材编写，研究语文课程，研究考试命题。因为对语文课堂的热爱，我多次放弃了到教育研究部门、出版部门等条件优厚单位工作的机会。我为语文教育的异化而忧虑，我为寻找语文教学的出路而孜孜探求，我为改变语文教学现状而大声疾呼。我知道，人微言轻，所为所行，效果极其微薄，但我对语文教学的拳拳之心可见。

像叶老那样做教师，就是要全面了解语文教学的规律，就是要按照母语教育的规律进行语文教学。

叶老对母语教育有着非常深入的理解，形成了系统的语文教学思想。他提出的"学校教育应当使受教育者一辈子受用""教育就是要养成良好的习惯""教是为了达到不需要教""受教育的人的确跟种子一样""德育总是跟智育、体育结合在一起""国文是发展儿童心灵的学科"等一系列教育观，涉及教育的方方面面，解决了教育中的许多根本问题。不仅如此，他还对教师教育的许多具体问题提出了朴素而深刻的见解。在《如果我做教师》一文中他说：我"决不将投到学校里来的儿童认作讨厌的小家伙""我将特别注意，养成小朋友的好习惯""我当然要教小朋友识字读书，可是我不把识字、教读书认作终极的目的""我不想把'忠''孝''仁''爱'等抽象德目向学生头脑里死灌""我不让学生做有名无实的事情""我无论担任哪一门功课，自然要认清那门功课的目标，如国文科在训练思维，养成语言文字的好习惯"。我虽然不是教育家，虽然只是一个普通教师，但也应该对教育规律有正确的认识，对所教学的学科应该有全面的研究和了解。因此，30多年来，我花了极大的工夫，研究学生的学习困难也解决这些困难的学习方法，研究阅读教学也研究写作教学，研究课堂也研究教材，研究命题也研究课程。我知道自己的研究是肤浅的，所取得的成果也是微不足道的。我只是以叶老为榜样，朝着心中的目标前行。

要像叶老那样做教师，必须继承和发展叶老的语文教学思想。

在大家的支持和关心之下，我的教学研究成果"语文本色教学"和"语文共生教学法"分别获得了江苏省政府教学成果特等奖，前者获得了国家教学成果奖。而叶老的教育思想是我这两个成果的主要思想基础和理论依据。我们提出的"语文不仅是学习、工作和交际的工具，更是人的精神生活的工具"这一学科定位，就是吸收融合了叶老"国文是发展儿童心灵的学科"、是"应付生活的工具"的教学思想。叶老最主要的教学思想就是"教是为了达到不需要教"。某种意义上说，我们的语文本色教学和语文共生教学，就是立足这一目标实现的理论思考和实践探索。本色语文的核心主张是"把语文课上成语文课，用语文的方法教语文"。而这一主张就是叶老"我无论担任哪一门功课，自然要认清那门功课的目标，如国文科在训练思维，养成语言文字的好习惯""我不想把'忠''孝''仁''爱'等抽象德目向学生头脑里死灌""我不让学生做有名无实的事情"等教育思想的直接体现。本色语文对阅读教学的基本定位，第一条就是"让学生在阅读中学会阅读"。"学会阅读"才能实现阅读的"不需要教"。在阅读教学的三个基本策略中，"以问题探讨为引导"是主要策略之一。我们特别强调，"以问题探讨为引导"，不是让学生寻找问题的答案，而是用教师的问题引导学生提出问题，用教师的问题引领学生的学习活动。在作文教学的 3 个主要策略中，"作用于学生的写作过程"是极其主要的一个。这些观点，都是追求通过教师的"教"达到学生的"不需要教"。这些观点，无不植根于叶老"教是为了达到不需要教"的教育思想。而共生教学这一方法的提炼和总结更是直接受到叶老"生生农场"的启发，而叶老"受教育的人的确跟种子一样"更是共生教学核心思想的来源。

要像叶老那样做教师，还必须全面修炼自己的专业素养。

对照叶老那一辈"语文人"，我常常是汗颜不已。而叶老则是他们中的一个杰出的代表。叶老不仅是著名教育家、作家，也是著名的出版家，即使在国学等非常专门的学术领域，他都有惊人的成果。他之所以能洞察教育的本质，形成自己系统的教育思想，有那么多的真知灼见，把复杂的问题说得那么简单明了，都是因为他具有极其丰厚的学养和扎实的专业功底。如果我们不从根本上修炼自己，就去研究教材、研究课题、研究考试，甚至研究什么课程，最终不是闭门造车，就是拾人牙慧，或者炮制出一堆毫无意义的"成果"，或者就是东抄西抄、东拼西凑，还要自我陶醉、自鸣得意，贻害教育、贻害后人。

而和很多人相比，我的起点更低。认识了这一点，我就要求自己老老实实读几本书，认认真真从自己的语文素养提高开始。如果说我的出生是真正的"生不逢时"，该吃饭的时候没有饭吃，该读书的时候没有书读，那么我的成长可以说是"正得其时"。1978年，回乡务农4年，天天出工的我考进了师范学校。正当感到自己实在匮乏，急迫需要继续学习，提高自己的时候，1982年本科函授开始正式招生，我考进了扬州师范学院中文系，使自己有了一个合格的学历，也有了相对比较系统的专业知识。1986年调进盐城市第一中学工作，遇到了几位功底深，学风严谨，对年轻人要求非常严格，又非常关爱的老前辈，我在邵鸿骞先生的指导下读起了《史记》。更为幸运的是，新课程改革开始之后，我得到洪宗礼先生和杨九俊先生的错爱，参加了苏教版初中语文教材和高中语文教材的编写。这两套教材的编写，对我来说，就好像又读了两次大学，跟着各位广泛读书的饱学之士，增长了见识，也丰富了学识。与此同时，我也根据自己的实际情况认真读了一点书。我给自己的读书定位是：要读的书太多，我先读中国的；中国的书也太多，我就读一点源头的。于是这些年，我在读《论语》《老子》《红楼梦》上花了一点时间，也有一点心得和收获。经过许多朋友鼓励之后，2015年我出版了《论语读人》。我知道这实在算不上专著，更算不得国学的著作。这只是表明我认真读了，也认真思考了。

在认真读一点书，尽可能广泛读一点书的同时，我还不断提高自己写作的能力和素养。我曾提出一个观点：懂写作才能教写作。怎么才能懂写作呢？只有在写的过程中才能真正懂写作。30多年来，积累起来，千万字肯定是有的，发表的论文五六百篇是有的，出版的专著有十多部，主编和参编的教材、教参有近百部（套）。我曾有一点得意地说：在语文教师队伍里，我的文章不是最多的，更不是最好的，但肯定是文体最全的。小说、散文、诗歌、寓言、评论、唁电、贺电、碑文、悼词、挽联、序文、工作计划、述职报告，能想到的文体几乎都写过，白话为主，也写过文言，现代诗写过，近体诗也写过。我想，作为语文教师应该什么都会写才对。最近，我正在写一部长篇小说《红茅草》，正在征求大家意见，修改后2016年应该能够出版。

厚颜说了这一大通，不是自诩，只是想说，我的学养和叶老他们相差太远，根本不可望其项背，但我要求自己不气馁、不放松，始终在不断修炼自己。正如古人所说："虽不能至，心向往之。"

我的语文教育观

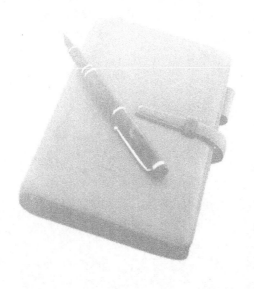

一、我心中的教育

我心中的教育理想是：用和谐的教育培养和谐发展的人。

（一）人的和谐发展是教育的最高理想

马克思在《资本论》中明确指出，未来社会是"以每一个人的全面而自由的发展为基本原则的社会形式"。人的全面发展和自由发展，是马克思人类社会学和马克思教育观的核心观点。而人的全面发展和自由发展，必须以人的和谐发展为前提。"人的和谐发展"应该是教育的最高追求。爱因斯坦也说："学校的目标始终应当是，青年人在离开学校时，是作为一个和谐的人，而不是作为一个专家。"因此，"人的和谐发展"应该是教育的最高追求。它要求教育把学生自身的和谐发展、学生与自然的和谐发展，以及学生与社会的和谐发展作为根本目标。

人的和谐发展，与全面发展、自由发展之间是同生共长的关系。和谐发展的人必须是全面发展和个性发展高度统一的人，必须是具有自由个性的人。

和谐发展是全面发展的深层内涵。一般说，一个学生只要他在接受教育，他的各种基本素质，都会获得一定的发展，不可能在某一方面完全是空白。但如果在某一方面的发展上过于迟缓，一个人的发展就会失衡，就会呈现出畸形状态。这不仅会影响其他素质的发展，也会影响人的整体素质的和谐发展。相反，如果人的某一方面或某些方面的素质受到过度强调，阻碍和遏制了其他素质的发展，必然会受到其他素质的制衡而无法协调发展。因此，和谐发展是在全面发展的基础上有侧重点的发展，而非均衡的发展，是对全面发展的超越。

和谐发展和自由发展是一体的，互为因果的。人的和谐发展本质上是追求人的自由发展的实现，追求人的主体性的实现，让实然的人与应然的人自由融合。人的和谐发展包括人自身的和谐发展、人与自然的和谐发展和人与社会的和谐发展3个基本层面。

人自身的和谐发展，包括体力与智力、生理与心理，以及知识、能力与人格的和谐发展；人自身的和谐发展，也包含着人的个性的和谐发展；人自身的和谐发展，还包含着人与人的和谐发展。

人与自然的和谐发展，首先，在改造自然的实践活动中，以认识和尊重自然规律为前提；其次，从根本上说，要靠人与人的社会关系的解决。

人与社会的和谐发展，首先，表现为人与社会相互依存；其次，表现为人与社会的相互促进、共同发展。

（二）只有和谐的教育才能培养和谐发展的人

培养和谐发展的人必须通过和谐的教育才能得以实现。而现行的教育，从理念到内容，从过程到结果，都不同程度地存在着偏离人的和谐发展轨道的问题：一是现行教育更多地致力于塑造"知识人"。学生没有形成与自身特点和人生目标相适应的合理的素质结构。二是现行教育过于强调人才选拔功能，通过层层筛选来淘汰"有缺陷"的学生，然后把更多的教育资源配置在所谓优秀生身上。三是"学校人"与"社会人"的非同构性，导致"好学生"与社会发展不和谐。"学校人"的德育目标和衡量尺度与"社会人"的德育目标和衡量标准则出现严重差异。

为了使教育更好地促进人的和谐发展，学校教育亟须更新教育教学理念和教学内容，优化教育过程和教育方法，改革和完善教育评价制度。

1. 学校存在的异化行为

毫无疑问，我们目前的学校教育存在着比较严重的异化行为。

（1）全人教育

我们认为，党和国家提出德、智、体全面发展的教育方针是完全正确的。我们的理解是：在对学生的教育中这三个方面不能有所偏废，不能造成学生的畸形发展。但将这样的教育方针演变为所有学生每个方面（尤其是学业成绩）都要一样优秀，对所有学生都是一个标准，则是对教育方针的曲解，也是对学生的扭曲。事实上，我们现在的学校不仅仅要求学生语、数、外、理、化、生、政、史、地各门学科成绩都要好，而且连体育课，也要求学生跑步、跳远、游泳样样都行。

（2）伟人教育

毫无疑问，理想教育是学校教育的一个重要内容。但我们认为，现在的学校教育对绝大多数学生的人生定位都拔得过高。其常常被定位在让每个孩子都要具有伟大的理想，人人都要"拒绝平庸"。而这样的定位，严重违背教育规律，更脱离学生实际。人人都有伟大理想，这个理想便不再是伟大理想。对于个体而言，很多人的不切实际的伟大理想，远远超出了自己的能力和素质，最后理想的落空造成个体强烈的心理失落，导致了其内在精神世界的不和谐，以及和外在环境的不和谐。

（3）圣人教育

和伟人教育紧密相关联的还有一种现象：圣人教育。即要求学生的道德情操达到一般人做不到的标准。比如，要求学生先人后己，不犯错误，学习没有失误。本来学生犯错误是极正常的事情。谁不犯错误呢？可是现在学生一旦犯错误，似乎就不可饶恕，就被看作"坏孩子"，甚至没有"重新做人"的机会。我们的教育希望学生都能成为圣人君子。事实上，绝大多数人都是普通人，能成为君子的不多，成为圣人的就更是寥寥无几。孔子也不敢说自己就是圣人。简单地说，我们现在的教育对孩子苛责过严。

（4）排名教育

这大概是目前教育最普遍最突出，又最不可容忍的问题。似乎学校教育的一切目的，就是把人分成无数等级。学习成绩要排名，行为规范要排优劣，单科成绩要排名，学习总分要排名。根据成绩排名，学生进入不同层次的学校，再根据成绩排名，学生被分到不同层次的班级，甚至有的学校根据成绩排定座位。有的学校还公然打出了"提高一分，超越千人"的口号。为什么要学习？就是要抢一个好位置。这样的教育，扭曲了学生的人生观和价值观，使学生的进取心和幸福感都建立在超越别人的基础上，以"战胜别人为快乐"，实在是一种非常危险的教育。

（5）名校教育

不少地区把考入清华大学和北京大学的学生人数，考入所谓"211"学校的学生人数，考入"985"学校的学生人数，作为考核学校的重要指标。有的领导甚至说这是"代表了人民群众的利益"。如此荒唐的理论居然还有人到处宣传。这个地区、这个学校的学生考入清华大学、北京大学，就代表人民群众的利益，那个地区、那个学校的学生没有考入清华大学、北京大学，就不代表人民群众的利益？每年高考之后，除了炒作排名，就是炒作名校、炒作状元，而炒作状元则是炒作名校的一个重要内容。在名校教育的推动下，学校普遍出现了揠苗助长式的教育。人的资质是有差异的，人的能力是多元的，有人适宜读书，有人适宜打球，有人适宜设计汽车，有人适宜修理汽车。把本来考不上清华大学、北京大学的学生硬拉进清华大学、北京大学，对清华大学、北京大学，对这些学生，都不是好事，对民族、对国家、对人民群众，也都不是好事。

（6）两级教育

最恶劣的教育是说一套做一套的两极分裂的教育。有些学校，有些教育行政部门，开会发文件说的都是冠冕堂皇的素质教育，而眼睛紧盯着的、心里想着的都是应试教育和成绩，是严重扭曲的畸形的应试教育。现在几乎什么学校都有一套教育理念，什么"教育都是一切为学生，一切为明天"，可是到学校一看，还是天黑放学，还是周六周日上课，还是成天做练习，而且令人伤心是一些原先能够秉持教育理想，能够按照教育规律办学的学校也在以"与时俱进""满足社会需要"的名义堕落。这些学校的先进理念，也成了对外介绍的表面文章。

（7）虚假教育

教育的作假，已经成了一个无须掩饰的问题，也成了一个可怕的社会毒瘤。一旦要接受检查，学校就组织材料班子成日成夜地赶材料。检查班子一到学校就主要是看材料。最可怕的是，检查的人明明知道材料很多是假的，甚至主要是假的。检查结束，便一切依然故我。从根本上说，这样的检查本身就是假的。真的检查是无须事先通知的，通知就是让被检查者提前做假。教育的做假，比之于假货更加可怕。学校做假，教师做假，只能使学生不相信教师，不相信学校，不相信教育。诚信危机，成为我国一个很严重的社会问题。而我们认为，虚假的、不诚实的教育，是诚信危机的主要原因之一。

（8）形式教育

现在常常是一提到教育就是搞活动，什么"日"，什么"节"，什么"周"，什么"月"。"教育活动"已经成为一个约定俗成的词语。教育要不要搞活动？自然是要的。但所有教育都变成搞活动，教育就真剩下了"活动"，而失去了教育的意义。比如，学雷锋活动，每年搞一场一阵风的运动，真不知道是积极意义大，还是消极意义更大。再比如，扫墓活动，浩浩荡荡，红旗招展，一路欢笑，全无应有的肃穆和敬仰，把扫墓变成郊游，这样的扫墓活动，又有什么教育意义呢？新课程改革中，有些学校要进行新课程成果的汇报，竟然都是在大会堂里进行汇报演出，公开课都要排练很多遍。这样的形式主义教育不仅仅对教育本身无益，而且给学生留下了极其可怕的消极影响。

针对种种异化的教育行为，我们呼唤并企盼着真正的教育的回归。所谓真正的教育，也就是和谐的教育。所谓和谐的教育，既指教育目标和教育行为的和谐，也指教育形式和教育内容的和谐，既指教育主体和教育客体的和谐，也指教育内部和外部的和谐，既指教育措施和教育动机的和谐，也指教育各种元素之间的和谐。

2. 学校应该关注的教育内容

我们觉得，在和谐的教育之中，应该特别关注这样一些教育内容。

（1）人的教育

即教育学生做好一个普通人，做一个好人。所谓好人，就是做一个好儿子，做一个好女儿，做一个好丈夫，做一个好妻子，做一个好父亲，做一个好母亲。这当然首先是培养人的良好品质和基本素质，但又不仅仅如此。比如，做一个好儿子，做一个好女儿，就要理解父母，尊敬父母，孝敬父母；做个好丈夫，做个好妻子，就要懂得互相理解，互相尊重，互相关心，互相体贴，互相谦让。做一个好父亲，做个好母亲，就要懂得责任，懂得担当，懂得奉献。这看起来是最平常的教育，却是最不容易的，也是最重要的教育。

（2）公民教育

即把学生培养成一个好公民。所谓好公民，当然是要能够遵守"爱国、敬业、诚信、友善"这样的公民基本道德规范。更具体地说，对自己的祖国要有深厚的情感，要把自己和振兴中华紧密联系在一起；在工作中要忠于职守，克己奉公，服务社会，具有社会主义职业精神；和人交往，要诚实守信，诚恳待人；和人相处，要互相尊重，互相关心，和睦友好。换一个朴实的说法，就是教育学生在社会上做个好人，在单位做个好员工，在公交车上做个好乘客，在剧场里做个好观众。

（3）优秀教育

即教育学生让自己成为不断优秀的人。这是和排名教育完全相反的教育。我做到了能做到的，我就是优秀的，尽管别人会比我好；我比昨天做得更好，我就是优秀的，尽管我还可以做得更好。排名教育是和别人比，优秀教育是和自己比。排名教育是超过别人而快乐，优秀教育是因为自己优秀而快乐。第一名永远只有一个，而每个人都可以优秀，每个人对优秀的追求永远没有止境。优秀教育可以让每个学生永远享受成长的快乐。

（4）幸福教育

即教育学生树立正确的幸福观，理解什么是真正的幸福。懂得幸福不是金钱，幸福不是地位，幸福也不是所谓成功，幸福更不是超越别人。能够时时发现自己平常生活中所拥有的幸福，能够认识到健康是幸福，学习是幸福，劳动是幸福，帮助别人和得到别人帮助是幸福，尊重别人和得到别人的尊重是幸福，信任别人和得到别人信任也是幸福。能够珍惜所拥有的幸福，能够和别人分享自己拥有的幸福，能够为自己所追求的幸福而不懈努力，从而创造自己的幸福人生。

（5）本色教育

即遵循教育基本规律，体现教育基本特点，培养人的基本素养的教育。要把教育变成一种家常行为，让教育成为每个教育者的一种习惯，让教育体现在学校的每一个空间，让教育体现在每一天的每一秒。本色教育也是最朴实最真诚的教育，一切真正从学生的成长出发，不说违心的话，不说自己不信的话，不说欺骗学生的话，不做对学生成长无益的事。

二、我的语文课程观

（一）语文是什么样的工具

2010 年课程标准明确指出："语文是最重要的交际工具，是人类文化的重要组成部分。工具性与人文性的统一，是语文课程的基本特点。"尽管这个说法还是存在颇多争论。这暂且不管。我们要说的是：语文是什么样的"工具"？语文的人文性的基本内容是什么？这两者又是怎样的统一？

先说第一个问题。

考察教学大纲对这个问题表述的变化，有助于我们看出人们对这一问题认识的变化。

1986 年的语文教学大纲对语文学科性质的表述是："语文是从事学习和工作的基础工具。"

1990 年的语文教学大纲对语文学科性质的表述是："语文是学习和工作的基础工具。"

1996 年的语文教学大纲试验版对语文学科性质的表述是："语文是最重要的交际

的工具，也是最重要的文化载体。"

2000 年的语文教学大纲试验修订版是这样表述的："语文是最重要的交际工具，是人类文化的重要组成部分。"

梳理这几年大纲的表述，可以看出这样一些特点和变化：第一，1986 年以来的所有大纲都强调了语文的工具性特征；第二，大纲试验版和大纲试验修订版在强调工具性的前提下，同时强调了语文和文化的关系；第三，四个大纲中，对工具性的表述有两种不同的主要说法——一是学习和工作的基础工具，二是交际的工具。那么，语文到底是什么样的"工具"呢？仅仅就是"学习和工作的工具"或"交际工具"吗？

我们以为，把语文定义为"工具"并不是错误的，但仅仅把"工具"的内涵理解为学习和工作的工具，或者交际的工具，则过于狭窄。那么应该怎样表达语文的性质呢？我们以为，比较恰当的表述应是：语文不仅是学习、工作和交际的工具，更重要的是人的精神生活的工具。我们觉得这样的表述，不仅摆脱了"工具"和"文化"都难以表述的两难，而且能够更准确地揭示语文的学科性质。

尽管"语文的外延和生活相等"早就成了人们熟知的一句话，但人们似乎并没有去认真而深入地理解它的内涵。"生活"是什么，我们说，"生活"绝不单单是"学习和工作"，也不单单是"交际"，甚至可以说，最主要的不是"学习""工作"或"交际"。我们无须去做更多的考据，大家都知道，人的生活，不只是一般意义上的"日常生活"，还有丰富的"精神生活"和"情感生活"。陶行知先生的"生活教育"，叶圣陶先生的"生活本源"中的"生活"都是指广义的生活，胡风先生则明确提倡"处处是生活"。可是在语文教学的领域中，我们常常有意无意地把语文教学的"生活"狭隘化。其实，生活应是每个人的正常的、基本的生存状态，而不是外在于人的其他内容。而语文和生活的联系，则是与所有"生活"的联系，而不是与部分生活的联系。语文的工具性也不是单单表现在"学习""工作"和"交际"之中，而是表现在人的全部的生活之中。

语文学科本身也可以证明这一点。阅读和写作是语文的主要内容。我们的阅读，固然是在读的过程中和读者交流。但我们在看到这种外在的交流的同时，还必须注意到更丰富的内在交流。因为在读的过程中，我们的思想和感情都会展开极为丰富的活动，会有许多的联想和思考，而这些联想和思考自始至终在不断丰富和变化，这就是一个内在交流的过程。写作更是如此。我们在动手写作和别人交流之前，不仅仅是主体内在思想和感情的单向外化，具有前提性的是主体对外部世界的内化。这个先内化后外化的过程，便是一种自我交流，这个交流的工具是什么，也是语文。现在学生的作文内容苍白的原因之一，就是缺少这样的丰富的内化过程，缺少自我交流，只是到了写作的时候要形成理想的"外化"，必然会感到困难。另一方面，写作时只是简单地关注外在生活，而忽视甚至是无视自己丰富的内在生活，也是重要原因。总之，这些正反两方面的材料，都向我们说明语文不能简单理解为是一种外在的生活工具。

语言学上，一般总要把语言分为外部语言和内部语言。而内部语言比外部语言更为丰富。内部语言不仅决定一个人的外在行为，更决定一个人的精神世界。有人说，人的真正生活，只运行在他的脑子里，除了他自己，谁也不清楚。每天，每个人的思想驰骋十万八千里，而其所思所想，都是一部属于他自己的书。它看不见，摸不着，但对于每个人来说，确实是存在的最丰富的、最重要的一部书。由此也可以看出，语文作为人们生活的工具，不仅是互相交际的工具，更重要的是人内在精神生活和情感生活的工具。这一点对我们认识语文的性质是尤为重要的。一个人掌握语文以后，其主要的作用并不单是用来和别人进行交流，而是更多地用于自身的内在交流和丰富。我们读了《红楼梦》，自然可以用口头语言或文字去和别人交流自己的体验，但并不是每个人都这么做的，更多的人是在阅读中或阅读之后进行内在的交流。良好的语文素养可以极大地丰富我们的精神生活。面对自然美景，语文涵养不同的人所产生的感受和获得的享受差别是很大的，语文素养良好的人会基于自己的阅读积累，产生许许多多的联想，这种联想能够丰富他的审美感受。而对于语文素养差的人来说，山永远只是山。

更重要的是，语文的内部交流作用使我们的精神变得崇高，感情变得丰富，思想变得深刻，人格变得健全。大纲试验修订版在"教学目的"一部分中说："在教学的过程中，要进一步培养学生热爱祖国语言文字、热爱中华民族优秀文化的感情，培养社会主义思想道德和爱国主义精神，培养高尚的审美情趣和一定的审美能力，发展健康个性，形成健全人格。"我想，这样的目的和要求的确定，就是体现了语文对一个人的内在生活的巨大作用。再举一个特别的例子，聋哑人的语文需要是否由于他的生理缺陷而受影响呢？事实证明，并不是如此。他们仍然需要语文，尽管他们的交际并不全靠我们的"语文"，但语文对他们仍然非常重要。因为，他们也需要通过语文来丰富自己的内在生活，提升自己的精神。

假如我们承认了语文对一个人的价值，并不单单是"学习""工作"和"交际"，而是更多地起到丰富精神生活，"发展健康个性，形成健全人格"的作用，我想我们就可以把所要强调的"工具"和"人文"两方面的意思统一到一个方面来。

（二）语文人文性的基本内涵

我们知道，讨论这个问题，是一件吃力不讨好的事情。新课程标准施行已经好几年的时间，很少有人愿意正面谈这个问题，大概也正是由于这个原因。这既意味着这个问题很难说得清楚，也说明讨论这个问题的必要。

把话题限定为"语文课程"的"人文性"，是不得已而为之。虽然我们很清楚，在语文课程中，工具性和人文性是"一张皮"，是不可截然分开的，但总是把两者杂糅在一起，虽然让人觉得是一种"统一"，但对于问题的讨论并没有补益。况且，既然提"人文性"和"工具性"的"统一"，也足以说明两者虽然是"一张皮"，但毕竟还是两个概念。为了讨论的方便，姑且这样说，应该会得到大家的理解。另一方面，强调"语文课程人文性的基本内涵"，是因为我们觉得"人文性"和人性一样，是无处不在的，其内涵几乎就没有办法明确。加上这样的限制，意在说明我们讨论的只是语文课程人文性中最基本的内涵，而不是全面的论述。

1. 语文课程人文性的基本内涵之一：培养学生对母语和民族文化的热爱

一个民族的母语，是一个民族智慧的结晶，是一个民族的精神印记，也是一个民族文化的载体。母语的传承和民族文化的传承几乎是完全同步的。语文课程，承担着母语传承的重任，也就同时必然地肩负起民族文化传承的重任。

朱自清说过，经典的价值不在实用，而在文化。钱钟书也说过，母语是一个人的存在方式和思维方式。学习母语，是学习语言，但又不仅仅是一种语言技能的学习，学习母语的同时打下精神的底子，形成文化所属的籍贯，这是学习母语和学习其他民族语言的本质区别。民族的语言，是民族之魂的衣胞。一个民族没有国家，没有军队，只要自己的母语存在，这个民族就不会真正被消灭。因此，每一个民族都会视自己的母语为民族的生命；而侵略者要真正消灭一个民族，则无不妄图从消灭和消解这个民族的母语开始。大家都记得都德的《最后一课》。这样的例子举不胜举。民族文化传承的方式，有很多种，而母语则是最主要的渠道，也是最理想的途径。一代代人，在母语学习的过程中，继承了民族文化。因此，让学生在学习母语的过程中，感受母语的智慧和魅力，获得民族文化的营养，从而为这个民族而自豪，更加热爱自己的民族。这是语文课程必须承载的任务，也是语文课程人文性的最重要的体现。

我们的母语，是世界上各民族语言中十分优异的一种；我们的民族文化，也是世界各民族文化中历史最为悠久、内涵最为丰富的文化之一。培养学生对它们的热爱和膜拜，是语文课程的最主要的使命。学习母语，从个体来讲，更多的是为了语言的运用；从民族群体来说，却是为了民族精神和文化的传承和发展。这又是互相依存不可分割的两个方面。无论是作为一个语文课程专家还是一个普通的语文教师，不全面地认识到这一点，而片面地只把语文和其他学科视为一律，这是缺少最起码的课程自觉意识，缺少承担这一角色的资格。长期以来，由于种种原因，语文课程被矮化为一门只是学生获得分数的学科，这是对母语课程的亵渎，是学科最基本责任的丧失。树立新的课程理念，我们必须从根本上认识语文的这一使命。

因此，语文课程要努力培养学生对母语的热爱，要通过语文课让学生喜欢语文课程，热爱民族文化。学生喜欢语文课程，语文课程的人文性就有了基本的体现。

2. 语文课程人文性的基本内涵之二：培养学生对生活的热爱和丰富健康的情感

教育的核心是人，教育的根本目的，是培养人的和谐发展。人的发展，第一要素是有积极的生活态度。语文作为教育的支柱性课程，必须承担这样的义务。有人会认为，这是政治课程的任务。这样的理解是非常狭隘的。每一个学科都必须把人的和谐发展作为根本目的，而作为母语的课程——语文学科则具有更重要的地位。自强不息，坚忍顽强，不畏艰难，乐生有为，是我们民族的主要品质，也是我们民族宝贵的精神财富，也是母语所承载的重要的精神内涵。因此，在母语学习中培养学生积极的生活态度，具有独特的优势，也更容易取得理想的效果。

所谓培养积极的生活态度，不是用口号和大道理要求学生，训导学生都树立远大的理想，追求人生的辉煌和巨大成功，而是在阅读、写作等具体的语文实践中，使学生懂得珍惜美好的生活，在面对生活的不幸和苦难时能够具有顽强的生活意志，是培养学生积极的生命意识，引导他们追求生命的质量，让他们懂得生活是无可逃避的，活着就是一种幸福，是一种享受，也是一种责任。生活的确会让人觉得很累很辛苦，但这种累，这种辛苦，又充满了生活的乐趣和意义。这是母语经典和民族文化的共同主题。无论儒家的有为，还是道家的超脱，都是告诉我们应该好好地享受生活。

积极的生活态度，还指能够积极地看待生活中的阴暗和肮脏，永远能从生活中发现光明。毋庸置疑，我们的生活中有很多丑陋，但我们不能因此就放弃生活。一位普通母亲讲过这样的一个故事，或许能帮助我们从另一个角度更好地理解什么是培养学生积极的生活态度。

　　一天，她的女儿看到报纸上报道的警察中的一个败类奸污妇女的事情，跑过来问这位母亲：妈妈，原来警察也有坏人？这位很具有教育智慧的母亲说：警察也有坏人，但我们遇到坏人，还应该找警察。

这个真实而平常的故事，是耐人寻味的。试想：如果这位母亲告诉女儿，这个警察是极个别的人，或者说，是的，这世界上什么人也不可信，会是什么样的效果呢？不要以为这样的事情，是一种纯粹的教育问题，它和语文没有什么紧密的联系。姑且不说如果我们的学生不热爱生活，则是所有学科教育的失败。即使从狭义的角度看，学生的生活态度，也直接地影响他的语文素养的提高。无论是阅读还是写作，认识生活的态度，都是一个很重要的问题。于漪先生说："作文不是一种写作的技巧，而是一种表情达意的手段。要做好文章，首先要在做人上狠下功夫——内心必定要充实，人生必定要有追求。"我们的传统特别强调做人和作文的内在统一，也正是立足于这一点。新的课程标准在三维目标中特别强调"情感、态度与价值观"，首先是强调要注重对学生生活态度的培养和引导。一个人，你可以有不同的信仰，可以有不同的追求，但最起码应该有对生活的热爱。

而丰富的情感，则应该是语文课程人文性的最直接的内涵，因为它和语文的联系最为紧密。无论是阅读能力还是写作能力，没有丰富健康的情感，都很难提高。一个人语文素养不好，自然有多方面的原因，但缺少健康丰富的情感，是很重要的原因。这在写作上表现得最为明显。学生作文写得不好的原因，绝大多数不是结构、语言等形式上的问题，而是选材上的问题。记得高二的同学以"感动"和"感激"为题写作文时，我和学生交流后发现，原来他们觉得生活中根本就没有值得感动和感激的东西。这使我感到极为震撼。一个近20岁的人，居然没有一件让他们感动和感激的事情，应该说这是教育的失败。毫不夸张地说，现在孩子的情感有些沙漠化，对别人的关心和关爱，无动于衷，视为当然。这样的人怎么可能写出好文章呢？

让学生学会同情、怜悯，懂得感激和报答，知道尊重和崇敬，这是做人的教育，也是语文教学本身应有的内涵。

3. 语文课程人文性的基本内涵之三：培养学生独立的人格意识和良好的审美的趣味

陈寅恪先生为王观堂先生撰写的碑文中有两句话，深得很多读书人的推崇：独立之精神，自由之思想。这两句话之所以广为传诵，恐怕是由于他概括了一个人至高的精神境界。或许，这不是每一个人都可以达到的精神高度，但我们的教育，尤其是语文教育应该向着这个方向努力。而长期以来我们的教育所忽视的，我们的孩子所缺少的，不也正是这样的品格吗？近年来，我们已经高度重视创新教育，但恐怕既没有有效措施，也没有触及问题的根本。没有"自由的思想"，没有"独立的人格"，谈什么创新呢？

审美，不仅是一种艺术或文学的特殊素养，也不是少数人才有的禀赋，而是所有人都应该具有的一种良好的品质，是一种生活的姿态和方式，即用审美的眼光看待生活和人生。而这种素质的养成，教育尤其是语文学科教育起着重要的作用。阅读和写作，从某种意义上说，都是一种审美活动，阅读的过程不仅是一种文本的欣赏活动，也是一种生活的审美；写作的本质意义，就是表达对生活的审美感受。

对文学在语文课程中是什么样的地位，人们是有分歧的。但如果我们认同文学素养是一种很重要的人文素养，对语文教学必须重视学生文学素养的培养，大家就会形成共识。因为文学可以使人的精神世界更丰富，可以培养一个人的诗意。而这对一个人的素养来说，是极为重要的。毛泽东同志曾要求我们成为"一个高尚的人，一个纯粹的人，一个有道德的人，一个脱离了低级趣味的人，一个有益于人民的人"。或许在今天，有人会嘲笑这是高调的口号，是不可企及的。但我想，我们做人的底线至少应该是做一个不"低俗"的人。而要做到这一点并不容易。教学《林黛玉进贾府》，我常常喜欢和同学们讨论一个似乎和教学内容关系不大的问题：林黛玉和薛宝钗你更喜欢谁？喜欢林黛玉的比例与我第一次教学这篇课文时相比，越来越低了。这样的比例变化，有一定的偶然性，因为这毕竟不是一个很科学的抽样调查，但又有一定的可信度。林黛玉小心眼，林黛玉难缠，的确是她的缺点，可她身上最可贵的优点——脱俗、清高、浪漫，却越来越被看轻了。这个时代是一个越来越缺少诗意的时代。而一个没有诗意的人，是不可爱的，甚至是猥琐的。我甚至偏激地和学生说：你可以不做诗人，但做人不可没有一点诗意；一个从没有写过诗的人，是一个精神不健全的人。我们的母语，是最富有诗意的语言（包括文字）。学习母语，除了学会语言的运用，还要提高自己的审美趣味（其实语言运用能力，也离不开良好的审美趣味）。

记得有一位课程专家说过，语文课程的人文性，就是借助语文学科帮助学生建立起他们的精神家园。如果这个比喻有一定的道理，那么，本文试图回答，这个家园里最起码的应该有些什么。

（三）"两性"应该怎样"统一"

语文学科的性质问题，是语文教学最基本的问题，似乎也是最说不清楚的问题。语文课程标准给语文的定性为："语文是最重要的交际工具，是人类文化的重要组成部分。工具性和人文性的统一，是语文课程的基本特点。"这使"工具论"和"人文论"的长期争论暂且有了一个说法，尽管可能是双方都满意或者双方都不满意的结果。这个说法的正确与否，我们暂且不论；本文要讨论的问题是：在语文课堂教学中这"两性"到底是怎样的"统一"？

有人认为：讨论这样的问题简直是杞人忧天，自找麻烦；不思考、不回答这样的问题照样教语文，甚至教得更好，也有名师现身说法证明了这样的观点。我以前也持这样的想法。但现在的问题是：一方面，课程标准里明确写了，各级各类培训也在大讲特讲，平时的确从不关注、从不思考这类问题的教师对此再也无法回避，而那些想借新课程改革的东风对自己的语文教学进行一番改革的教师，就更有一点弄不弄清楚放不下心的样子。于是，经常有教师不解地问："'工具性'和'人文性'到底是什么样的'统一'？在语文教学中到底应该怎样体现'人文性'？"很显然，这成了困扰着许多教师的问题。另一方面，对语文学科性质的理解，对语文是什么这一原本问题的思考，也并不是和实际的语文课堂教学完全脱离的。你可以不去自觉地思考这个问题，但并不是说这个问题和你的教学就毫无关系。我们甚至觉得，从某种意义上说这"两性"关系的问题，和每一节课都有着紧密的不可分割的联系。对一节课的评价标准，可能有多种不同角度的不同要求，但能否体现"两性"的

"统一"，却是一个共同而基本的标准。其他的标准和要求，尽管切入的角度表述的方式会有不同，但回到根本上却仍是"两性"的"统一"问题。有时候我们觉得讨论语文是什么这样的问题，意义不大甚至无聊，不是因为这个问题本身没有价值，更不是因为它和语文课堂教学无关，而是由于我们常常把这样的问题完全理论化，甚至虚拟化，使之在具体教学实际中的价值淡化得近乎被人们忘却。因此，在推行语文学科改革的过程中，立足于语文课堂教学的实际，对语文教学的"两性""统一"问题进行必要的思考，还是应该的。

我们始终认为：在语文课堂教学中，语文的人文性总是在语文的工具价值实现过程之中得到体现的。语文作为一门学科，自然有它自己的价值，也自然有它自己的责任。如果语文教学把人文性放在首位，就必然模糊它本身的学科特征。换一个角度看，人文是许多学科，甚至可以说是所有学科都要体现的共性特点，人文教育是所有学科都要承担的责任，而不是语文所独有的。语文，只有首先使其工具价值，或者说学科所特有的价值得到体现和实现，才具有作为一门学科的意义。

所谓统一，就是在这样的过程中体现一定的人文性，不追求单纯的语文工具价值，不排除语文学科应该承担一定的人文责任。我们从新课程标准对语文学科任务的定位可以看出这一点：《全日制义务教育语文课程标准（实验稿）》在《课程性质与地位》中明确指出："语文课程应致力于学生语文素养的形成和发展。语文素养是学生学好其他课程的基础，也是学生全面发展和终身发展的基础。"其《课程的基本理念》第一条就是要求"全面提高学生的语文素养"。《普通高中语文课程标准（实验）》在《课程性质与地位》中也首先指出："高中语文课程应进一步提高学生的语文素养，使学生具有较强的语文应用能力和一定的审美能力、探究能力，形成良好的思想道德素质和科学文化素质，为终身学习和有个性的发展奠定基础。"其"课程的基本理念"也特别强调"全面提高学生的语文素养"，"注重语文应用、审美与探究能力的培养"。由此不难看出，尽管新课程标准和历次语文教学大纲对语文学科任务的定位有所不同，但仍然是把语文的"工具性"任务摆在首位。如果我们细致地阅读课程标准的"课程目标"的具体条款，对这一点会有更加明确的认识。这就为我们理解"两性"的"统一"定下一个鲜明的基调：是在工具性中体现人文性，而不是在人文性的基础上体现工具性。

所谓统一，还指人文性在语文教学中的体现应是自然而然的，而不是刻意追求的；是和谐融合，而不是牵强附会，更不是拔高的"思想教育"或"人文教育"。我们以为，在阅读欣赏朱自清先生《春》的过程中，品读美好的文字，感受美好的春天，提高了语言的品位，陶冶了美好情感，对自然、对生活更加热爱，这不就是人文性吗？如果人文性的体现，成为语文教学必需的一个附加任务，在每节课、每篇课文的学习中一定要贴一个人文性的标签，或者干脆把语文课上成人文教育课，这便不是"统一"，而是错位，和语文课程改革的目的完全是背道而驰的，也不符合语文学科的教学规律。令人担心的是，这样的课堂已经出现。教学《热爱生命》，主要时间就在讨论为什么要热爱生命，怎么样热爱生命；教学《公输》，主要时间花在让学生想办法劝说布什不要攻打伊拉克；教学《伟人细胞》，也就是讨论成为伟人的条件。我们认为，在语文课堂教学的具体操作中，如果文本适宜，只要不把教学的价值仅仅定位在考试和分数上，能按照阅读和写作的规律进行教学，人文性的基本内涵也就在其中了。如果备课时总去煞费苦心地想："这节课该怎样体现人文性呢？"这实在没有一点必要。

那么，到底什么是语文教学的人文性呢？我说的是"语文教学的人文性"，而不是一般意义上的人文性。因为，人文性实在是一个复杂的话题，从学术的角度看，对它的理解人们并没有形成共识，因为它有着极为丰富的，甚至是不确定的内涵。课程标准指出，语文课程具有"丰富的人文内涵"，如"爱国主义情感、社会主义道德品质"，"积极的人生态度和正确的价值观"，较高的"文化品位和审美情趣"，"吸取民族文化智慧"和"尊重多样文化"等。但最基本的体现为培养学生积极、乐观的人生态度和美好、丰富的情感。因此，我们认为，对语文课程目标知识与技能，过程与方法，情感、态度与价值观三个维度的理解，本质上也就是对"两性""统一"的理解。

那么应该怎样理解三维目标呢？首先，对三个维度内涵的理解要全面、适当，不可偏颇。长期以来，语文教学一个比较普遍的问题是只追求知识与技能，没有过程与方法，甚至只有知识，连技能也没有，更缺少"情感、态度与价值观"。新课程标准正是针对这样的情况提出的一个全面反映语文教学内涵的目标系统。可现在又有人认为，新课程标准是不要知识，淡化技能，只注重情感、态度与价值观的。很显然，这样的这样理解是错误的。新的课程标准，三维目标的第一个维度就是"知识与技能"，怎能说不要知识与技能呢？一定的知识积累是培养语文素养的前提。新课程标准坚决摒弃的只是以知识为中心，追求知识系统化和复杂化，把阅读教学和写作教学知识化的做法。所谓的过程与方法，就是要保证学生有自己学习的过程，而不是被动接受现成的结论，教学的过程也不能是由结论到结论的简单传递。比如，阅读教学，就必须有阅读的过程，感悟的过程，思考表达的过程。所谓情感、态度与价值观，也就是不把语文教学的目标仅仅定位在掌握语文知识、提高语文能力，还必须着眼于"人"的成长，关注"人"的发展。

其次，是对三者关系的理解不能割裂。有的教师说：以前的语文教学，只有知识与技能，教学的时间也很紧张，现在要三个维度，教学的时间怎么安排？这样的理解，就割裂了三者之间的关系。因为这三个维度，是互相融合的，而不是简单地相加，更不是互相冲突的。我们理解，在教学过程中，应该以"过程与方法"为载体，或者说为主轴，知识的掌握，能力的培养，都应该在"过程"中体现，而"情感、态度与价值观"应该隐含、糅合在前两个维度实现的过程之中。如果说，语文教学只有"语文"，是狭隘的学科观点，那么，只有"情感、态度与价值观"，而没有语文"知识与技能"，没有语文学习"过程与方法"的语文教学，则更是舍本逐末的做法。也就是说，语文教学培养学生积极的人生态度和丰富健康的情感，必须融合在语文学习、语文实践的过程之中。

语文教学的"两性""统一"问题，本身就是一个复杂而丰富的问题，而要立足于课堂教学进行思考和解读，无疑更是一个难题。不揣浅陋，说出自己的肤浅思考，意在得到同道的呼应和专家的指点。

三、我的语文教学观

（一）语文教学的知识观

语文学科的知识观，是指对语文学科的知识范畴、知识内涵、知识在学科课程中的价值以及知识在教学过程中的体现等问题的基本认识。应该说，迄今为止，我们对这些问题的认识是还是非常模糊的。

长期以来，语文学科对于本学科的知识范畴问题，缺少应有的研究，更缺少明确的定论。如果说一个人就有一种理解，可能有点夸张；但不同层次不同角色的人有不同的看法，是毫无疑问的。林林总总的观点，简单地可以概括为狭义理解和广义理解。绝大多数一线教师持一种比较狭义的理解，也就是认为知识都是静态的、固化的、显性的，如语言知识、文体知识、文学文化常识等。而有关课程专家们则基本持一种广义的理解，即认为知识既指静态的固化的知识，也指动态的、程序性的知识，既指显性的知识，也指隐性的知识。尽管前一种理解的所指比后一种稍微明确一些，但无论是狭义理解还是广义理解都没有明确的范畴。至今还没有一个文件（包括新的课程标准）对语文课程的知识范畴做出哪怕是大致明确的规定。

　　无论是狭义理解还是广义理解，对具体知识的内涵也更是没有明确的描述，如静态的固化的知识、动态的程序性的知识、显性的知识、隐性的知识等，分别指什么，都没有明确的界说，更没有权威性的、法定性的标准。至于一些更具体的知识概念，如表达方式、表现方法、叙述方式、写作知识、语法知识、文体知识、鉴赏知识以及写作程序、阅读程序等，也无一不是模糊难辨，在具体应用中难以判定的情况非常之多。我们承认，所有学科的知识都具有一定的模糊性，但像语文学科这样缺少基本明确的情况是不多的。之所以新课程改革初期会形成一种全盘否定知识的倾向，与多年来一线教师饱受知识范畴不清、知识内涵不明的折磨不无关系。

　　无疑，语文课程不能没有语文知识，但语文知识在语文课程中到底有什么样的作用，迄今也没有明确说法，似乎也还没有人拿出有一定认可度的成果。而且，目前无论是理论上还是教学实践中，都有两种几乎对立的做法：一种是极端夸大知识的作用，追求语文教学的高度知识化，认为语文学习的主要内容就是建立知识框架，而没有知识框架是语文教学效率低下的根本原因，甚至认为是唯一原因；一种是极端轻视知识价值，过分强调感受、感悟、积累。前者是理性学派，希望语文学科能有一个清晰的、系统的知识结构来支撑；后者是经验学派，过分依赖和迷信汉语传统的学习方式。

　　在理论极不成熟的情况下，语文教学实践中知识的体现就成了一个很难把握的问题。

1. 反对以知识为本位，以知识为中心

　　新的课程改革以后，有一个简单化的说法，就是要淡化知识教学。甚至现在有的教师公开课就不敢进行知识教学了，这是对新课程标准的误读和误解。我们认为：新课程改革后的语文教学反对的只是以知识为本位，以知识为中心，绝非是笼而统之地淡化知识。

那么，什么样的做法是以知识为本位，以知识为中心呢？主要有4种情况。

（1）追求知识的系统化

任何学科不能没有知识，语文学科也是如此。但需要知识，不等于就必须有系统知识；学习语文知识，不等于就必须建立知识系统。可是有些教师总觉得，没有系统知识，学科教学就失去了具体实在的内容。一旦涉及某一方面知识，都希望能让学生全面地、系统地掌握。讲到语法，就要从词的构成讲到词性的分类，从短语讲到句子结构，从单句讲到复句；讲到修辞，就是积极修辞、消极修辞，比喻几个要素，排比几种类型；一讲诗歌分类，就是从古到今一大串。先是一堆概念，后是一堆练习。教师津津乐道，学生头昏脑涨。

为什么不提倡这种知识的系统教学呢？

一是汉语本来就没有非常清晰的知识系统。比如，语法，现代汉语、古代汉语至今都还没有一个定型的教学语法，都是各家各说，或者过繁，或者过简，本身也没有严密的系统。所以，新的国标本教材，几乎都没有完备的语法系统。有的教材有一个大体的框架，有的教材连框架都没有，只是蜻蜓点水而已。修辞知识、文体知识、写作知识，也无不都是如此。

二是很多知识内涵模糊，讲不清楚。几乎每一个语文知识领域都有许多讲不清楚的问题。选几个典型的例子是可以的，一接触到实际的具体问题，一运用到鲜活的语言之中，就捉襟见肘，漏洞百出。比如，表达方式、句子成分、文体分类，无不是如此。

三是即使掌握了，也没有多大用处。据说，新课程改革以后，有些地方的教师还在补充系统的语法知识，先不说这些教师能否和学生真的讲清楚，即使讲得很清楚，又有多大用处呢？语法知识掌握得好，语言素养就好吗？绝不是这么回事。有的教师说，讲了语法，对改病句有帮助。也先不说会改病句不等于语言素养好，事实上会分析句子的结构，也并非一定能发现句子的问题，起决定作用的还是自身的语言素养。至于写作知识对写作能力的意义，阅读知识对于阅读能力的意义，不说大家也会清楚。

（2）知识的复杂化

追求知识的系统化必然会导致知识的复杂化。比如，短语的分析，偏正结构、动宾结构、主谓结构、动补结构等几类还不行，动宾结构还要分为"动＋宾＋补""状＋动＋宾＋补""状＋动＋补＋宾"，弄得教师也没有几个人说得清楚。有一年高考曾经考过成语的结构分析，问一组成语哪些结构是相同的，其中有一个是"舍生取义"。一般说，大家都会认为这是一个并列结构的成语，但可以有多种解释。比如，"山清水秀"与"青山绿水"的结构同不同的问题，几乎就像和尚的偈语（说同，都是并列结构；说不同，一个是偏正式的并列，一个是主谓式的并列），常常是隐含着不止一种答案。最主要的问题是这样的知识有意义吗？

这样一种人为的复杂化，是十分有害的。一是转移了语文教学的基本任务，把学生的语言学习变成了语言研究；二是浪费了大量的教学时间，影响了学生的阅读积累；三是扼杀了学生语文学习的兴趣，影响了他们对鲜活语言的汲取；四是必然陷入讲不清楚、道不明白的尴尬境地。

（3）阅读教学的知识化

也就是在阅读教学中，重点不在引导学生怎样去读，也不在利用文本进行语言活动，而是把重心放在了知识的教学上。备课时就是排一排这篇文章有几个知识点（常常就是有几个所谓的考点），尤其是热衷于对相关知识大讲特讲。比如，一位教师教学《采薇》，用18分钟介绍《诗经》"六义"；一位教师教学苏轼的《赤壁赋》，用20分钟讲"赋"的流变；一位教师教学毛泽东的《沁园春·长沙》，就大讲词的词牌和平仄。也有的教师的阅读教学，只是关注文本内容或表现手法所涉及的有关知识；教学《国宝大熊猫》，就是了解大熊猫的知识；教学《胡同文化》，就成了胡同研究；教学《道士塔》，就是识别所谓的"秋雨笔法"。

文言文教学的知识中心问题，也非常严重。很多课堂还是以古汉语知识教学为主体。实词的一词多义、虚词的不同用法、通假字、古今词，充塞课堂，词的活用、句式的倒装，更是重中之重。学生不看注释，不读课文。精力就集中在什么是意动，什么是使动，名词作状语有几个类型，"之"是主谓间取消独立性，还是一般的结构助词。现在又有一种新的现象也值得我们警惕。有些教师在教学中注意了方法的渗透，如散文教学进行语言品味，实用文的信息筛选。于是，教学中把语言品味的方法和信息筛选的方法作为教学的主体，把文本作为例子去为阅读方法的知识教学服务。

这样的做法不仅使文本的资源价值没有能充分发挥，更重要的是没有按照阅读教学的规律去教学，没有完成阅读教学的基本任务，是应该坚决放弃的。

（4）写作教学的知识化

这是至今仍然非常普遍的问题。有许多教师的作文教学，就仅仅只有知识的传授。一是大讲从大学写作课上学习得来的写作知识。写作指导也好，作文评语也好，作文评讲也好，都是那几个几乎没有变化的概念。小学教师这样写，初中教师这样写，高中教师还是这样写。二是大讲大量的写作方法或者写作技巧类的知识。比如，拟写作文标题的多少种方法，文章开头的多少种方法，过渡句的多少种写法，文章结尾的多少种方法，如此等等。这些知识，学生适当了解一点，对写作是有一定帮助的，但不从根本上提高学生的写作能力，把写作知识作为教学的主要内容，就完全偏离了作文教学的根本。

2. 追求把知识融合在语文学习的活动之中

语文教学不能没有知识，又不能以知识为本位，那么在语文教学中应该怎么处理知识问题呢？我们认为，应该努力追求把知识教学融合在语文学习的活动之中。

首先在认识上要摆正语文知识和语文学习的活动的位置：学习必要的语文知识是为提高学生语文素养服务的，而不能把学习知识本身作为根本目的。具体说，学习一些文体知识、阅读知识、写作知识，是为了帮助阅读和写作活动的有效开展，是为了提高阅读能力和写作能力。学习一点语法知识、修辞知识是为了帮助品味语言，揣摩语言，锤炼语言，提高语言素养。程序性知识的学习，也是为了有益于具体学习活动的进行，而不是掌握这些知识本身。比如，现代文阅读的信息搜集和处理，并不是要和学生开设阅读学这样的课程，而是通过了解这些程序性知识，养成良好的阅读习惯，提高阅读能力。

最重要的是要让知识的学习和各种语文学习活动融合在一起。比如，苏教版初中教材中有一篇文章《蓝蓝的威尼斯》，后面一道题目要求学生品味这个题目的妙处，说说文章为什么以"蓝蓝的威尼斯"为题，而不以"水中的威尼斯""海上的威尼斯"为题。如果要和学生系统地讲什么是消极修辞，讲炼词炼句，讲什么是叠词，它有哪些类型和作用，则比较复杂，也没有必要；如果从几个不同标题表达效果的差异入手，立足于威尼斯城的特点的表现，让学生感受"蓝蓝"这个词的重叠运用的具体作用，则不仅完成了语言品味的活动，学生对词语重叠运用的修辞效果也有了认识。比如，文体知识，不同文体的阅读，有不同的特点。无视它们的阅读个性，就是不尊重阅读教学的基本规律。目前有些阅读教学，不管什么文体，都采用同一种教学模式，都只是交流几句感受，品味几个句子，我们认为是极不可取的。但强调不同文体的教学特征，并不是进行每一种文体的阅读，就要教学这个文体的知识为主，而应该在整个教学过程中体现不同文体的阅读个性。小说阅读不是一味重复小说的要素，而是在学习的过程中或者突出情节艺术的欣赏，或者突出人物形象的把握，或者突出环境的分析，在这样的过程中解读作品，欣赏作品。如果在教学过程中能够体现这种文体的特点，那么文体知识也就融合在教学中了。比如，散文教学，叙事散文就要关注文章是如何叙事的，写人散文就要关注是如何写人的，写景散文就要关注写的是什么景，特点是什么，是从哪些角度写景的。

　　在语文学习活动中融入知识的教学，一定要根据具体情况随机渗透。比如，我们前面提到的《采薇》《赤壁赋》和《沁园春·长沙》的教学。教学《采薇》，了解《诗经》"六义"，尤其是赋、比、兴三种表现手法的运用还是必要的，但应该结合这首诗的具体内容做简要的介绍（当然先做简要介绍也可以），重点应在了解它们在文本中的运用对表现思想感情的作用，同时通过对这些知识的了解加深对文本的理解；教学《赤壁赋》，了解"赋"的文体特点，也是必要的，但不应全盘介绍，而应该了解赋的一般特点，来帮助理解苏轼这篇赋不同一般的写法；教学毛泽东的《沁园春·长沙》，就必须把它作为旧体诗来欣赏，但不应该大讲词牌来历和平仄，而是应该从炼字炼句、结构特点等角度适当介绍一些相关知识。再如，高中的古诗词鉴赏，必然要向学生介绍一定的相关知识。但这些知识，如意象、意境、白描、虚实等，大多很难讲得清楚，只有根据具体的教学内容，具体的教学需要随机结合地引入，才能起到相得益彰的效果。

（二）语文教学的训练观

1. 语文教学在训练问题上存在的严重问题

（1）认识的狭隘

　　在许多教师的心目中，训练就是瞄准考试、紧扣考点做练习，就是为了立竿见影地提高学生的考试成绩。在有些教师看来，只有做练习做题目才是有效的训练，而不做练习的任何教学形式都是低效的，甚至是无效的。有些学校严格规定每一节课必须留 1/3 的时间进行随堂练习，正是这种狭隘认识的典型表现。

（2）形式的单一

和狭隘的认识相一致的是训练形式的单一，即完成纸化的练习。有些学校明确提出"高一（七年级）教学高三（九年级）化，语文教学理科化"的口号。所谓高三（九年级）化、理科化，说到底也就是把做试卷、讲练习作为教学的主要形式。在语文课堂上，先讲后练、一讲一练，甚至先练后讲、以练代讲的教学也并不少见。

（3）效益的低下

违背规律的教学操作，简单反复的训练形式，质量很差的训练设计，必然导致训练的效益低下，产生极为严重的后果。即使有时候似乎比较有效地提高了学生的考试成绩，但不仅没有真正提高学生的语文素养，反而耗费了学生语文学习的大量时间，影响了学生语文学习的健康发展，把语文教学引上了一条畸形道路。

围绕语文教学要不要训练，学者们曾经有过激烈的争论。新课程改革强调感知、感悟之后，甚至有人谈"练"色变。现在这个问题，几乎没有争论了。语文教学，必须进行有效的训练，已经成为一个没有争议的定论。但这并不意味着大家对训练的认识已经完全一致，语文教学的训练问题已经完全解决。应该说，要大家重视训练是容易的，因为考试的无情会使各种认识在这一点上统一起来，但要真正提高课堂教学训练的质量和效益，却并不是一件容易的事。

2. 语文教学的训练观

在新课程改革的今天，语文教学必须确立正确的训练观，探索科学有效的训练形式。

我们认为，语文教学科学有效的训练，融合于整个教学过程之中和学生的整个学习活动之中，语文教学的整个过程都应该是一个训练的过程，语文课堂教学中一切意在提高学生语文素养的活动都是训练，遵循学科学习规律和教学规律的训练才是科学有效的语文训练。科学有效的训练，应具备 5 个特点。

（1）训练意图要明确

课堂教学中的每一个训练的环节都应该有明确的意图，即训练什么，意在提高学生哪一方面的语文素养，应该清清楚楚，否则很容易成为无效教学，无效活动或者无效训练。

　　现在大家都很重视阅读教学的朗读训练，但常常没有明确的意图。有些教师让学生齐读文章标题和作者，齐读注释中的作者介绍，齐读写作背景，齐读要思考回答的问题，我们就弄不清楚这样读是为了达到什么目的，培养哪方面的素养。一位教师教学徐志摩的《再别康桥》，让学生想象诗人多年前再到康桥时的所见所想，体会诗人自己会怎样读这一首诗。一位教师用一节课和同学们一起诵读欣赏闻一多的《七子之歌》的七首诗，却花了较长的时间让学生为几幅照片配上文字说明：一幅照片是一对母子在做游戏，一幅照片是一大一小两只鸽子在相向而视，一幅照片是一大一小两峰骆驼行走在沙漠上。这样的训练活动，意图是什么呢？和教学的主体内容是什么关系呢？令人费解。我们也经常在一些课堂上发现，教师要求学生"认真阅读课文，认真思考，然后分组交流阅读的感受"。不仅学生弄不清楚教师要干什么，听课教师也不清楚教学者要干什么。

　　（2）训练指向要清楚

　　语文教学的训练，既要有明确的意图，还必须让学生得到明确的指令。否则教师自己心里清楚，但是学生却弄不明白该做什么怎样做，必然影响训练的效果。我教学《黔之驴》，为了巩固对课文内容的理解，设计了一个创造性翻译课文的教学环节，让学生以老虎或驴的口吻向小老虎或小驴说一说当年的这个故事。应该说我的教学意图是非常清楚的，但学生或者"戏说"，或者所述像科幻小说，或者所述像武打小说，训练的意图并没有达到，效果并不好。问题就出在学生并不完全清楚我的意图。后来我进行了适当调整，补充了两条具体的要求：第一，立足课文，合理想象；第二，要有一个中心，即讲这个故事是为了让小老虎或小驴懂得一个什么道理。修改以后的方案，教学效果就明显好多了。

　　一位教师教学苏教版高中语文新教材第一模块"历史的回声"这一专题，将专题中的《落日》和《勃兰特下跪赎罪受到称赞》《加拿大将"南京大屠杀"编入历史教材》两篇消息整合在一起教学，对学生提出了这样一个要求：用一句话概括两篇课文的内容。在学生进行了几分钟的概括之后，便组织交流活动。本来这是一个常规的训练活动，可是活动的质量却不高，效果很不理想。为什么呢？对教师的指令稍作分析，我们便会发现这个指令是不明确的。它至少有三种不同的理解：第一，用一句话概括三篇文章的内容；第二，用一句话概括《落日》的内容，再用一句话概括《勃兰特下跪赎罪受到称赞》《加拿大将"南京大屠杀"编入历史教材》两则消息的内容；第三，分别用一句话概括三篇文章的内容。从交流中看，学生正是这样三种不同的理解。

（3）训练的强度要适宜

上面举到的"历史的回声"的例子中，在学生交流时教师才明确说出是要求分别用一句话概括三篇文章的内容。但很显然，这样的训练要求对高一学生来说训练强度太小了，因为两则消息的标题都是文章内容的很好的概括。学生不用思考，就可以找到答案。

根据有关学习理论，学生的学习有一个最近发展区，即对学生的学习应该提出一个适当的要求，这个适当的要求应该是高于学生的现有水平和能力，要求过高或过低，学习的效果都不理想。很显然，如果训练要求低于或等同于现有水平，训练都是没有效果的。以上的例子便是训练强度太小。比如，一位教师要求学生阅读一段课文，概括这段话的几层意思，然后组织学生交流，但几乎没有一个学生的回答符合教师的要求。最后，教师说，这段话共有五个句子，也就是有五层意思。没有一个学生想到，教师会让他们完成这样的训练。如果将要求修改为"下面这段话共有五个句子，有五层意思，请大家用简要的语言概括每句话的意思"，对于高一学生来说，训练强度就比较适当。

也有时候，会出现训练强度过大的问题。一位教师教学七年级的第一篇课文《为你打开一扇门》，要求学生阅读课文概括文学的几个特点，可是所有学生的概括都不符合教师的要求。最后，教师出示的答案是文学的5个"性"，什么移情性，什么社会性，什么教化性等，据执教教师说这个答案是从一本权威的书里找来的。但学生怎么能从课文的阅读中获得这样的信息呢？即使能够获得这样的信息，七年级的学生又怎么会做出这样的归纳呢？这样的训练对七年级学生而言，毫无疑问强度太大了，也只能是无效的训练。

（4）训练的方式要适当

用诵读的方式来学习《离骚》无疑是对的，但有的教师却让学生一人读一句，用接力的方式进行诵读，则是非常严重的一个错误。《离骚》生字多，理解难，要读流畅不容易，一人一句接力诵读，怎么可能读得流畅呢，怎能读出作者的情感和自己的感受呢？如果教师带着学生一句一句地读，相对就比较适宜。比如，分角色朗读，教学《雷雨》和《威尼斯商人》都可以用这种方式，但是教学古代戏曲《春香闹学》就不太适合了。那样的道白和唱词要读出人物的个性和内在感情，很不容易。一位教师教学《今生今世的证据》，让学生给"故乡"下一个定义，说说自己心中的故乡。其意图是明确的，是想让学生表达自己对故乡的个性化理解，在比较中加深认识作者对故乡理解的深刻和独到。但这样的训练形式却不恰当。首先这个活动的要求本身有悖逆矛盾的地方："下定义"是一种科学的说明，是客观的；"说说自己心中的故乡"则完全是一种个性化的表达。这两者怎么统一到一起呢？况且学生也不知道定义的基本格式是怎样的。如果改为"以'故乡是'开头说一句话或说一个比喻句"，就比较适宜。一位教师教学《故乡的榕树》，让学生根据文章所写的关于故乡榕树的几个片段分别写一段快板，并且合作表演。学生连什么叫快板都不知道，怎么写快板呢？怎么表演呢？《故乡的榕树》是一篇反映南国情调的散文，用快板这样的形式来概括来表达，实在匪夷所思。

（5）要处理好训练和文本的关系

阅读教学中的训练，必须以文本为基础，必须切合文本的特点，既不能脱离文本，更不能曲解文本。一位教师教学《钱塘湖春行》，让学生思考的问题是：如果根据这首诗为游人设计一个游钱塘湖的路线，该怎么设计？应该把哪里作为旅游的重点？一位教师教学《劝学》，课堂的训练重点是让学生写比喻句，先是写一个比喻句，然后是写一组比喻句，最后写正反对比的比喻句。把诗歌作为写实用文的依据，把文言文阅读教学变成了修辞教学，变成了单项的语言训练，都背离了特定的文本。一位教师教学《泪珠和珍珠》多次进行了内容的归纳训练，其中之一是将文章中的内容归纳为几种泪：少女泪、归乡泪、亲子泪、奋斗泪、慈悲泪和感恩泪。然后又将这几种泪归纳为"为自己—为家人—为人类"。因为曲解了文本的内容，训练的效果很不理想，甚至可能有副作用。熟悉课文内容的教师都会清楚，这样的归纳完全不切合原文，只是教师出于"教学需要"和课堂训练需要的一种强加式的归纳。这样的训练不仅是无效的，其副作用也是可怕的。一位教师教学《琵琶行》居然让学生根据诗歌中对琵琶演奏旋律的描写归纳琵琶女的人生轨迹，我们认为同样也是曲解文本内涵的。

（三）语文教学的过程观

长期以来，语文教学一个突出的问题，就是"结论教学"，也就是学习过程的缺失，这是语文教学低效率的主要原因之一。所谓结论教学，其教学目的就在于让学生接受一个结论，而不是让学生参与和经历一个学习过程。其主要做法有三。

一是结论传递：很多教师的备课就是将教学参考书上的现成结论直接移植为自己的结论（写到教材上或者备课笔记上），所谓教学，就是直接地或者变着花样和形式，将现成的结论再传递给学生。而学生的学习过程，就是上课被动接受现成的结论，课后再通过做各类题目强化对这些结论的记忆。整个教学过程就是以结论传递为核心。

二是结论推导：整个教学过程是为了得出某一个既定的结论，这个结论或者是某种写作风格，或者是某一个写作特点，或者是文章的主题思想。与前者相比，其做法常常具有迷惑性，因为从形式上看，它似乎也具有一定的教学过程，学生也会有较丰富的学习活动，但这种过程和活动的目的，不在于让学生在过程中和活动中成长，而是为了通过这样的过程和活动去"寻找"到某个结论。

三是结论印证：整个教学过程就是为了证明一个已有的结论。而这个结论不是教师在学习过程中得出的，更不是学生在学习过程中发现的，而是教学参考书或有关资料上的。这种做法和"结论印证"在本质上完全是一回事，只是思路刚好相反。

新课程标准提出了知识与技能，过程与方法，情感、态度与价值观三维教学目标这样一个新的理念，其最关键、最核心的就是强调了学习的"过程观"。我们以为，对于语文学科来说，这个过程观最基本的应该体现如下这些方面。

1. 课堂教学的过程，应该是学生学习的过程

这一点是新课程理念过程观的主要内涵。所谓学生的学习过程，就是学生经历学习体验，享受学习快乐，获得学习成功。人们常说的"学生为主体"就是这一理念的直接体现。这里，我们想简单而明白地提出体现学生学习过程的几个最基本的标志。

（1）保证学生的阅读过程和写作过程

应该承认，在语文教学中学生没有阅读机会是一个很普遍的问题。从语文学习的整体情况而言，学生课外的阅读时间相当缺少，课内阅读时间也是少得可怜。我们曾经在一个小的范围内做过调查，一般学校，不超过30％的学生每一篇课文能够认真阅读一遍，不超过10％的学生能认真阅读两遍。课文已经学习完，甚至练习也做了不少，但学生却并没有认真阅读全文的情况相当严重。从具体教学环节来说，

90％以上的教师提供给学生思考具体问题、解决具体问题的必要时间不足。试想：如果学生连课文都没有好好读过，连读课文的时间都不能保证，那些看似很精彩的讲解和活动，那些问题讨论，又有多大意义呢？

说学生阅读过程缺失，大家是容易承认的，如果说学生的写作也缺少过程，很多教师是不肯接受的。事实上，学生的写作过程不完整的情况也非常严重。为了应试的需要，现在大多数教师的作文教学都是让学生当堂完成。直接的写作需要时间，似乎是具备的。但写作的过程，不能理解为就是动笔的过程。完整的写作过程，应该包括对生活的感受，对生活的思考，对生活的提炼，也包括习作的修改。总是让学生对着题目写作，是不能提高写作能力和写作素养的。把立足于写作训练的写作和立足于写作水平考查的考场写作混为一谈，是对写作规律的违背。写作过程的不完整，是学生对写作丧失兴趣，写作能力难以提高的原因之一。

（2）为学生提供表达、交流的机会

在阅读过程中，学生必然会有自己的体验、感受和认识，也必然会有表达和交流的强烈欲望。而这样的表达和交流，既是语文教学的重要资源，教师教学决策的重要依据，也是学生在合作学习中提高的过程。让人沮丧的是，平时的教学中，学生很少有表达、交流的机会（当然首先是没有阅读的时间和空间），而公开课则刻意进行表达和交流。平时不让学生有讲话的机会，等到公开课就用尽手段说尽好话让学生表达、交流，即使达到了目的，也只是营造了一种热闹的气氛而已，并不是学生学习过程的真正体现。

为学生提供表达、交流的机会，一个很重要的问题，是尊重学生的体验和思考。所谓"尊重"，既不是教师压制控制学生的思想，也不是教师盲从于学生的思考。而应该是一个真正的对话过程，是学生之间、师生之间、师生和文本之间的多向多维的对话。关于教学中的对话，已有很多文章提出了颇有见地的观点。我们只想强调，对话应该是所有参与者处在同一个地位的交流，应该是所有参与者都有自己的体验和思考，应该是不同思想的互相碰撞，不同感情的互相激荡。否则，便不能说是对话。教师没有自己的体验和认识，只有参考书上的结论，怎么进行对话呢？当然并不是说教师一定要说与参考书上不同的观点，而是这个结论不是直接从参考书上获得的，而是自己在阅读过程中获得的。教师总是用唯一的结论去套学生的思想，不是对话；教师简单地肯定学生的一切思考，也不是对话。用我们传统的哲学观点来说，应该是"和而不同",简单地求"同"简单地容"异"都不是正确的做法。

（3）让学生发现问题、解决问题

让学生在学习中发现问题，并通过一定的方式解决问题，这是过程观的最好体现。学生只能根据别人的指令去思考问题，而不能发现问题、解决问题，是学习能力弱化的显著标志，而这是由于长期的学习过程缺失造成的。新课程标准，提倡自主、合作、探究式的学习，我们认为，对自主式学习和探究式学习的理解不能过于拔高，在教学中更不能形式化。学生自主学习和探究学习的最明显的标志，就是学生自己能提出问题，并且在一定程度上能解决问题。而现在普遍的现象是，学生和教师的问题意识和解决问题的能力都不够。中考、高考中阅读理解题为什么得分率低？这可能有很多原因，而平时的教学不能培养学生发现问题、解决问题的能力，寄希望于做几份练习提高阅读能力，是一个主要的原因。不少教师自己就没有问题意识，或者机械地按照参考的问题去组织教学，或者设计的问题脱离文本，脱离学生的实际，根本没有教学价值。

要围绕两个方面，培养学生的问题意识。一是障碍式的问题，即学习中的困难；二是发现式的问题，即对教材或教师的结论提出不同的见解。前一类问题，是主要的，但后一类问题更有价值。对前一类问题，教师要尽可能地引导学生自己解决，通过这些问题的解决，掌握语文学习的基本方法，提高语文学习的基本能力。后一类问题的解决，能够提高学生语文学习创造性思维的能力。对这类问题，要进行分类和筛选，不同的问题采取不同的解决办法。有的可以展开充分讨论，有的可以引导学生进行学习反思，有的可以等待条件成熟再行解决，不必一律要现场解决，更不必都给予一个明确的答案。

2. 语文课堂教学的过程，应该是学生成长的过程

教学过程，有两个核心元素，一是学，二是教。什么是教？即教师帮助学生成长。在结论教学中，学生是没有成长的，或者说成长得很慢，一方面是由于学生没有"学"的过程，另一方面是由于教师没有"教"的过程。

什么是"教"？简单地说，就是不知的，让他知；不会的，让他会；不能的，让他能。具体说，有这样几方面内涵。

（1）学生的语文积累不断丰厚

这一点，似乎大家做得比较好。但还是有问题要改进。我们往往关注的就是显性的语言知识、语法知识、文体知识等。其实，语文学习的积累是广泛的。我们认为，包括思想感情，也有一个积累的过程。科学家说：站在巨人的肩膀上有了新的发现和发明。一个人的思想感情也是在学习中不断积累成长的。在语文学习中，我们的思想更敏锐了，更深刻了，感情更丰富细腻了。这些都是一种积累。

（2）学生逐渐把握了语文学习的基本规律

语文学习的重要任务就是学会学习语文。这就要求我们在教学过程中加以引导。词句的揣摩，语言的品味，文意的理解，篇章的把握，方法的鉴赏，问题的分析，都有其学习的规律。"教"的任务，就是让学生尽快地了解、把握这些规律，少走弯路，提高效率。

（3）学生语文实践的能力不断增强

语言应用能力是语文素养的核心。而语言应用能力，总是在不断历练中提高的，总是在语文实践中增强的。但学生在语言实践中不可能不出差错。所谓"教"，就是及时发现这些差错，通过点拨、讨论、比较、示范等有效方法，让学生自己发现问题，纠正错误。这就是提高，这就是成长。

（4）学生的思维能力和认识水平不断提高

"语言活动"是"认识与表达相统一的过程"。语文素养与一个人的思维能力、认识能力紧密相关。越是语文素养提高的高级阶段，思维能力、认识能力越显得重要。学生的思维能力和认识能力都处于一个不断提高的过程。而这两种能力的提高是隐性的，学生的错误矫正也更加困难。这就要求教师具有敏锐的感受力和判断力，并且能够智慧地发挥"教"的作用，引导学生养成良好的思维习惯，敢于独立思考，拓展其思维和认识的广度、高度和深度。总之，语文教学应该是学生语文学习能力不断成长的过程，综合素养不断提高的过程。

可是，我们很多教师在这些方面，都无所作为或作为不大，对学生的成长不能起到应有的作用。在教学过程中，有些教师所起的作用：一是布置任务，即让学生干什么；二是评断对否，即根据既定的标准判定学生的学习成果是否正确；三是公布答案。至于为什么错，怎样可以由错到不错，怎样才能由不好到好，教师则从不回答，更不发挥作用。这就是"教"的缺失。

教师帮助学生成长，自然要教给一些方法，但这个方法不能理解为系统的方法讲解和方法传授，更不能以方法为中心。如果阅读教学就是传授什么词语揣摩几法，课文分段几法，归纳主题几法，写作教学就是开头几法，结尾几法，过渡几法，拟题几法，则又陷入了新的泥淖。新课程理念强调的"方法"是融合在教学过程中和具体的语文学习活动中的方法渗透，是思维层面和认识层面的方法而不是技巧层面的方法。

（四）语文教学的方法观

我国的教育传统，历来都特别强调学习方法的传授。"授之以鱼，不如授之以渔"，几乎是人所共知的教育原理。意思是，鱼是目的，钓鱼是手段，一条鱼能解一时之饥，却不能解长久之饥，想让学生永远有鱼吃，那就要教会他们钓鱼的方法。这告诉我们传授给人知识，不如传授给人学习知识的方法。新的课程标准所提倡的三维目标，也将方法作为一个核心的要素。道理无疑是对的，理念也是正确的，但方法的理解和在课堂教学中的体现并不是一件简单的事。

1. 我们对方法的认识和理解的误区

（1）以为方法是最重要的

有这种认识的教师不在少数。他们的教学，主要就是讲方法，教方法。九年级复习，高三复习，会花很多时间总结方法，传授方法，如阅读的方法、写作的方法、整体把握的方法、含义分析的方法、语言品味的方法、选材的方法、立意的方法、结构的方法。甚至立意如何深刻，语言如何有文采，诗歌如何鉴赏，也能总结出一套套方法。更有甚者，平时的教学也是立足于方法的传授。在这些教师心目中，方法是最有用的，似乎学会了方法，一切问题就能解决。

（2）以为学方法就是学知识

方法是什么？这个问题的确不好回答。如何让学生获得方法，掌握方法，是个很值得研究的问题。而在有些教师看来，方法就是知识。于是，在这些教师的课堂中，学习方法的知识会成为主要内容。如果是学习某种阅读方法，则首先是关于这种阅读方法的知识介绍，然后是操作的程式。尽管后者可能是结合在举例之中进行的，具有一定的操作性，但也仍是以知识的形式进行呈现，以知识的学习为重点为目的。

（3）以为方法一学就会

从许多课堂可以发现，在方法的体现上，为数不少的教师以为方法是一学就会的。有不少课堂的教学目标中有一条：学会运用某种方法阅读或写作。在课堂操作中，不少课也正是这么做的，教学的思路就是先介绍方法，然后运用这个方法去阅读或写作，有的会多一个教师示范的环节。读了诗写诗，学了《桥》写桥，学了象征就运用象征写作的课并不少见。而这样的认识，在作文教学中尤为突出。有不少教师主张建立一个作文教学的序列，将作文教学的内容分解为无数个知识点，然后分点学习，分点训练。基本课型就是一节课解决一个问题，掌握一个方法。这种想法的思想基础就是认为方法是一学就会的。在他们看来，作文分解为许多点，每个点花一两节课掌握了方法，一切就迎刃而解。

（4）以为方法一用就灵

方法的确很重要，但方法又不是灵丹妙药。而在有些教师看来，我已经教给你方法了，你就应该解决一切问题了。作文课有一种非常盛行的模式：第一个环节，教师讲授方法，或者从课文里归纳出方法；第二个环节，学生运用学得的方法写作；第三个环节，学生小组习作交流；第四个环节，全班学生交流，教师评点；第五个环节，教师小结，布置作业，学生课后再用这个方法写一篇作文。这样的作文教学模式是方法一学就会、一用就灵的典型体现。各类写作宝典大行其道，也与人们对方法的迷信，对方法的作用畸形放大，有着紧密的关系。

2. 不正确的方法观，导致课堂教学中方法的体现出现的严重偏差

（1）方法为中心

即整个教学的重点不在阅读或写作，而在于某一个方法的学习。某种意义上说，在这样的课堂教学中，阅读的内容，写作的内容，都是次要的，都是为方法服务的。

一位教师教学毛泽东的《沁园春·雪》，教学的过程是：①让学生说说"看我"的感觉（"我"指执教教师），然后小结要"勤于观察"；②让学生说说授课所在地，也就是学生家乡的特点，然后归纳"山美水美人更美，有向往有追求"；③指名背诵课文，指名评点，出示毛泽东的书法，品味豪放；④思考、讨论毛泽东这首词哪些地方值得在写作中借鉴。最后一个是主要环节，讨论的结果是，可以借鉴的写作方法有虚实结合、动静结合、借景抒情等。在说到"虚实结合"时，教师又让学生写"我"；在借景抒情时，教师讲了毛泽东和陆游写梅花词的例子，让学生在"愁"和"喜"两种不同心情下写"花""鸟"和"风"，并且自己还做了示范。这节课教学内容的芜杂，我在其他文章中曾做过分析。其实，不难看出，这节课完全是以写作方法的学习为中心教学的。

这是将一篇作品的阅读完全转化为某些阅读方法和写作方法的教学，也有的课堂将所阅读的文本任意切割，为我所用地选取一些有特点的句子或片段内容，进行句式的模仿或片段模仿等能力点的训练。一位教师教学徐志摩的《翡冷翠山居》，全部内容就是安排了几次句式模仿的语言训练，或者是排比与比喻，或者是拟人与通感，或者是整句与散句，全然不是阅读课，更不是散文阅读课。

（2）方法为归宿

这样的教学，初看上去并不是方法的学习，而是在阅读，在写作，到最后就会明白，阅读和写作的过程，都是为某一学习方法的学习服务的，教学的根本主旨在于学习某种阅读方法或写作方法。

一位教师教学陆蠡的《囚绿记》，教学的过程是：①让学生圈画出自己认为重要的词语和喜欢的句子。②让学生交流对重要词语的理解，说说为什么喜欢那些句子。③引导讨论几个关键语句。④讨论归纳作者的感情。⑤讨论文章写作的主旨。⑥介绍背景，深化对主题的认识。⑦出示《文心雕龙》"夫缀文者情动而辞发，观文者披文以入情，沿波讨源，虽幽必显"一段，归纳散文的阅读方法之一——披文入情。⑧出示《孟子》"以友天下之善士为未足，又尚论古之人。颂其诗，读其书，不知其人，可乎？是以论其世也，是尚友也"一段，归纳散文的阅读方法之二——知人论世。⑨布置作业——运用披文入情、知人论世的阅读方法，课外阅读散文两篇。从课堂教学思路不难看出，这一节课的教学不是以《囚绿记》的阅读为中心任务，而是以披文入情、知人论世两种阅读方法的学习为中心任务。我们听过一节高三作文教学课，从头到尾都是讲方法，没有训练，甚至几乎没有举例。

一位教师教学《济南的冬天》，开始就是通过阅读归纳作者写景的方法，最后是让学生运用课文的写景方法描写当地的一个湖。这里且不说这样的写作安排是否符合写作规律，就课堂教学的内容看，也完全是把写景方法作为教学的归宿。有一个类似的教学案例，不仅要学生运用课文的方法写，还要学生说出是运用了哪些写景的方法。

（3）方法复杂化

最典型的做法是方法的堆砌。有些课堂中，每个环节都要给学生一堆方法，一堂课中充满了方法。

有一节口语交际课的教学内容是"发掘语言的魅力"，教师先是通过一个反面例子归纳交际要看对象（注意对方感受）、看场合（符合情境要求）等几点基本要求，然后根据几个机智应答的故事归纳出巧用情境、将计就计、出其不意、避实就虚、自嘲解围等几种方法，再归纳为直面式、转移式、升华式三种方式，再通过几个急转弯的训练，归纳出不走寻常路、联想添异彩、积累是关键等几个思维特点，所有内容几乎不属于口语交际的范畴姑且不说，整个教学内容都是以方法为中心，以知识为中心，最后的综合训练是一个模特走秀掉进水池中，要求学生以模特的身份说一句话，还一定要说出是用的哪一招。一节课教师归纳出十几种不同层面的方法，训练时还要学生说出运用了什么方法，不仅仅是彻头彻尾的方法中心，而且方法的复杂到了让人惊诧的地步。

一位教师作文教学的内容是"怎样把文章写生动"，教学的过程是：①故事导入；②对比描写同一内容的两段文字；③对描写进行归类（7种）并点评；④指导感知体验的几种方法；⑤小结生动的几个要素（其实还是方法——不同角度的描写，切割、放大、缩小，审美性的联想和想象）；⑥分组自选话题写作；⑦交流评点；⑧教师示范。这堂作文课中，有许多作文课的通病，在这里不作具体评点；从方法的角度看，明显的问题是方法太多。前五个环节中，有三个环节都是方法的教学。

方法的复杂化，还有一种表现，就是用大段的文献说明方法，或者大段引用《文心雕龙》等古代文论与西方学习理论的说明文字。这些说明，要不就是艰涩难懂的古文，要不就是一大堆专业术语。如此复杂的方法教学，令人望而生畏，不仅不能帮助学生的学习；恰恰相反，还会影响学生的学习心理和学习效果。

（4）节外生枝的方法运用

这种做法，最常见的就是在阅读或写作的过程中，突如其来地插进一段方法的学习或运用训练。来无踪，去无影，令人莫名其妙。

一位教师教学《西地平线上》，首先和学生一起分析作者三次写落日的不同角度，然后就组织写作训练，学习从不同角度描写景物，先是教师示范如何写鹅卵石，然后是学生写落叶。学生先讨论可以从哪些角度入手，再写作，然后交流评点。写作环节结束后，再回到《西地平线上》的教学，完全破坏了整体的阅读教学。

一位教师教学《项脊轩志》，落实"过""比""罢""顾"几个实词的意思，先是每个实词由课内到课外分别拓展一组句子，比较其不同义项，然后转入"怎样推断文言实词的词义"，接着是用多媒体展示推断文言词义的几个常用的方法（字形推断、古今对照、语境分析、联想推断），再分别举例加以说明。

一位教师教学《江南的冬景》，先是让学生赏析写景的文字，提供了一大堆方法，如画面分析法、揣摩心境法、点睛词句分析方法，先示范，再运用，后小结。重点是让学生分析作者运用了哪些方法表现江南冬景的可爱明朗，紧接着就是"学以致用"，用作者的方法，写一段景致，50字左右。在整个教学阅读鉴赏中不断穿插方法的运用训练。

3. 确立正确的方法观，形成对方法的正确理解

（1）对语文学科来说，积累和能力比方法更重要

母语学习的规律告诉我们积累比方法更重要。没有积累为基础，所有方法都不能发挥作用。

心理语言学研究者指出：言语理解先于言语产生，是儿童语言获得中呈现的一种自然顺序。儿童在说出有意义的词之前，已经能够听懂许多句子。即使在习得母语的口语、进入学校接受教育之际，他们能够听懂的口头语言、看懂的书面语言，仍然大大超过自己能说、能写的内容。可见，任何人的语言习得和语言学习，都是以积累为基础的。个体学习语言的过程，是在一定的语言环境中，由"言语输入—言语理解—言语生成—言语输出—言语反馈"等环节构成的语言生态链。言语输入和言语理解是吸收，是内化；言语生成和言语输出是表达，是外化。言语吸收是言语表达的前提，言语吸收的质和量直接制约着言语表达。所以，我国古代语文教育尤其注重积累。这是无数代人学习经验的总结，也是被学习科学所证明的。所以，课程标准十分强调中学语文教学要注重诵读和积累，不仅提出了总体的目标，而且提出了各个阶段的具体目标。

可以说，对于语文学科来说，如果没有一定的积累，如果没有基本的能力和素养，方法几乎是没有用处的，甚至有时候方法还是有害的。就像语文教学本身一样，没有正确的认识，没有驾驭方法的素养，很多看似先进的方法，对语文教学伤害非常严重。如果语文学习学一点方法就有用，我们编写一本语文学习方法大全，岂不是学生只要看了这本书就都能学好语文了。庄子说：臣之所好者，道也；进乎技矣。方法是什么？就是技。和积累比，和能力比，和语文学习的"道"比，方法是最不重要的。习武者有个说法：练拳不练功，到老一场空。"拳"就是拳法，就是"法"，"功"就是厚实的积累；没有"功"的"拳"就是"花拳"。

（2）学习方法并不是学习关于方法的知识

方法不是知识，学习方法不是学习方法的知识。不管对哪种方法的知识多么了解，只要不能运用，都是没有用处的。《百喻经》中有一则故事是《口诵乘船法而不解用喻》："昔有大长者子，共诸商人入海采宝。此长者子善诵入海捉船方法，若入海水漩洑洄流矶激之处，当如是捉，如是正，如是住。语众人言：'入海方法，我悉知之。'众人闻已，深信其语。既至海中，未经几时，船师遇病，忽然便死。时长者子即便代处。至洄流之中，唱言，当如是捉，如是正。船盘回旋转，不能前进至于宝所。举船商人没水而死。"这位显贵有德的老人的儿子自称"入海方法，我悉知之"，可到了海中却驾驭不了船。我们很多教师教给同学们的方法并不少，但同学们到了考场上仍然束手无策，或者说并没有真正提高阅读能力和写作能力，原因之一就是学生并没有真正掌握方法，只是获得了一些方法的知识。方法不是知识，既不是陈述性知识，也不是程序性知识，它是在运用中学习的。因此，学习方法，就不能依靠讲的手段。可以说，方法是讲不出来的。

（3）学习方法不是教学的中心和目的

的确不错，新课程标准的三维目标是将"知识与技能，过程与方法，情感、态度与价值观"三个维度、六个要素并列起来表述的，但这并不意味着它们之间就是简单的并列关系，尤其是在教学过程中的体现，并不是一视同仁的地位。我们认为，在教学内容中，方法应该处于附属的地位。在阅读教学中，它就应该为与阅读教学服务；在写作教学中，它就应该为写作服务；在口语交际教学中，就应该为口语训练服务。因此，语文教学，绝不能把方法的学习作为教学的目的，更不可主次颠倒。当然，根据需要专门进行阅读方法的教学，写作方法的教学也未必不可。但在具体文本的阅读中，具体内容的写作中，和具体内容的口语交际训练中，把某一方法的学习作为目的，无疑是不正确的，甚至也不应该把方法的学习作为学习的主要内容。

（4）方法的效果体现是有一个过程的

"授之以鱼，不如授之以渔"的古训是不错的，方法的掌握对阅读和写作，对阅读能力和写作能力的提高，无疑是有积极作用的。但这个作用的体现不是立竿见影的。方法的掌握，有一个内化过程；方法能够为我所用，还要一个过程。只有内化了，才是属于我的方法；只有为我所用了，才是真正属于自己的方法。而这个内化和为我所用的过程，是要一定时间的，是需要长期的学习实践的。以为在一节课中学习了某个方法，就能立即运用，就能立即见效，这是对学习规律和认知规律缺少起码的了解。

4. 在阅读教学和写作教学中教给学生学习的方法，应该遵循的原则

（1）方法是为学生的阅读和写作服务的

在阅读和写作中，教给学生学习方法，一定要摆正方法的位置。不是阅读、写作为方法服务，而是方法为阅读和写作服务；不是在阅读写作中学习方法，而是通过方法的学习，更好地培养阅读和写作能力。

北京汇文中学的王如老师教学《记梁任公先生的一次演讲》，让学生运用评点批注法阅读课文的做法，是一个比较成功的案例，教学过程如下。①预习：指导学生给课文写点评旁批。②导入：明确本课的学习内容。③学生交流课前完成的有关点评旁批，品读描写梁任公出场的文字。④学生欣赏同学精彩的点评旁批，讨论同学旁批中的问题，品读梁任公演讲的文字，认识选取细节刻画人物的特点。⑤提供有关资料，指导学生联系全文为"热心肠"写点评和旁批，深入理解任公的"热心肠"。⑥总结：明确本文独特的写人手法。⑦布置作业：片段写作，运用细节写出人的个性。

王老师对"方法"的处理，我们认为是非常成功的。方法始终为阅读服务，始终和具体的教学内容相互结合。教学始终以阅读为主线，而不是把方法作为学习的主要内容。用方法来阅读，而不是用阅读来演绎方法印证方法，更不是以方法为重心，以方法为归宿。遗憾的是，我们这里只是其主要教学过程的表述。如果置身课堂，我们会更深刻地感受到王老师将方法和阅读融合的自然情境，既主次分明，又相得益彰。王老师的引导、点拨和及时提供的凭借，对学生批注评点阅读课文，又起到了恰到好处的指导作用。

（2）方法是渗透在阅读和写作过程之中的

宁鸿彬老师教学《黄帝的新装》，是一个经典的教学案例，它从多方面为我们的课堂教学研究和实践提供了可资借鉴的经验。这节课中，有一个非常成功的语言活动，就是"用一个字概括这篇童话的故事情节"。同学们思考一分钟后，发言非常踊跃，一共提出了"蠢""骗""伪""假""傻""装""新""心"8种方案。学生的思维打开了，教师怎么处理呢？这既体现了教师的教学理念，更体现了教师的教学能力。宁老师既没有把自己唯一的答案抛出来"统一思想"，也没有像我们一些教师那样"每一个答案都是正确的",而是巧妙地"教给"同学们"几种办法","比较迅速地把正确答案筛选出来"。他首先教给大家"排除法",即把不切题的答案排除掉。宁老师引导同学们回忆他刚才提出的要求是什么,然后根据"用一个字概括这篇童话的故事情节"这个要求进行排除,很快同学们就排除了"蠢""伪""假""傻"4种方案。然后,他又教给同学们"检验法",即"把这4个字一个一个地试用,进行检验,能够适合文中所有人物的就留下,不适合于文中所有人物的就去掉"。学生很快去掉了"装""新"两个字。剩下最后两个字后,宁老师又教给同学们"比较法","把这两个字分别用于每个人物,比比看,看哪个更准确,哪个更能表现这个故事的特点"。经过比较,"骗"作为最理想的概括就水到渠成了。学生运用教师教给的方法进行分析比较,而这个运用方法分析比较的过程,就是深入阅读作品的过程。和那些节外生枝讲方法的做法相比,优劣高下的区别,相信大家一眼就能看出。

（3）内容是确定方法的依据,方法要根据内容而确定

方法的传授和运用还必须和教学内容一致。记得某位教师一节课的教学内容是两首诗歌的比较阅读,可是她作为主线的阅读鉴赏方法是"读—看—品"。这显然是不妥当的,因为这是一般的阅读方法,而不是比较阅读比较鉴赏的方法。还有一些教师喜欢脱离具体的写作内容,而和学生大讲作文的方法,也是没有实际意义的。

杭州市采荷实验学校汪湖英老师教学鲁迅的《风筝》,也采用了评注式阅读的方法,教学过程是:①整体感知,讨论问题。课文讲了一件什么事?你觉得作者是带着什么情感来写这篇文章的?②用点划评注的方式把握作者情感。先示例,然后让学生在文中另找出一处或者两处加以评点,揣摩作者情感。③评点后学生之间互相交流,并选择重点几则进行全班交流。④阅读评价鲁迅作品的语言风格和鲁迅作品中所表现出的人格精神的资料,参照示例,在文中找到与这些评价相一致的地方,并加以评注,评注时要学会运用这些资料中的重要信息。

我们可以看出,胡老师评注法的运用,非常有效地引导了学生的阅读,而不是为了要特别介绍评注的方法。作者之所以运用"点划评注"是根据这篇文本决定的。在具体操作中,在哪里点,在哪里划,在哪里评,在哪里注,也都是依据阅读的内

容、阅读的要求决定的。

我教学夏衍的《包身工》，运用了"竖着读"的方法，既是教学方法，也是教给学生"竖着读"的方法，教学过程如下。

①速读课文，画出文中交代时间的词语，然后根据这些时间的交代（"四点一刻""四点半之后""五点钟"等），思考文章组织材料的顺序。

②跳读一遍，找出文中议论的段落，在含义深刻的句子下面画上波浪线，并思考这些句子在文中的作用、含义及其表现形式上的特点，并根据这个特点（先叙后议）分析文章层次。

③分线阅读。先丢开议论的内容，把叙的内容连起来速读一遍，联系题目思考文章主要叙述了什么内容（包身工的悲惨遭遇）；再丢开叙的部分把议的内容连起来速读一遍，联系题目思考"议"主要写了什么内容（包身工制度的发展及罪恶）。

④导读"叙"一条线的内容，让学生围绕这样几个问题深入研读课文：第一，以时间为序，以包身工的一天遭遇为线，主要写了哪几个片段？这几个片段从哪几方面反映包身工的生活？第二，作者全方位地细致地反映包身工悲惨遭遇的目的是什么？第三，为了有力地表现主题，作者在叙述的过程中是怎样点面结合的？

⑤导读"议"一条线的内容，让学生围绕这样几个问题去深入研读课文：第一，把议的内容联系起来看，组材的顺序是什么？（事物的发展）第二，文章各部分中都有议论，议论的方式是否相同？各有什么特点？第三，文中或借说明议论，或用比喻议论，或在抒情中议论，各有什么作用和含义？

⑥组合比较，进一步认识文章组材和结构的特色。让学生讨论可能的几种结构，然后和文章结构进行比较，认识作者这样安排的好处。

之所以运用"竖着读"的方法，完全是由这篇报告文学叙议两条主线交错安排的结构特点决定的。经过比较教学，我发现运用了"竖着读"的方法，不仅可以以简驭繁提高教学的效率，还可以教给学生一种有效的阅读方法。

"方法"并不是新课程标准提出的新的概念，但我们想，作为三维目标之一的"方法"，我们对它应该有更深入的理解和更符合语文教学规律的体现。

四、语文教学的教材观

所谓教材观，就是对教材性质、教材价值以及教材处理基本规律等一系列问题的理解和认识。

（一）对教材性质的理解

什么是教材呢？《辞海》的解释是："根据教学大纲编选的供教学用和要求掌握的基本材料。有文字材料，如教科书、讲义、讲授提纲等；视听材料，如挂图、投影（幻灯）片、音带、录像等多种形式。"很显然，我们一般所说的语文教材就是指"教科书"。如果暂且不严格地用新课程的理念来对照分析这一定义，应该承认这一解释是比较准确地揭示了教材的基本性质的，它明确地告诉我们，教材其实就是教学的基本材料。但对教材基本性质的理解，我们却存在许多认识上的误区。

一是把教材和课程等同。在不少教师心目中，语文课程就是语文教材，语文教材就是语文课程。一方面用课程的全部内容要求教材，一方面又缺少应有的课程建设意识，从来没有把自己看作课程的建设者和实现者，更没有把自己看作课程资源的很重要的一部分。其实，教材仅仅是编者对语文课程理解的一种体现。尽管它的编写必须以课程标准为依据，并尽可能体现课程特点和内涵，但课程标准本身也只是制定者对课程理解的体现，即使他们的理解完全是正确的，其文字也未必能全部地表达他们的理解。从某种意义上说，课程标准和依照课程标准编写的教材永远只能是小于、接近于课程，而不可能等于课程。这其中的空间，很大一部分就是依赖教师进行填补。

二是把教材内容和教学内容等同。很多教师长期奉行的就是教科书的内容就是法定的教学内容，教科书有的我就教，教科书没有的我就不教。"以本为本"，在很多教师的思想里是根深蒂固的。教学的内容永远都局限于教材本身，而不能根据具体的教学实际进行必要的加工、整合和创造。对教材留下的教学空间缺乏自觉填补的意识，更不能利用这些空间展示教学的个性，发挥一个教师应该有的课程价值。比如，几家国标本新教材，对语文课程内容都有不同的取舍。很难说，哪一种取舍就绝对合理。教师完全可以也应该根据自己对课程内容的理解和具体教学的需要引入有关内容。比如，逻辑知识早就退出了教材，但不是说高中教学就不能涉及逻辑知识，高中生就不需要懂得一点逻辑。语法知识、文体知识等内容也都是如此。

三是把教材内容和考试内容等同。尽管高考内容早已和教材内容不再直接对应，更没有直接的体现，但有些教师仍然是用考试内容来认识教材和处理教材的。新教材推开的过程中，很多教师提出的问题就是如何评价。而他们的所谓评价，就是指如何考试。我们当然不能无视考试，不能不重视考试。但新教材的使用和考试有直接的关系吗？我们以为没有，如果有，也不是新教材导致的问题。意思是，从狭义上说，不管什么样的教材和考试都没有直接联系；从广义上说，无论使用什么样教材，都可能考得很好，也都能考得很不好。比如，很多教师对教材上没有系统的语文知识不能接受，其最主要的理由就是，不学语法，怎么改病句。中学生要不要学习语法知识，该学习多少语法知识，该怎样学习这些知识，这些问题我们都可以讨论；学生不学语法能不能改病句，高考是不是就必须考改病句，这些问题，我们也暂且不说；教材上没有系统的语法知识，语法教学是不是就不可以引入适当的语法知识，这样的问题也暂不理会。但如果因为高考要改病句，改病句需要语法知识，教材就必须有系统的语法知识，这样的推论是很难服人的，反映的教材观无疑是不正确的。很多教师在教学中，是直接以考试说明和考试内容作为参照，作为筛子，作为透视镜来处理教材的。在他眼里，和考试对应的、关系紧密的、比较实用的，就充分重视；否则就会打马过河，一带而过，甚至还会指责教材编写者将"没有价值"的东西塞进了教材。我就听一些学校的教师介绍，他们使用新教材，就是让学生先做有关文本的阅读练习，然后再研读文本，或者先研读文本，然后再做有关文本的阅读练习。这样的做法不仅和新课程改革的要求相去甚远，恐怕3年后的高考也很难考好。

（二）对教材价值的理解

教材在教学中到底起什么样的作用呢？着眼点不同，可能有许多不同说法。但可以肯定，不能把语文教材的价值混同于数理化等学科的教材。而《辞海》把教材说成"要求掌握的基本材料"，显然就没有考虑到语文学科的个性特点。而这一观点在语文教师中又有着比较广泛的代表性。不少教师把语文教科书本身作为学习对象，以理解教科书的内容作为教和学的主要目的甚至是唯一目的。我们以为，教科书的价值可以归纳为 4 个方面。

1. 教学凭借价值

教材是教师组织教学活动和学生学习活动的凭借。教学活动的开展，不能无所依凭，教科书就是为教师的教学提供这个凭借。借助教科书，教师可以开展丰富的教学活动，实现自己心中的语文课程，培养学生应有的语文素养。这必然要涉及教材内容本身的理解，但又不局限于此，更不以此为目的。

2. 资源价值

教材本身也是教和学的重要资源，它代替教师和学生对极为广泛的语文学习资源进行初步筛选和整理，在一定程度上为满足教师教学和学生语文学习需要，为学生语文素养、人文素养的提高，以及精神成长的需要提供了基本的资源。

3. 示例价值

教材为学生读、写、说等语文学习活动提供示范和例子。入选教材的文本尽管也有质量的高下之别，但整体而言，都是文质兼美的文本。学生在学习活动中阅读和接触这些文本，会自觉或不自觉地借鉴它们提高自己的语文素养。

4. 积累价值

积累之于语文学习有着极为重要的意义，学生学习语文教材的过程，也是一个积累的过程。这个积累是丰富的，不仅是语言的积累，文学、文化等语文知识的积累，更重要的是阅读量的积累，写作素材的积累，生活认识的积累等，甚至包括思想感情的积累。

（三）对教材处理基本规律的认识

所谓教材处理，既可以指教师在教学中怎样加工、整合教材，也可以指教材在教学中怎样被使用。长期以来，对教材的选文问题，一直有许多批评意见。前几年主要是认为教材选文的时代性不强，有些篇目过于陈旧。根据新课程标准编写的新教材推开使用之后，主要的批评意见是觉得一些新选入的篇目缺乏经典性，有些篇目是好文章但却不好教。"好教"是很多教师心目中衡量教材选文成功与否的一个重要尺度。所谓好教，就是经典强，有教头；所谓有教头，常常是有东西可挖，有东西可讲。我们不否认这的确是衡量选文的一个参照，但如果以此要求教材中的所有篇目，就是不正确的教材观念，其实质就是语文教学要以讲为主、以教师为主的教学思想。

我们承认新教材距离人们心目中的理想教材还有距离（恐怕永远只能是接近而不能真正达到）。尽管上文所说的教材所具有的几方面价值的体现是综合性的，而不是单一的、割裂的，但我们必须承认不同篇目在教材中的地位和价值是不一样的，尤其是新的课程理念和教材理念要求丰富语文学习活动的形式，全面提高学生的语文素养，则更是强化了教材选文的丰富性和多样性。有的文本，是为教师的"讲"提供比较理想的材料，但绝不能所有文本都要有讲头，都给教师讲。语文学习的方式是多种多样的，而不同的学习方式对文本有着不同的要求。

这里就不能不谈到教科书文本的分类问题。这也是语文教科书的个性问题，同时也是一直困扰着教材编者和语文教师的比较难以处理的问题。长期以来，对课文曾有过多种分类：基本篇目和非基本篇目，讲读篇目和自读篇目（课内自读和课外自读），精读篇目和略读篇目。最近几年又有研究者提出了一些新的分类方案。王荣生先生在《语文课程论基础》一书中提出了定篇、例文、样本、用件四分类的说法，就有一定的影响。应该说，以上种种分类都各有道理，但有的主要还是立足于教学和考试的关系，如分为基本篇目和非基本篇目；有的本身的理念就不符合语文学科的教学规律，在教学实践中更难以体现，如分为讲读篇目和自读篇目（课内自读和课外自读）；有的则将丰富的语文教学活动单一化而又没有考虑不同情况的文本在教科书的中的不同作用，如分为精读和略读；有的则过多地注意学理的需要失之于烦琐，教材操作中难以体现，如王荣生先生的四分法。我们认为，立足于教师的教学需要和学生的学习需要，从教科书的价值、具体文本在教科书中的地位，以及常见的学习方式这样的角度看，把教科书中的文本分为经典性文本、一般文本和辅助性文本比较适宜。所谓经典性篇目，自然是经过时间筛选，得到广泛认可，文质兼美的课文；所谓辅助性文本，主要是为满足教材呈现方式需要、教材结构需要或某种教学活动形式、某种学习方式需要配备的文本；所谓一般性文本，即虽不是经典但也不是辅助性的文本。到底具体怎样分类，可以讨论，每个教师也可以保留个性化的见解和认识，但必须明确的是不能对教材中的所有文本提出一样的标准，更不能在教学中对不同文本进行"一视同仁"的处理。这里要顺便提及的是，把教材文本分为精读和略读两类，是不妥当的，因为文本本身并不能决定读者必须怎样阅读，也不能决定教师必须怎样进行教学。但作为教学策略的选择，提出精读教学和略读教学很有意义的。

　　现在有很多人在讨论是"用教材教"还是"教教材"的问题。这个问题的关键，也就是教材观念。从新课程理念的角度看，无疑是用教材教而不能是教教材。因为教教材其实就是把语文课程等同于某一种教材，必然会不适当地膨胀教材的价值，窄化课程的内涵，矮化课程的地位。但即使"教教材"，也有一个如何认识教材，如何处理教材，即如何"教"的问题。因此，树立正确的教材观念，才是推进新课程改革，推广新教材的使用的一个很重要的前提。

我的语文教学主张

一、本色语文的提出背景和思想基础

（一）本色语文的提出背景

倡导本色的背景是语文教学的异化。语文是什么？语文就是语文。这本来不是问题的问题，现在却成了大问题。这是因为语文失去了本真，这是因为语文被严重异化。语文越来越不像语文了，教语文的也越来越不知道该怎么教语文了。

1. 语文在被扭曲

很多语文课堂，很多语文教师的教学，很多同学的语文学习，只剩下一个目的——一切为了考试。教什么，学什么，都紧紧盯着考试；考什么就教什么，考什么就学什么。语文，本来应该是最有情趣的学科，现在变得索然无味；语文，本来最应该让人陶醉的学科，现在变得让人讨厌；语文，本来有着丰富价值的学科，也只剩下应试。有人公然说：理科教学要习题化，语文教学要理科化。于是语文教学也就成了做题目。可是只为考试的教学，只为考试的学习，只做题目的语文教学，能考好吗？肯定不能。但很多人还是执意这样去做。我们悲哀地看到，语文教学的内涵，严重萎缩；语文教学的教学方式，严重变态；语文学科的尊严，所剩无几。语文被彻底扭曲了。

2. 语文在被夸大

这是另一个极端，几乎把所有相关的东西都当作语文必需的内涵和责任。不是说语文的外延和生活相等吗？于是什么都是语文，语文也成了什么都是。语文具有人文性，于是语文就成了人文；语文是文化的一部分，于是文化就成了语文；语文不能不关注生命，于是语文就成了生命教育；语文和生活紧密联系，于是生活就成了语文。一切都在语文，语文就是一切。有人说，语文不能关注做人的教育；有人说，语文要培养民族感情；有人说，语文要培养世界视野；有人说，语文要关注学生的心理健康……他们都没错，错的当然是语文，错的永远是语文教师。

于是什么都有了，就是自己没有了——语文不见了。

3. 语文在被拔高

在很多课堂里，我们看到全是生命，就是看不到语文。课文还没读懂，就和文本对话；文章还没有理解，就和作者质疑；一篇文本还没有理清楚，就开始拓展；基本内容，还没有掌握，就开始探究。教学《愚公移山》，语言上几乎不花工夫，寓言的特点也不了解，工夫主要在用现代主义的批评方法解析文本；教学《荷花淀》，小说的鉴赏不是教学的重点，诗化的小说语言品味，也不是重点，重点是要从文化的角度去解读；教学《我有一个梦想》，教学的重点不是学习这篇经典演讲词的艺术手法和语言艺术，而是了解美国黑人的不幸命运以及为争取平等自由所做的斗争，理解马丁·路德·金为黑人的自由平等所做的贡献。在这些课堂中，我们满眼看到的都是"人文""文化"，甚至是政治是历史。从某种意义上说，这些课所提倡的追求的固然都不错，但我们以为应该是在体现了语文课程基本价值，完成了基本任务的基础上再进行这样高位的追求。放弃了语文的基本责任，弱化或放弃了语文课程的基本价值的人为拔高，也是一种异化的行为。

4. 语文在被虚化

语文课，越来越好看了；语文课，越来越热闹了。新理念越来越多，新形式越来越丰富。可是语文课越来越不像语文课了。什么自主，什么多元，什么主体，什么探究，什么合作……似乎所有教师都能说出一套；什么幻灯片，什么链接，什么网络阅读，什么新概念写作，似乎大家都有一手。目不暇接、眼花缭乱之时，我们不能不想：到底什么是语文呢？这样一个原点的问题，似乎很少有人能说清楚，甚至很少有人愿意认真想一想。至于什么是阅读，什么是中学生的写作，什么是中学写作教学的基本任务，阅读能力、写作能力到底如何才能提高等最基本的问题，能够回答愿意思考的人，实在不多。大家热衷的是形式，是时尚的理念；搞形式主义，做表面文章。课件越做越漂亮，学生的收获越来越少。听、说、读写等基本训练看不见了，语言积累和语言训练似乎成了点缀或者干脆退居二线。

在这样的背景下，我们迫切地感到，我们应该理性地想一想：语文到底是什么？我们从哪里来？我们要到哪里去？这些就是本色语文的最初思考探索的原点问题。所以，我系统阐述本色语文主张的专著的题目就是"语文的原点"。

（二）本色语文的思想基础

本色语文自倡导以来，得到广泛认可和响应。多个团体和单位组织了专题研讨活动，大家在高度肯定其实践价值的同时，很希望我能比较系统地阐述其理论依据。因为本色语文主要还是来自一线教学实践的思想，在理论建设上并不是十分完备。这里就我们的思考，做初步的阐述。

1. 唯物辩证法——本色语文的哲学依据

《普通高中语文课程标准》在第一部分"前言"中明确指出："高中语文课程的建设，应以马克思主义和教育科学理论为指导，在义务教育语文课程改革的基础上继续推进。"我们认为，语文课程要以马克思主义为指导，主要就是以马克思主义的唯物辩证法作为指导。

马克思主义唯物辩证法，是建立在唯物主义基础上的科学形态的辩证法。它是关于自然、人类社会和思维的运动和发展的普遍规律的科学。唯物辩证法的基本规律是对立统一规律、质量互变规律、否定之否定规律。对立统一规律揭示了事物内部对立双方的统一和斗争是事物普遍联系的根本内容，是事物变化发展的源泉和动力。质量互变规律揭示了一切事物运动、变化、发展的两种基本状态，即量变和质变以及它们之间的内在联系和规律性。否定之否定规律揭示了事物由矛盾引起的发展，即由肯定—否定—否定之否定的螺旋式的前进运动。同时，唯物辩证法还有诸多范畴，如本质与现象、内容与形式、原因与结果、必然性与偶然性、可能性与现实性等，这些范畴都是客观事物自身的本质关系的反映，它们从不同的侧面揭示了事物的本质联系。人们借助这些范畴能正确地把握客观世界的本质联系。唯物辩证法作为客观辩证法的反映，是由上述基本规律和诸多范畴按其内在联系而组成的科学体系。其中对立统一规律是根本规律，是辩证法的实质和核心，是正确理解辩证法其他规律和所有范畴的"钥匙"。和所有复杂事物一样，语文课程也包含了多重矛盾，而新课程改革使这些矛盾暴露得更加突出。只有坚持用对立统一的规律来认识处理这些关系，才能使语文课程改革走上科学发展的道路。

首先，是人文和工具的矛盾。从某种意义上说，对这个问题，今天大多数人已经有了比较一致的认识，它们"是一枚硬币的两面"。但从教学实际看，问题还是比较突出：说是"统一"，但不知道怎么统一；说是两者的"统一"，实际上还是两者的割裂或对立。而我们提倡的本色语文对此早做出了明确的回答：这个"统一"在是工具价值实现的过程中体现人文价值。它既鲜明地突出了矛盾的主要方面是"工具价值"，又说明了"统一"的方法是"在工具价值的实现的过程中体现人文价值"。不突出工具价值，就失去了语文课程的本质特征；忽视了人文价值，就是单纯的工具论。某种意义上说，这都不是真正的语文。而本色语文就是对"真正的语文"的追求。

其次，是改革和守正的问题。这个问题，某种意义上也可以看作是发展和继承的问题，也可以看作是创新和守正的问题。改革之初，在很多人眼中，课程改革不是改革而是革命。只有抛弃一切旧的做法，才是"新课程改革"。似乎新课程改革前一切做法都是不好的，似乎新课程改革的新做法都是"天上掉下来的"，就是要"放一把火"把旧宅子都烧光。我们旗帜鲜明地指出：课程改革是改良而不是革命。我们反复强调："语文教学，某种意义上没有新方法，只有没有用好的方法。""新课程改革的许多理念和做法都是从多年的教学改革和一批优秀教师的课堂中总结出来的。"在我们对"本色语文"三个基本内涵的阐发中，很主要的一点就是"本真"，"本真"就是教师按照语文的规律教语文，学生按照语文的规律学语文。什么是"守正"？"守正"就是遵循规律。在尊重规律的前提下进行改革，进行创新，才是有前途的，否则就是形而上学地否定一切，所谓创新，也是"伪创新"，必定使语文课程改革误入歧途。因为真正的创新，必须是科学的，即必须遵循事物发展的规律。这也是马克思主义的唯物论所强调的。

最后，是新课程改革和考试的关系。至今仍有很多人是将这两者对立起来的：你要我搞新课程改革，就不能考试，就不能要考试成绩；你要考试，你要考试成绩，就不能要我搞课程改革。有一批"改革家"们就是靠骂考试来显示其改革的决心，就是以和考试对立来显示其新课程改革的彻底。有些教师，课堂教学花里胡哨，内容空洞，言之无物，你如果提出批评，他就会反问：你们不是要新课改吗？有些老师，课堂教学除了练习就是试卷，纯粹的应试教育，如果你提出批评，他就反问你：你们不是要成绩吗？在这些教师眼中，新课程改革就不能谈效果，就不能谈考试，就必然考不好；要成绩，就不要谈新课程改革，就不要谈尊重教学规律和学习规律，就不要谈学生主体，就只有做练习。这种简单对立的思维，显然是缺少马克思主义辩证法的指导。本色语文，倡导遵循语文规律，倡导新的课程理念，但从不简单否定考试；承认考试的必然性和合理性，承认成绩对学生的重要，对学习的重要，但又绝不把成绩的获得等同于旧的不科学的教学理念，等同于旧的不合理的教学方式和学习方式。

唯物辩证法的第三个基本规律是否定之否定规律，它揭示了事物是由矛盾引起的发展，即由肯定—否定—否定之否定的螺旋式的前进运动。这个规律揭示了一切改革创新必须遵循的原则。可以说，新课程改革就是一次否定，是对新课程改革之前存在于我们语文教学之中的一系列问题的否定。用唯物辩证法的发展观来看，首先，这种否定必须是辩证的否定，而不能是形而上学的全盘否定；其次，任何创新并不是一次否定就完成的，而是在不断否定的"螺旋式的前进"中完善的。本色语文的提出，就是对否定中出现的新问题的再否定，目的就是让语文课程改革能够在遵循语文教学规律的基础上不断创新，科学发展。所以，我们反复强调：本色不是守旧，本色不是倒退，本色不是无为。如果以为本色语文就是倒退，就是否定创新，就是一成不变，则和本色语文的宗旨完全背道而驰。同样，如果新课程改革只有一次否定，没有不断否定不断创新的意识和追求，恰恰就是守旧，就是倒退。

可以说，对语文课程的所有问题和矛盾的认识，以及对语文教学内部许多具体问题的解决，都必须坚持用唯物辩证法做指导。

2. 中庸思想——本色语文的文化依托

中庸，是儒家的一种主张，是孔子的重要思想，意思是"执两用中"。"中"不是中间，不是在两个极端中找到"中间"的那个点，而是找到"最适合"的那个"点"。中庸之意，其实就是在处理问题时不走极端，而是要找到处理问题最适合的方法。孔子说："中庸之为德也，其至矣乎！民鲜久矣。"意思是：中庸作为一种道德，该是最高的了吧！人们缺少这种道德已经为时很久了。中庸属于道德行为的评价问题，也是一种德行，而且是最高的德行。宋儒说，不偏不倚谓之中，平常谓庸，中庸就是不偏不倚的平常的道理。中庸又被理解为中道，中道就是不偏于对立双方的任何一方，使双方保持均衡状态。中庸又称为"中行"，中行是说，人的气质、作风、德行都不偏于一个方面，对立的双方互相牵制，互相补充。中庸是一种折中调和的思想，也是一种具有强烈民族特色的文化。调和与均衡是事物发展过程中的一种状态，这种状态是相对的、暂时的。孔子揭示了事物发展过程的这一状态，并概括为"中庸"，这在认识史上是有贡献的。北宋理学家和教育家程颐说："不偏之谓中；不易之谓庸。中者，天下之正道。庸者，天下之定理。"意思是，（奉行周礼）丝毫也不偏差，就叫"中"；坚定不移（地奉行周礼），叫作"庸"。"中"是大家应当遵循的正确道路，"庸"是大家都应认定的道理。不仅儒家，连老子也说："多言数穷，不如守中。"当然，在任何情况下都讲中庸，讲调和，就否定了对立面的斗争与转化，这是应当注意的。然而，汲取中庸的合理成分，对我们的语文课程改革有其特定的文化价值，尤其是对解决两极化的问题，更是具有不同寻常的意义。

我想，大家不难发现一个事实，即几十年来我们在语文教学的许多问题上一直在两极之间摇摆。除了前面已经提到的工具和人文的两性问题，新课程改革的继承和发展的问题，守正和创新的问题，考试成绩和素质培养的问题，其他如学生主体和教师主体的问题，如教学形式和教学内容的问题，接受学习和探究学习的问题，预设和生成的问题，感悟和积累的问题，自由写作和应试写作的问题，都是如此，即使像如何理解教学目标，如何对待语文知识，如何认识训练，如何认识文体等相对比较独立的问题，也会在要与不要之间形成两极，要么是没有目标跟着感觉走，要么就强调目标的课堂达成和实现，要么是知识中心，要不就淡化一切知识，要么全无训练，要么就全靠做练习，要么简单淡化文体，要么就是文体中心。对于新课程改革本身的认识也是如此，少数人标新立异，走得很远，很多人则一切照旧，我行我素；公开课花样翻新，看上去理念新颖超前，平时的教学则仍是追求分数；写文章做报告高谈阔论，大讲时尚理论，办学校上课堂依然是彻头彻尾的应试教学。这种种对立的两极思维和教学行为，严重影响了语文教学的健康发展和新课程改革目标的实现。

而本色语文在这些问题上从不走极端，而是力求"不偏不倚""执两用中"。我们主张语文的主要特征是工具，但又承认语文课程的人文价值；我们主张要把语文课上成语文课，但又认为，局限于语文教语文，则教不好语文；我们主张语文教学要不断创新，但又强调首先要遵循语文教学的基本规律；我们承认考试成绩的重要，但坚决反对把成绩作为唯一的追求；我们反对只追求考试成绩的唯功利教学，但也绝不大骂考试，也不认为新课程改革就必须反对考试；我们认为从现实背景看语文教学可以做一点练习，但绝不认为要成绩就只有做练习；我们反对"教师中心"，但也不主张"学生中心"；我们认为语文教学不能没有目标，但又认为不必刻意追求目标的达成；我们认为中学生的作文主要是指令性写作，但绝不认为中学作文教学就只能是指令性训练；我们认为自由作文不能解决一切问题，但又认为中学生写作不能没有自由写作；我们认为语文教学必须要教给学生必要的知识，但又坚决反对知识教学复杂化反对以知识教学为中心。可以说，在语文教学所有问题上，我们都确立了"不偏不倚""执两用中"的立场。

《中庸》里说："天下国家可均也，爵禄可辞也，白刃可蹈也，中庸不可能也。"意思是，天下国家可以治理，官爵俸禄可以放弃，雪亮的刀刃可以践踏而过，中庸却不容易做到。可见要中庸很不容易，因为中庸即适合，也可以解释为完美。我们知道，要坚持这样的"不偏不倚""执两用中"的做法很不容易，而采取两个极端的做法比较省力。但正因为难，才有价值；难，正说明了我们应该坚持。

3. 本体论——本色语文的理论凭借

本体论（ontology）一词是由 17 世纪的德国经院学者郭克兰纽首先使用的。有人从词的构成理解为"存在的学问"。可见，本体论是研究存在的本质的哲学。然而，到目前为止，对于本体论，还没有统一的定义和固定的应用领域。斯坦福大学的格鲁伯（Gruber）给出的定义得到了许多同行的认可，即本体论是对概念化的精确描述，本体论用于描述事物的本质。尽管定义有很多不同的方式，但是从内涵上来看，不同研究者对于本体论的认识是统一的，都把它当作是领域（领域的范围可以是特定应用，也可以是更广的范围）内部不同主体（人、机器、软件系统等）之间进行交流（对话、互操作、共享等）的一种语义基础，即由本体论提供一种共识。

近几十年，本体论被应用到计算机界，并在人工智能、计算机语言以及数据库理论中扮演着越来越重要的作用。之所以如此，因为计算机界最需要有一个共同的语言，或者说最需要对多概念做一个统一的界定。反思语文课程的历程，尤其是新课程改革的发展，在取得大家充分认可的成绩的同时又存在着无法否认无法回避的严重问题的原因之一，就是对语文课程的许多根本的概念缺少基本统一的理解，对新课程的许多理念缺少明确统一而又是科学的可以贯彻的解释，公说婆说、说了等于不说的"解读"则十分泛滥，甚至对语文课程最根本的一些"原点问题"也缺少深入透彻的科学的研究。概言之，就是语文课程缺少应有的本体认识和本体研究。而本色语文，就是借助本体论对语文课程进行原点思考。

首先追问的语文课程的几个原点问题是：什么是语文？什么是语文课程？什么

是语文课？

在回答第一个问题时，很多人喜欢纠结于"语文"和"语言"，"语言"和"言语"之间的概念关系。说"语言"是工具，"语文"是课程，不能是工具；说"语言"不是"言语"，"语言"也不是工具，"言语"才是工具。这样的学理讨论，不是没有一点价值。但我们以为这里追究的是这几个概念的"本体"，而不是追究语文课程的"语文"的本体。那个不管用什么词表达的"语文"是客观存在的，是服务于人的学习、工作和交际的。而本色语文以为，它不仅是学习的工具，工作的工具和交际的工具，不学习不工作不交际的人，也是不可离开"语文"的，所以应该说语文是人的生活所不可或缺的一个特殊的工具。对"语文课程的"回答，我们也明确指出，它就是"让学生热爱母语，引导学生学习母语，培养学生母语运用能力"的学科。《义务教育语文课程标准》2011 年的修改版就更加突出了语文课程"学习祖国语言文字的运用"的核心目标。语文课程加强社会主义核心价值体系，这是必然的；培养学生的社会责任感、实践能力和创新能力，这也是义不容辞的。但如果因此放弃了语文的核心价值，语文课程就失去了自身的学科地位，前两者的体现也就失去了依托。新课程改革之后，尤其是在新课程改革初期，人为拔高语文课程目标的情况非常严重；而在新课程改革 10 年之后的今天，转移语文课程目标和内容，将语文课程目标矮化为纯粹考试和成绩的做法依然比较普遍。这就是我们提出本色语文的背景和所针对的问题。而当我们回答了语文是什么、语文课程是什么的问题之后，什么是语文课的问题，就迎刃而解了。本色语文的回答是：语文课应该以语言为核心，以语文活动为主体，以语文素养的提高为目的。

本色语文不仅引用本体论的理论，对语文的三个原点问题进行追究，而且对学生应该学习什么样的语文，语文是怎样学好的，什么是阅读教学，什么是中学生的写作，什么是中学作文教学的任务等原点问题都进行了本体思考，并一一作出了回答。

叶老早就说过："多数的语文教师不知道语文做什么，尽往不切实用的道路上去瞎钻研。"如果说叶老指出了问题的存在和严重，而吕叔湘先生则给我们指出了解决问题的路径，他说："我觉得每逢在种种具体问题上遇到困难，长期得不到解决的时候，如果能够退一步在根本问题上重新思索一番，往往会使头脑更加清醒，更容易找到解决问题的途径。"他特别强调两点："第一，我认为每一个做教学工作的人必须首先认清他教的是什么……其次，我认为从事语文教学必须认清人们学会一种语文的过程。"我们认为，叶老和吕老这都是运用本体论在发现问题、解决问题。

4. 叶圣陶思想——本色语文学科思想的根基

叶圣陶先生、张志公先生和吕叔湘先生，是我国当代语文教学的大家，尤其是叶老，堪称一代宗师，他的语文教学思想对我国语文教学的影响之深之广之大，是难以估量的。我们的本色语文教学思想，就是以三位先生的教学思想为基础发展而来的，和叶圣陶先生的语文教学思想更是一脉相承。

叶老最主要的教学思想就是"教是为了不需要教"，他用最简明的语言表达了教学的本质和教学的根本目的。"不需要教"既是教的动机，也是教的目的；既是教的出发点，也是教的落脚点。"不需要教"，是学生能够学习的标志，也是教的最高境界。所以，本色语文对阅读教学的基本定位，第一条就是"让学生在阅读中学会阅读"。"学会阅读"就是为了实现"不需要教"。但"不需要教"的实现离不开教师的教，"不需要教"的前提正是教师要善教，所以"教"是手段，是途径，是过程。因此，我们在论述语文教学的师生关系时，一再强调教师的"角色作用"，强调教师在教学中能够组织学生的学习，引导学生的学习，帮助学生的学习，能够把学习内容变成学习的活动。本色语文的核心观点之一就是语文教学的过程观，就是强调语文教学的过程应该是学生学习的过程，应该是学生学习成长的过程。在阅读教学的3个基本策略中，"以问题探讨为引导"是主要策略之一。我们特别强调，"以问题探讨为引导"，不是让学生寻找问题的答案，而是用教师的问题引导学生提出问题，用教师的问题引领学生的学习活动。在作文教学的三个主要策略中，"作用于学生的写作过程"是极其主要的一个。这些观点，都是追求通过教师的"教"实现学生的"不需要教"。因为没有教，就不可能实现"不需要教"；不会教，就不能使学生达到"不需要教"。这些观点，也都是植根于叶老"教师是为了不需要教"的教育思想。

叶老的另一个重要教育思想是"学生本位"。早在1919年1月他在《对于小学作文教授之意见》中就指出："作文命题及读物选择，须认定作之者读之者为学生，即以学生为本位。"1944年针对有些教师提出要"制服"学生，他说："教育事业既是'为'学生的事业，在认定'学生第一'这一点上，他们（指当时他所肯定的两位教师）总该受到尊敬。"1941年，他就提出了"学生主体"这一思想。他说："国文课是教师与学生共同的工作，可是主体究竟是学生。""学生本位""学生第一"

"学生主体"的内涵或许并不完全一样，但从不同侧面表达了叶老教学思想中鲜明的学生观。我们提出本色语文的根本出发点，就是立足学生本位。因为无论是拔高的、架空的语文，还是被转移了内容和目标的语文，以及只为考试的语文，都是对学生的伤害，都没有把学生放在"第一"，而是把自己放在了第一，考虑的是自己的业绩，自己的名利。而本色语文特别强调，教学活动一切选择都应该确立"学生立场"，都应该立足于学生的需要（在有关论文和专著中，我们对此有比较系统全面的阐述）。本色语文在对中学作文教学进行课程定位时，旗帜鲜明地强调其是培养学生基本的写作能力，是教学生学会常见文体的写作，能够写"平常的好文章"，而不人为拔高要求。而拔高的作文教学定位则是脱离学生实际的。

本色语文的课程观，更是完全汲取了叶老的语文课程观，我以叶老的课程思想为基础提出了自己的看法。尽管"语文"这个词最早在夏丏尊先生的论文中出现，但作为一门课程的概念，是叶老首先提出的。提出这个课程概念之后，叶老又明确了它的内涵："什么叫语文？语文就是语言，就是平常说的话。嘴里说的话叫口头语言，写在纸面上的叫书面语言。语就是口头语言，文就是书面语言。把口头语言和书面语言连在一起说，就叫语文。"他还说："语文这一门课是学习语言运用本领的。"可见，叶老的语文观就是语言观，而本色语文观的一个核心理念就是"必须以语言为核心"。叶老的语文课程观，除了"语言"说，就是"工具"说。1978年在《大力研究语文教学，尽快改进语文教学》一文中，他首次明确指出："语文是工具，自然科学方面的天文、地理、生物、数学、物理、化学，社会科学的语文、历史、哲学、经济学，学习、表达和交流都要使用这个工具。要做到每名学生善于使用这个工具（说多数学生善于使用这个工具还不够），语文教学才算对极大地提高整个中华民族的科学文化水平尽了分内的责任，才算对实现四个现代化尽了分内的责任。"1980年，他又强调说："语文是人与人交流和交际必不可缺的工具，不善于使用这个工具，就无法工作和生活，甚至可以说就不能做人。"尽管叶老对"工具"内涵的认识也在不断完善深化，但他一贯坚持"工具"观是没有动摇的。而本色语文提出的"语文是人的生活不可或缺的特殊工具"，和叶老的"工具观"是一脉相承的，就是顺着他的"不善于使用这个工具，就无法工作和生活，甚至可以说就不能做人"的思想延伸发展而来的。有人认为，提倡了"工具说"，就忽视了人文性，这是很没有道理的。只要用心理解叶老"不善于使用这个工具，就无法工作和生活，甚至可以说就不能做人"这句话的内涵，就不会看不到其中的"人文性"。我们提出"语文是人的生活不可或缺的特殊工具"这样的主张，就是认为语文不仅仅是学习的工具，不仅仅是交际的工具，还是生活的工具，是人的精神成长的工具；强调其是"特殊的工具"，就是说明它具有"人文"性的特征。我们这样的理解，就是在对叶老"工具说"的内涵全面深入的解读之后逐步形成的。

本色语文，作为一种比较系统的教学主张，它既有着丰厚的实践基础，也有着系统的科学理论基础。但囿于我们的认识能力和理论素养，目前还不能对它进行全面、系统的论述。这里仅就我们的理解发表一点粗浅的见解，敬请专家和关心、关注本色语文教学的朋友予以补正。

二、本色语文的核心主张

（一）把语文课上成语文课

钱理群先生在《语文阅读教学历史经验的两个基本总结——读陈日亮〈如是我读——语文教学文本解读个案〉》一文中写道，正是面对这样的严重后果，陈老师和一切有良知的教师才大声疾呼：改变语文教学方式，是当务之急。所谓改变教学方式就是要"把语文课上成语文课"。（《新语文学习》2012 年 2 期第 16 页）我不知道先生的引述是否和我多年的说法有关。但针对语文教学严重的异化现象，我们始终旗帜鲜明地倡导和实践本色语文教学。在研究和实践中，我们形成了系统的语文教学主张和有效的实践操作机制。"把语文课上成语文课，用语文的方法教语文"一直是本色语文最最核心的主张。《语文建设》发起的"真语文"大讨论，是一场拨乱反正、探求语文教学本真规律的学术活动。在我们看来，"真语文"最基本的要求就是"把语文课上成语文课，用语文的方法教语文"。不久前，我们已专文阐发了"用语文的方法教语文"的主要内涵（《中学语文教学》2013 年 4 期），本文我们拟对"把语文课上成语文课"的基本内涵做初步阐述，以表达我们对"真语文"的理解。

那么，什么是"语文课"呢？或者说什么是"真语文"呢？我们认为，它的基本要求是：以语言为核心，以语文活动为主体，以语文综合素养的提高为目的。

1. 以语言为核心

中学的各门课程，必然有共同的使命；但每门学科也必然有自己的个性特征，否则这门学科就失去了自身的课程价值。那么什么是语文学科的课程价值和个性特征呢？对此，叶圣陶先生有过明确论述。他说："语文这一门课是学习语言运用本领的。"新修订的义务教育课程标准也明确指出："语文课程是一门学习语言文字运用的综合性、实践性课程。"无须引述更多的论据，语文课程的基本任务是学习语言运用，母语课程的基本任务就是培养学生对母语的热爱，学习运用母语的能力，这应该没有争议。

但问题并不这么简单。因为语文课程内容的丰富性和广泛性，很多人对语文课程的核心元素的认识是有偏差的。因为"语文的外延和生活相等"，有人以为语文就是生活，生活就是语文；因为语文课程具有人文性，有人认为语文就是人文，人文就是语文；因为语文是"文化的一部分"，有人以为语文就是文化，文化就是语文；因为语文必须关注人的成长，有人以为语文就是人的教育，人的教育就是语文；因为语文要训练学生的思维，因为语言和思维总是紧密关联，有人以为语文就是思维，思维就是语文；因为语文对人的感情有着很大的影响，有人以为语文就是情感教育，情感教育就是语文；因为文学是语文很重要的内容，有人以为语文就是文学，文学就是语文。如此等等，不一而足。所以，在很多语文课上，什么都有，就是没有语文；在很多语文课上，什么也没有，只有他看见的那个"语文"。苏轼当年批评过的眇者识日、盲人摸象的现象还是比较严重的。

如果我们把复杂的问题简单化，语文课其实就是一对矛盾，即言和意的关系。读和听，是由言得意；写和说，是以言表意。当然，言和意之间也是一组共生关系，所以我们本色语文的教学机制主要就是共生教学法。但若从课程的立场角度看，言应该是更为核心的因素。

那么，什么是以语言为核心呢？即一切教学活动要充分体现语言元素，要紧紧围绕语言展开，如语言解读、语言品味、语言积累、语言运用、语言共生。即使有其他的教学安排，也必须是为这些语言活动服务的。

需要说明的是，如果从语言学的角度看，这里的"语言"或许应该是"言语"，或者是其他一个不同的表达。我们这里只是采用了大家比较习惯的表达，而没有对这个概念进行深入推敲。

2. 以语文活动为主体

要说明这个问题，必须先简单说明语文课堂教学的展开。课堂教学是一个流动的过程，它总是由一个个教学活动和学习活动组成的。但事实上，现在很多的语文课堂不是由教学活动和学习活动组成的，而是内容的堆积、简单的问答、形式的呈现、概念的演绎和结论的传递，甚至就是一个个题目和一个个答案组成的。而从课堂教学的基本要求看，语文课堂教学必须由语文教学活动和语文学习活动组成。那么什么是语文活动呢？

（1）应该是"语文"的活动，而不是其他的活动

语文的活动，就应该是以语言为核心的活动，听、说、读、写应该是基本形式。但很多语文课却不是如此，大量时间花在其他活动上。比如，教学《晋祠》就成了通过视频参观晋祠这处名胜，教学《木兰诗》就成了欣赏美国人的电影《花木兰》，教学《北京胡同》就成了北京风情展，就成了北京胡同、上海弄堂、苏州小巷的大荟萃，教学《五人墓碑记》，还要让学生表演毛一鹭抓人的现场情境。对此，批评者已多，我们在其他文章也曾列举过。这里不再多说。很显然，这样的做法都不是语文的活动，或者主要不是语文的活动。

（2）语文的活动一定要"动"

有些课，看起来都是围绕语言展开的，但却是静止的，是僵死不"动"的。既没有教的动，也没有学的动。可以说，告诉式、问答式、陈列式、概念式、练习式和结论式仍然是语文课堂比较普遍的现象。

所谓动，要对学生的学习行为，即对学生的语言学习和运用要有具体明确的要求。我们常常看到有些课堂，教师的确也让学生说说自己的感受，让学生概括文章的内容，让学生整体感知课文。可是怎么说，怎么概括呢？全不清楚。结果学生爱怎么说就怎么说，爱怎么概括就怎么概括。这有什么的教学价值呢？这就算不得是语文的活动。

所谓动，还要体现学习的过程，尤其要体现学生自己阅读、自己体验、自己思考、自己反思、自己提升、自己完善的过程。这才是真正的语文学习。我们有些课堂，一问就答，一答就对，一呼百应，这就没有过程。要么学生原来就知道结论，要么直接把结论告诉学生，这些都没有过程。过程要有层次性阶段性，过程要经历曲折和失败，过程就是学生自己经历问题思考的全过程。在和教师们谈什么是学生

主体时，我们说学生主体很简单，就是站在学生的立场上考虑教学，就是学生的事让学生自己做，就是让学生做该做的事，让学生做能做的事，包括做失败的事。从语文活动的角度看，这才是真正的语文学习活动。我们看到有些教师的教学，就是让学生找答案。找到答案，万事大吉。不注重过程，不需要过程，更不关注过程，这就不是"学习活动"。

所谓"动"还指教师的动。尽管我们强调学生学习的主体，强调学生对学习过程的经历，但并不是否定教师的主体作用。所以，对于教学主体问题，我们一直主张语文教学（甚至包括所有学科）是双主体。我们经常说，教师上课，不是领导布置工作任务，而要对学生的学习过程进行周密的考虑，而且在学生学习的过程中，教师始终能够发挥自己的角色作用。所以，学习活动从教师的角度看，就是教学活动。在这个过程中，教师应该始终发挥自己的作用。除了对学生的学习活动提出具体合理的要求，还要对学习过程及时做出中肯的评价和具体有效的指导，提供及时的应该的帮助，能够带领着学生开展学习活动。

所以，语文学习活动既不是给学生一个知识的结论，也绝不是搞一个看起来轰轰烈烈的学习形式，而是学生和教师在这个学习过程中都有实在的、有价值的、有意义的学习行为和教学行为。

（3）语文的学习活动一定要"活"

所谓活，首先是活动形式，有一定的原创性。这里的原创，就是强调要根据具体的教学对象、具体的教学内容和具体的教学目的组织的活动，而不是机械的公式化的程式化的流程，更不是照搬别人的活动。有些教师喜欢照搬所谓名师的做法，喜欢模仿公开课、获奖课的做法，常常东施效颦、邯郸学步，效果很不理想，甚至适得其反。有些教师总希望语文教学能有一个或者几个模式。这是对语文教学的特点缺少认识。任何教学活动都是针对特定的教学情境才会呈现出它的效果。生硬模仿、生搬硬套、死套模式都不是真正的学习活动。

所谓活，应该能够激发学生的参与热情和活动欲望。这就要求活动的设计和组织能够针对学生的学习心理，展示语文学科的课程特点和魅力，还要求语文学习活动具有必需的活动空间。比如，问题探究已经成为一个重要的教学策略，但有些只是简单的"有没有"或者"是不是"，这就使问题失去了活力，甚至有些问题的提问就暗示了答案，更失去了讨论的价值。钱梦龙先生多年之前批评过的"白求恩同志是哪个国家的人？不远多少里来到中国？他来中国为了干什么？"之类的问题，还是常常看到。有些分组讨论的探究问题，只要看看课文，答案就显而易见，并且没有多元解读的可能，甚至就是到课文里找几个句子。那样的分组讨论，只能是装模作样。近年来，阅读教学中的语言活动受到了大家的重视。但很多语言活动，只是对课文内容进行简单转述或叙述，缺少活动空间，更没有语言活动的张力。很显然，狭小的思维空间，僵化呆板的活动形式，并不能真正带来教学活动和学习活动的活力。

理想的语文教学活动和学习活动，应该具有共生性，即活动具有现场的再生性，学习资源和活动形式都在活动中不断丰富。一是教师和学生之间的共生。即理想的学习活动，是教师和学生之间互相激活的过程，在互相激活中使学习不断深入。更为普遍的应该是学生和学生之间的相互激活。完成学习活动的过程，应该是学生互相激发兴趣，互相激活思想，互相促进共同提高的过程，学习的内容也因此而丰富，学习的过程也因此而丰厚。二是言意共生的过程。无论是读还是写，成功的学习活动，可以通过语言的活动而丰富深化对意的理解，通过对意的理解而加深对语言的品位，丰富对语言的感受，丰厚对语言的积累。

3. 以语文核心素养的提高为目的

我们倡导的本色语文，主张"把语文课上成语文课，用语文的方法教语文"，但绝不是狭隘的语文观，并不是简单地立足语文教语文，而是以学生语文学习的综合素养提高为根本追求。

从不同角度，可以将语文课分出不同的境界。我们认为，从语文教学内容的角度，可以把语文课分成这样两个境界：一是语文课的最低境界。要么是语文课上只有语文，紧盯着语文教语文，看看是语文，想想还是语文，除了语文就是语文，几乎是非语文勿视，非语文勿听。要么是语文课上什么都有，声色电光，古今中外，天文地理，自然万象，要什么有什么，就是找不到语文的活动。二是语文课的最高境界。看看什么都有，想想都是语文，应有尽有，一切又都为了语文，一切为了学生语文素养的提高。毫无疑问，狭隘的语文观是教不好语文的，也是学不好语文的。但这看似相似的最差境界和最高境界是很容易混淆的。就像文言文教学，有人把读参考书的译文混同于功力深厚的串讲一样。都是"看山是山"，一是未悟，一是参透。

所谓的"看看什么都有，想想都是语文"，从相对宏观的角度看，就是处理好语文和非语文的关系，语文和生活的关系，语文与其他学科的关系，考试和素养的关系，人文与工具的关系，内容和形式的关系，读书和做人的关系，核心内容和拓展延伸的关系等。从课堂教学内容的内在因素的角度看，则主要是言和意的关系，读与写的关系，听与说的关系，听、说和读、写的关系，听、说、读、写和思的关系，听、说、读、写、思和语言的关系以及教与学的关系等。能和谐地恰到好处地处理这些关系，语文课就是高境界，必然有利于学生语文综合素养的提高。如果刻意夸大其中一点，就会使语文课堂呈现出一种畸形的、异化的甚至是非真实的状态。

如果我们套用新课程理念来认识这个问题，所谓提高学生的语文综合素养，或者所谓语文教学的最高境界，就是让新课程改革的知识与技能，过程与方法，情感、态度与价值观的三维目标在语文课中得到学科化的体现：有语文知识学习，有语文知识积累，能给学生该学的语文知识，能给学生有用的语文知识，能够让学生的语文知识学习为语文素养的学习方法服务，能够用正确的知识观进行语文知识教学；有明确具体的语文能力训练，有语文能力训练的适当方式；更主要的是，能充分体现学生的学习过程，有学生自己的阅读、写作、体验、思考；学生在学习过程中培养了语文学习的良好习惯，积累了语文学习的经验，悟出了语文学习的特点，掌握了语文学习的方法；学生在这样的语文学习过程中丰富了情感世界，提高了思想认识能力，形成了积极的人生态度，确立了自己正确的价值观。我想，这也就提高了学生的语文综合素养。

以上是我们对本色语文，也是我们认为的"真语文"的"把语文课上成语文课"这一基本主张的阐述。当然，还有许多内涵，因为在其他文章中多有涉及，这里就不再重复。

（二）用语文的方法教语文

1. 语文的方法应该是符合语文学习规律的方法

语文课的目的就是教学生学语文，所以运用的方法应该符合语文学习的规律。可是我们看到很多课堂运用的方法是不符合语文学习规律的。最典型的案例，应该是一位教师教学《愚公移山》，让学生站在智叟的立场上和愚公对话。有些学生提出了问题让愚公回答："你能保证你的子子孙孙全部都是男的吗？""不要忘记地球还在不断地进行造山运动。山是移走了，但是，是靠你自己的力气吗?""俗话说，'靠山吃山'，你现在把山移走了，我们靠什么吃饭呀?"有些学生直接表达了自己的观点："移山这是愚公他本人的行为，而他的子孙可能会有自己的理想抱负，如读书、当朝廷大臣。可能有些人不愿意去参加搬山这么傻的活动。""'实践是检验真理的唯一标准'，如果你能完全靠你们家族的力量，搬掉这座山，如果我还能看见，我就会相信。""自然界都有自己一定的自净能力，像他这样的掠夺性的开发，已经超过了自然自净能力的限度，必将遭到自然界更加残酷的报复。"学生这些的问题和想法不能说没有道理，所以一律得到了教师的赞赏。但如果立足于《愚公移山》是一篇寓言，必须用寓言的方法读寓言，我们就会发现这些精彩的发言是可笑的。

更为可笑的例子是，一位小学教师教学《寓言二则》，让学生提出问题进行探讨。学生提出的问题是：鹬咬着蚌的嘴，蚌咬着鹬的嘴，它们怎么说话呢? 塞翁失的马是公马还是母马呢? 寓言的一个特点就是拟人化，如果只有让会说话的说话，恐怕就没有寓言了，至少是很多寓言没有了。

类似的问题很多。一个初中教师解释"白发三千丈"的原因是头发很多，加起来的总长度可以达到三千丈；一个初中学生读《背景》发现作者的父亲翻月台是违背交通规则的。这让我想到古代的"千里莺啼"焉能听得的笑话。学生如此"较真"，如此批判和求异，或者某些能力真的培养了，自觉遵守交通规则的人或许多了，但文学素养肯定没有了。倘若所有学生如此，恐怕从此没有小说、没有散文、没有诗了。就这个意义上说，用语文的方法教语文，就是用散文的方法教散文，用小说的方法教小说，用诗歌的方法教诗歌，用寓言的方法教寓言。

2. 语文的方法应该主要是语言的方法

和教师们谈这个问题，我经常正反对比举两个例子。一位教师教学《国宝大熊猫》，让学生初读课文认识文体和说明对象之后，要求学生看看作者写了几种大熊猫，选择一种自己喜欢的大熊猫，模仿体验这种大熊猫的特点。先是小组比赛谁模仿得最像，再每组推荐一个全班比赛，最后选出全班模仿得最好的一个。另一位教师教学《看云识天气》，同样是让学生初读课文认识文体和说明对象之后，要求学生看看作者写了哪几种云，然后选择一种自己喜欢的云，用第一人称说说"我"的特点和特长。两相对照，我们很容易发现后者用的是语文的方法，前者是用的是非语文的方法。无疑，后者更能培养学生的语言能力和语文素养。

我还经常举的例子是一位教师教学史铁生的《我与地坛》，为了让学生感受母爱，先是让学生听歌《懂你》，再让学生画一幅简笔画表达自己心中的母爱。有的同学画的是老母鸡用翅膀呵护着一群小鸡，有的同学画的是一只袋鼠肚子里藏着几只小袋鼠，也有的同学画的是一只猩猩肩上、背上驮着几只小猩猩。我承认我们学生的确具有创新能力。可我无法理解的是为什么不让学生抓住文本中的细节解读母爱呢？读过这篇散文的人都应该记得那些让我们感动的细节。两相比较，其中的优劣差异应该非常鲜明。

语言的方法，有着极其丰富的内容。可以说，不管什么样的教学内容，都可以找到适当的语言的方法。但并不是用了语言的方法都是好方法。有些时候，虽然用了语言的方法，但违背了语言活动的特点，也不是好的方法，甚至可以说也不是语文的方法。比如，有些教师教学外国文学作品，另外找了一种译文，让学生和课文比较说说哪种翻译更好。这虽然运用的是语言的方法，但却不符合语言品味和文本品读的规律。因为要比较两种译文的优劣，不懂原文根本无法进行。因此，也不是我们所提倡的语文的方法。

我们提倡的语言的方法，必须能够有利于全体学生整体语言素养的提高，而不是为了满足个别学生的需要或展示个别学生的特长，更不是为了展示和卖弄教师的某一方面的长处。一位教师教学郁达夫的散文《江南的冬景》，要求学生把文章中的几个片段改写为《蝶恋花》《鹊桥仙》《浣溪沙》等词。形式是新颖独特的，但实际上就是教师和个别学生的展示。不要说是高一学生，就是语文教师真正能懂词、填词的，恐怕也不多。不能填词，不能品词，学生的活动只能是纯粹的形式。

3. 语文的方法要求教师引导学生用语文的方法思考问题、回答问题

记得我在一个学校教学《黔之驴》，在解读了驴的故事和虎的故事之后，我问同学们文章中的虎和驴是什么关系呢？有几位同学说是生物链的关系。这是纯粹地从生物的角度思考问题，完全脱离了文本，跳出了寓言的特点。

多年之前有一个高考作文题是，根据一组漫画以"回报"为题写作。一幅漫画的内容是儿子小时候妈妈让儿子吃鱼肉自己吃鱼头，另一幅是儿子长大之后还让妈妈吃鱼头自己吃鱼肉。有些同学的理解是：鱼头有营养，所以鱼头给妈妈吃。除了审题的能力问题，没有能从语文的角度思考问题、回答问题也是一个重要的原因。

"你最喜欢生活在哪个年代"是一个大家熟悉的、也是有点意思的作文题。可是有些同学写出来的作文却毫无意思，先是表明自己喜欢生活在唐代，然后就从政治、经济、文化等方面展开论述理由，就像是回答历史的论述题，而且大多数内容是教科书上的东西。

有一年，我们学校高三年级有一个作文题是"弯道超越"，提供了关于"弯道超越"的解释之后要学生联系实际写作。很多学生的观点都是"中国迎来了弯道超越的最好时机"，然后再从国际背景、开放的政策、经济发展等几个方面展开，无论是观点还是内容，不是政治课上的就是报纸杂志上的，看不出一点语文色彩。

教学《阿房宫赋》，我让学生从文章中找出表现耗费巨大的句子，有个学生找出了"楚人一炬，可怜焦土"。我问他如何从这个句子中看到建造阿房宫的耗费巨大，他说因为火烧了3个月。姑且不说阿房宫烧了3个月是否为历史事实，也不说回答是否脱离了文本，单从思考方法的角度说就不是语文的思维。

学生的现代文阅读得分不高，思维的出轨是一个很重要的原因。记得一篇课外的小说阅读要求分析小说结尾"外面的阳光很灿烂，蓝天很开阔"这句话的深刻含义。有些同学的回答竟然是：空气质量很高，环境很优美。

所以，语文课有责任教学生用语文的眼光看待问题，站在语文的立场上思考问题，用语文的思维解决语文的问题。比如，要思考虎和驴的关系，必须着眼于《黔之驴》这篇课文，必须基于寓言这样的文体特点，必须抓住老虎如何由惧驴到吃驴，驴如何被吃的具体语句；要理解漫画"回报"的主题，必须由画面内容解读画面的主旨，必须认识漫画的形式特点和表现手法，必须抓住题目进行解读；要从语文角度思考"你最喜欢生活在哪个年代"这个问题，必须紧紧抓住"你"字，表达自己对生活、对人生、对社会、对历史的认识，当然这个过程不可能不涉及有关年代的政治、经济、文化甚至军事，但这不是一般意义上的，更不是结论性、共识性的认识，而是属于"我"的个性化的理解；至于写作"弯道超越"这个话题，无疑应该写自己的生活体验和人生感悟，即使要写民族和国家，也是用"我"的眼睛去看民族看国家，而不是罗列政治书上的和新闻报道中的材料；至于从"楚人一炬"大火烧了3个月的角度，来说明建造阿房宫耗费巨大，则完全不符合思维逻辑。简要地说，就是阅读教学要引导学生立足文本，抓住语言思考问题；写作教学就是要用恰当的语言形式，表达自己对问题的思考。

我特别强调用语文的方法教语文，并不是狭隘地简单化地排斥其他方法。我们同样追求教学方法的丰富和创新，但我们认为任何方法的运用必须服务于学生的语文学习，必须有利于学生语文素养的提高，必须遵循语文学习的规律。多媒体的滥用对语文教学的伤害大家有目共睹，批评、批判者已多，这似乎也已经改观，但问题仍然比较突出，也更加隐蔽。比较常见的是，凡是诵读课文都要配上音乐，甚至学生默读课文也要配乐。我常常要问的是：走进文本一定要有音乐吗？那些音乐能帮助学生走进文本吗？答案大多是否定的。教师自己平时读散文、读诗都配乐吗？学生日常的诵读和考场的阅读配乐吗？一位教师教学《周总理，你在哪里？》配的音乐是《二泉映月》，对学生感受诗歌的感情能有积极的帮助吗？我想不用多加分析，答案显而易见。很多图片的使用也是如此。

　　非多媒体的许多方法也会伤害语文教学，伤害学生的语文学习。记得看过一个发表了的教学实录《纪念白求恩》，学生又是唱歌，又是跳舞，又是演话剧，又是诗朗诵，还有即兴的诗歌创作，有新诗还有旧体诗，白求恩来了，毛泽东也来了。方法多样，手段丰富，可平心而论，真的有用吗？真的能帮助学生学习语文吗？《纪念白求恩》的学习当然是阅读课，可这是阅读课吗？学生这样能学会阅读吗？有的教师教学《孔乙己》时，让学生破案：到底是谁害死了孔乙己？有的教师教学《祝福》时，进行法庭辩论：祥林嫂之死谁是责任人？手段十分新颖。但我们总觉得有故弄玄虚之嫌，很明显形式大于内容，而且必然消解了小说的文体特征。就直接进行问题的讨论，将问题的解决和小说阅读欣赏结合起来有什么不好呢？罗丹为巴尔扎克塑像不让一双手显得过于突出，我们的语文课如果留给人最深的印象是形式和手段，正说明语文被伤害了。

　　总而言之，语文的方法就是：遵循语文学习规律的，以语言活动为主的，能够服务于学生语文学习，有利于学生语文素养提高的方法。

三、本色语文的阅读教学的基本定位和基本策略

（一）阅读教学的基本定位

阅读教学的基本定位，也就是阅读教学的基本课程价值，或者说就是为什么要

开设阅读课。说得通俗一点，就是阅读教学是什么，阅读教学是干什么的；说得理性一点，叫作阅读教学的价值取向。

1. 阅读教学定位偏移的具体表现

（1）阅读教学的高位化

阅读教学的目标是多层面的，有基本的任务，也有较高层次的任务。如果我们放弃了常规的任务和基本的任务，而只是抓住高端任务进行教学，就是一种高位化。比如，文言文教学，如果放弃了文言文的阅读理解，放弃了文言文的阅读积累，放弃了文言文阅读能力的培养，而立足于所谓批判能力、创造能力、探究能力和审美能力的培养，就是背离了阅读教学的基本任务。阅读教学，如果学生还没有理解文本的基本内容，教师就进行拓展、比较、探究，就开展所谓创造性的阅读活动，这也是一种阅读教学高位化的表现。这样说，并不是反对新课程对阅读教学提出的新的要求，而是强调阅读教学要突出本身的基本任务，在立足本位任务的基础上再追求这些较高的目标。

可是，阅读教学的高位化，常常放弃阅读教学的基本责任，追求一些较高甚至是最高的目标。比如，有的教师教学《愚公移山》，主要目标就是引导学生用现代主义的批评方法解析文本，从不同角度讨论愚公的愚蠢和可笑。这就偏离了阅读教学的基本定位。中学的文言文学习，尽管我们首先提倡应该文言、文章、文学和文化"四文融和"，但主要的任务还是提高文言文的阅读能力，主要目标还是学习语言，理解文章。就这篇课文而言，认识寓言的特点，学会理解寓言的寓意是必不可少的目标，脱离了寓言的特点，或者说违背了寓言阅读的基本规律进行教学，也是阅读的高位化表现。一位教师教学《装在套子里的人》，主要就是两个环节。一个环节是，花几分钟时间，通过填一个表格进行整体感知，然后所有时间就是进行探究。探究的最后指向就是认识契诃夫是一个孤独的人，这篇小说是他孤独的呻吟。毫无疑问，这位教师的专业素养的确非常好，读了很多书，对文本也有自己的解读。但从教学内容看，学生阅读《装在套子里的人》，就是为了认识契诃夫是一个孤独的人吗？从学习活动看，学生阅读《装在套子里的人》，除了几分钟的感知，就应该全是探究活动吗？可以说，这也是典型的高位化阅读教学。

阅读教学的定位高一点没有错，追求高一点也没有错，但放弃了基本的目标就错了。

（2）阅读教学的贵族化

所谓贵族化，是指无论教学的形式还是教学的内容，都脱离了日常教学的实际，既脱离了绝大多数教师的实际，也脱离了绝大多数学生的实际。"美读"成风就是一个典型的例子。"美读"自然很好，但不应该认为语文课必须美读，美读就是好的语文课，就是一种贵族化的课堂观。有些教师的嗓音条件特别好，诵读技巧特别强，这自然是这些教师的优势。但并不能认为普通话好、朗读得好就一定是好的语文课，也不能认为语文教师的课文诵读都必须如此，否则还有几个语文教师能诵读课文呢。还有一种情况是，有些教师"十年磨一剑"精心打造，或者集体精心打造一节看起来无可挑剔的课，利用一些一般教师所不具备的条件，运用一些一般情况无法运用，一般教师不能运用的教学手段和方法，或者采用无意义的高成本、高要求的方式进行教学。这样的课堂不能说不好，甚至也可以说的确很美。但对教师素养的要求之高，对教学投入的要求之高，远远超出了一般教师所能达到的程度，或者说在日常教学中几乎无法实现，即使对于那些执教者来说，或许也只能是"十年磨一剑"而已。这样的课，过于华美，过于高贵，只能是观赏性的，只能是少数人所能做到的，只能是偶一为之，没有普适价值，绝不可能走向"人间"。应该说，这样的课本身没有什么不对。但问题是，如果让一线教师以为这种贵族化的课就是阅读教学的基本形态，就是阅读课的方向，唯有这样的课才是阅读教学的本来面目，这就显得可怕了。它不仅误导了大家对阅读教学基本定位的理解，而且使面广量大的一线教师对自己能够按照阅读教学要求进行教学失去了信心。

事实上，现在有些教师的听课心态和评课标准就出现了严重问题。有些教师认为，凡是自己做不到的、学不了的课，才是好课；凡是自己能做到的，身边教师也能做到的，就不是好课。新课程改革初期，我有一次在某地上课，一位年轻教师评课时就说："黄老师的课是不错。但请问，作为特级教师，他的课特在哪里？作为著名特级教师，他的课有什么过人之处？他的课，我们那里能这样教的人很多，我认真准备一下，也能上得出来。"上公开课，本来就是一件遗憾的事，我至今也没有一节课自己完全满意。一节课见仁见智更是正常的事。可是这位年轻教师的话，我觉得很有问题，于是写了两篇文章。一篇说：我的课就是告诉大家，新课程改革的课，绝大多数教师"认真准备"都能上得出来，否则新课程改革必定失败。另一篇的意思是：我们大家一起研究语文课，就是要研究家常课怎么教。所谓家常课，就是大多数教师能这样教，大多数学生能这样教，日常教学能这样教。大家一起炮制几节大多数教师做不到，平时教学做不到的课，有什么意思呢？

（3）阅读教学的形式化

应该说，语文教学的形式化，已经成为一个比较普遍的问题，而阅读教学的表现尤其严重。新课程改革初期，比较突出的做法是分组。动不动就是小组讨论。不管内容是否具有讨论空间，不管学生是否具有分组习惯，不考虑如何保证讨论的有效展开，不考虑分组以后信息的汇总和交流，只是简单地一分了事。以为分组了，就是合作学习；分组了，就是新课程改革了。除了分组，整个教学过程的形式化，也很严重。很多青年教师执教公开课时，不是东拼西凑找课件，就是变着法子找新招，而不在文本上花工夫，不在教学内容上花工夫。结果把课堂打扮得花枝招展，珠光宝气，但是内容却很苍白，甚至常常出现"常识"问题。

而语文教学形式化最典型的表现是课文朗读。现在课堂上读书的声音多起来了，这自然是好事情。但有不少朗读活动缺少明确的目的，不能为学生的文本理解服务。一位年轻教师教学《沁园春·雪》，把学生分成三个声部，还有一个男领和一个女领，自己担任指挥，进行朗读。比较普遍的是齐读多、配乐朗读多、听录音朗读多。为什么要齐读，为什么要听录音朗读，为什么要配乐朗读呢？他们自然能讲一番道理，当然都是站不住脚的道理。比如，为什么要配乐朗读呢？他们的回答是：营造情境，整体感知，走进文本。可是我们要问：整体感知，一定要用音乐营造情境吗？你的音乐能让学生走进文本吗？我有时候开玩笑说：我们教师晚上在家里看书，如果要读一篇优美的散文，会不会喊"老公（老婆），放音乐！"应该不会。就是会，老公（老婆）随便找的音乐能不能让你走进文本呢？大多数不能。一位教师教学《周总理，你在哪里》，放的音乐是《二泉映月》。怎么能帮助学生走进文本呢？相类似的问题是，高中教师教学《荷塘月色》，绝大多数教师都要做一张荷塘照片的PPT。我有一次听课，盯着照片反复看。执教教师问我：黄老师，有错别字吗？我说没有错别字。他问我：那你看什么？我说：我在看这是什么时候的照片，是新中国成立前的，还是新中国成立后的。其实，那照片很显然是新中国成立后的，而且是十八大之后的。这样的照片，我找不到淡淡的喜悦，更找不到淡淡的哀愁，甚至也找不到朦胧的月色。你说，它怎么能够让学生走进文本呢？

教学的形式化，还有一个严重问题是，脱离文体特点和具体内容组织教学活动。

记得看到过一个教学《纪念白求恩》的实录，真让人哭笑不得。据说是一种什么很走红的教学模式。主要活动是几个小组的学生汇报学习的成果。有朗诵，有独唱，有话剧表演，有各种时尚的组合（记得其中有一个"雨淋淋组合"），还有即兴的诗歌创作，白求恩来了，"同志们"来了，毛泽东也上场了。这是语文教学吗？这是阅读教学吗？这是议论文的教学吗？

（4）阅读教学的低位化

阅读教学的低位化主要有两种表现。一种表现是把教学的目标仅仅定位在让学生理解文本内容，而且主要理解作者原本要表达的思想。教学的方法和过程基本是结论传递。教学《叫三声夸克》就是让学生弄懂什么是夸克；教学《在马克思墓前的讲话》，就是让学生了解马克思一生的巨大贡献。这类阅读教学，教学的最终目的，就是让学生知道这篇文章写什么，先写什么，后写什么，作者表达了什么样的思想感情。由此延伸出一种做法，就是教"话题"、教"主题"。比如，教学《胡同文化》，有的教师就教"胡同"，有的教师就教"文化"。现在有些教材的有些专题或单元是主题组元，于是有的教师就把"主题"作为教学的内容。"青春"单元就教青春，"故乡"单元就教故乡，"祖国"单元就教祖国。如果对他们的做法提出批评，他们就说这是教材编者的问题。岂不知语文教材不管怎么编，都要教"语文"，"语文"不管怎么教都要教语言。其实，这类做法，是前面所说的教文章话题和主题的一种延伸和扩大，与教材的组元没有必然的关系，因为只有一篇文章，他也是这么教的，而同样的组元，别人并没有这样教。

低位化的另一种表现就是简单地瞄准考试的阅读题进行教学，把教学的目标仅仅定位在应对考试。备课就是寻找"考点"或者教知识点，甚至就把教学内容直接设计成高考阅读题；教学的展开就是教师提问题，学生读课文找答案，然后讲答案。文言文教学就只剩下解释、翻译和古汉语知识，就只有字、词、句；说明文教学，就只有信息的筛选，甚至散文教学也是简单地套用高考的几道题目。而这一现象在高中选修课的教学中尤其严重。有些教师教学《〈史记〉选读》和《唐宋八大家选读》就只有几道类似高考题的测试题，教学《现代散文阅读》也就是总结出几点写人写景的方法，指导学生的写作而已。这样的做法，无疑都极大地降低了阅读教学的定位。

而后一种做法的教师常常有着非常充分的理由：难得我们不要高考吗？高考试

卷不就是这样考的吗？这里姑且不去讨论教学和考试之间的不同和关系，我们单从应试的角度说一点想法。我从不唱轻视高考的高调，更不仇视和鄙视高考，而且我坦率承认我是靠高考立身的人，我在全国各地鼓励教师们"热爱考试"。有三句话我经常挂在嘴边：做教师不会对付考试是不称职的，做教师只会对付考试是很可怜的，做教师只会做练习对付考试是很愚蠢的。这里只讨论第三句话：要考好就只有做练习吗？做练习就能考好吗？答案肯定是否定的。我们说语文是要做一点练习的，但只有高质量的练习，高质量的评讲才有点用。很多练习是无用的，教高三的教师都知道自己做了多少无用的练习。越是好的高考试卷，做练习越是没有用。我一直追求"让做练习没有用，让读书多的学生考得好"的理想试卷，但是很不容易。很多练习是有害的：漏洞百出的练习肯定有害；答案有错误，教师还能讲正确的练习，肯定有害；学生的答案是有道理的，教师却把它讲成错的，讲得学生心服口服也肯定有害。说真的，现在要找基本没有问题的现代文阅读题，还真不容易。题目有问题很正常，语文教师看不到问题也很正常，但以为这样做很有用，就不正常了。更何况考试是检测学生的阅读能力，教学是培养学生的阅读能力，这之间有着本质的不同。怎么能把阅读课上成练习课呢？

2. 阅读教学的基本定位

（1）让学生在阅读中学会阅读

这是阅读教学的基本价值，也是最重要的价值。一个人阅读能力的提高，是一个复杂的问题。阅读的习惯，阅读的环境，阅读量的积累等都是很重要的因素。但如果我们把问题的讨论限在语文教学，或者说限制在语文课堂教学这样的范畴，那么阅读教学必须承担让学生学会阅读这样的责任。

如果我们考察一下许多教师是如何上阅读课的，如果我们知道很多教师是如何对付高考现代文阅读的，就会发现问题的一些症结。现在语文圈里流行着这样一句话：公开课，考预习；对付高考，靠练习。我们前面说过：学语文不能靠做练习，对付高考也不能靠做练习。而现代文阅读，靠做练习基本是没有用的。因为一个人的阅读能力，和阅读量有关，和阅读习惯有关，还和这个人的语文综合素养有关，其中一个很重要的因素就是他有没有学会阅读。如果没有学会阅读，单单依靠练习，是不可能有效果的，甚至会出现问题。我常常和教师们打这样一个比喻：如果我们学习跳伞，什么也不说或者就只讲一下跳伞的要领和方法，就每个人发几十个伞，把大家带到五楼开始反复练习。其结果必然是非死即残，毫不夸张地说，我们很多学生就是这样进考场的。其结果自然可想而知。其实，如何学语文，古人说得很清楚。《论语》的第一句话是"学而时习之，不亦说乎"。这个句子大家都会翻译，但其表达的教学原理却并不是每个人都懂的。它告诉我们，要先学会，然后再时时进行练习加以巩固，才有效果。而我们现在没有让学生学会却只让学生反复练习（很多教师的阅读课，也是一种变相的练习）。所以，即使从应试的角度看，阅读教学也应该首先让学生学会阅读；从学生终身学习的角度，自然更应该如此。

（2）让学生在阅读中获得丰富的积累

我们老家说一个人语文好，叫"肚子里有货"。"货"从哪里来？只能是积累而得。其实，学习语文要积累的道理是大家都懂的。如何积累呢？重要途径是在阅读中积累。从理想的角度看，学生当然应在广泛的阅读和丰富的社会生活中进行丰富的积累，但我们都知道现在学生学语文的环境并不好。环境不好并不是要我们放弃责任，而是更应该看重阅读课的积累。积累什么呢？

一是语言的积累。这当然包括词语的积累，但又不仅仅如此。词语的积累，句式的积累，片段的积累，乃至篇章的积累，语感的积累，这些都很重要。这一点有很多教师是重视的。总体来说，小学比初中好，初中比高中好，高中教师的课常常比较空。一堂课下来，有用的东西不多。

二是知识的积累。新课程改革之后，有个说法，叫淡化知识。我一直不认同这种说法。三维目标的"六个要素"，第一个就是知识，怎么能淡化知识呢？我曾专门写文章谈过这个问题。我们需要树立正确的知识观，正确认识知识的范畴、知识在语文教学中的地位和价值，以及应该如何进行知识教学，而不是简单地淡化知识。语文教学是不能没有知识的，甚至也是不能淡化知识的。姑且不说广义的知识涵盖了语文教学的一切内容，即使从狭义的角度讲，知识也是不能淡化的。阅读教学要知识，写作教学要知识，古诗欣赏更要知识。语法知识要学，修辞知识也要学；文章知识要学，文学知识也要学；文化知识要学，生活知识也要学。当然，夸大知识的作用是不对的。有教师说，不学语法学生就不会改病句了。古人没有语法，就不改病句了？作家不学语法，就不修改文章了？同样，把知识作为语文教学的主要内容，凡学一个知识，就要系统地学、系统地讲，也是不对的。但因此简单化地淡化知识肯定是不行的。

三是语文学习资源的积累。学语文，就像造房子，除了砖头瓦片，除了钢筋水泥，还有很多零零碎碎的东西。而这些东西和砖瓦钢筋水泥一样重要。为什么有的人阅读能力强，而有的人写作能力强，语文资源丰富是一个很重要的因素。所谓语文的资源，当然包括语言，也可以包括各类语文知识，但又远远不止这些。它对一个人的语文学习起着重要的作用。我指导高三学生的作文，就告诉他们：如果拿不出"我有人无"的个性化材料，一个基本的策略，就是用好教科书中的材料。事实上，即使不说小学，初中6本语文书，高中5本语文书，有足够的材料够我们使用，如果再加上选修教材和读本，几十本书真的够用了。不必专门去背诵什么素材宝典。遗憾的是，我们很多阅读课，除了让学生记住一大堆抽象干瘪的结论，什么东西也没有留下。学了《孔乙己》，就记住什么自命清高，什么好吃懒做，什么科举制度毒害，什么社会冷漠，关于孔乙己的描写，关于孔乙己的言行，居然一句都说不出来。

四是生活的积累。古人说：读万卷书，行万里路。道出了学语文的真谛。但大多数人是做不到的，我们做不到，我们的学生更做不到。读万卷书做不到，行万里路更做不到。而一个人的生活阅历，一个人了解生活的广度和理解生活的深度，无论对阅读还是对写作都非常重要。怎么办呢？只能靠阅读教学在一定程度上来弥补。我们没有经历战争，阅读让我们认识战争的罪恶；我们没有离乡，阅读让我们体验了离乡的情绪；我们还没有尝过爱情的滋味，阅读让我们感受爱情的美好。阅读丰富了所有人的人生，而对于涉世尚浅的学生，这样的积累更为重要。

五是思想和感情的积累。对于这一点，有人会有不同意见。他们会问：思想和感情也能积累吗？我认为是能的。除了个别的特殊案例，一般情况，读书多的人感情就丰富，读书多的人思想就深刻。一个自然科学家说他是站在巨人的肩膀上而有成就的。我觉得思想家也是如此，甚至可以说每个人的思想成长都是如此。

（3）在阅读中培养学生的语文综合素养

我们以前一直说语文知识和语文能力，或者叫基础知识和基本能力。新课程改革提出了语文素养这个概念。有人认为是多此一举，修改义务教育阶段的语文课程标准时有人主张删改。我们觉得这个概念的提出是很有价值的。因为语文的确不仅仅是语文知识和语文能力。那么，什么是语文素养呢？要系统全面地阐述，会很花时间。简单地说，语文素养除了语文知识和语文能力之外，还有许许多多看不清楚，说不清楚，但又实实在在存在的东西。这些东西，有时候对一个人的语文素养甚至起着决定性的作用，如兴趣、习惯、思维方式、情感世界、生活阅历等，当然更多的是难以表达的东西。比如，写作，要考写作知识，或者考所谓的写作能力，很多作家并不行，但他就是会写作，这说明他具有良好的写作素养。一位年轻的语文教师问过我：一名学生作文写不好，为什么能写一封精彩的情书？我说这是素养在起作用。事实上，我们语文教师并不一定是写情诗、写情书的高手。口语交际更是如此，语文教师讲口语交际的知识头头是道，也能和学生进行口语交际的训练，但自己在生活中并不一定是口语交际的高手。相反，一些读书不多的人，却说话得体，让人听了很舒服，很容易接受。这就是语言素养。说和写如此，基础知识也是如此。有一年，高考有道题是考歧义。题干的大意是：下面的语句有不同理解，请在前面或者后面加上适当内容，使它表达清晰。其中一个句子：爸爸在动手术。我的表弟在我班上接受了3年比较扎实的训练，4分题1分没有得；而我的姑姑，邮电局的一个职工，一边在灶台上炒菜，一边脱口而出，和参考答案几乎一样。这是为什么呢？我认为也是语文素养在起作用。

所以，我们的语文课，我们的阅读课，仅仅让学生学习阅读方法，学习语文知识，训练阅读能力，还不够，还要培养学生的语文综合素养。我常常说：眼睛只盯着语文教语文，是老老实实的语文课；什么都有，就是没有语文，是最差的语文课；看看什么都有，想想全是语文，才是最好的语文课。有人问我如何才能达到第三境界，我说素养是靠濡染的，不是技巧，不是训练，也不是简单的拓展和迁移。一个教师具有了这样的素养，他的课才能达到这样的境界。

阅读教学的定位，既是一个实践性问题，又是一个理论性课题。以上几点想法，是我们根据自己的实践经验做出的思考和归纳。

（二）阅读教学的基本策略

1. 以文本理解为基础

这句话有两层意思：一是阅读教学必须首先让学生理解文本，二是阅读教学不能停留于文本理解。停留于文本的理解，就是阅读教学的低位化；不理解文本就让学生开展各种活动，那是架空了的阅读教学，或者那就不是阅读教学。

以文本理解为基础，要求教师自己必须亲自阅读文本，必须亲自解读文本。不知从什么时候开始，很多语文教师自己不读文本了。年老的不读，年轻的也不读。

一切来自教参，一切来自练习，一切来自现成的课件和各种资料。这些年，我们在积极倡导本色语文的同时，努力实践共生教学。而共生阅读教学就是教师要用自己的阅读体验、阅读思考唤起和激发学生的阅读体验和阅读思考，让学生在这种共生的阅读过程中学会阅读。这种阅读教学，是以教师自己的深入阅读为基础的，教师没有自己的阅读是无法进行阅读教学的。其实，即使不采用共生阅读教学方法，教师不读文本，就不可能真正落实以理解文本为基础的策略。我们曾专门写文章谈论过语文教师的文本阅读，这里就不再展开。

以文本理解为基础，要求教师弄清楚什么是"文本理解"。是不是文字上没有障碍，就是文本理解呢？是不是参考书全看懂了就是文本理解呢？是不是文言文能翻译、能"串讲"就是文本理解了呢？我们以为都不是。阅读学是一门专门的学问，有兴趣的教师可以自己读一点这方面的书。我经常和教师们讲的是其中最简单的道理，即要把握文本理解的三重意义：作者意义和文本意义；社会意义和历史意义；个性意义和读者意义。任何文本，从一个词句到一篇文章到一部著作，都有这三个层面的理解。对这个道理的解释，各人的说法并不一样，这里是我以为比较好懂的一种说法。所谓文本意义，就是文本符号组合在一起能够反映的意义，所谓作者意义，就是作者写这个文本所要表达的是什么。所谓社会意义和历史意义，就是一个文本在流传的过程中在不同的阶段和不同的环境中表达的意义。一个文本就像一个孩子，从妈妈肚子里出来，就是这个社会的，不再完全属于他妈妈，它会有自己的"主张"。所谓读者意义和个性意义，即人们常说的一千个读者一千个林黛玉。

其实，作者意义和文本意义，历史意义和社会意义，读者意义和个性意义，并不完全相等。为了简单化，我们姑且这么说。举例说，我们的成语现在常用的意义，已经绝大多数不再是原初的意义。所以，我坚决反对考查成语使用对错的判断。成语正因为错用才具有了生命力和创造性。比如，桃之夭夭这个成语，文本意义是什么呢？"桃之夭夭，灼灼其华"，大意就是"在那桃花盛开的地方"，跟逃跑一点关系都没有。逃跑，溜之大吉，就是"逃之夭夭"的社会意义和历史意义。什么时候有这个意义的呢？谁也不知道。可以肯定的是，原文作者和文字符号上没有这个意义。这个意义是怎么形成的呢？肯定是一开始有人无意或者有意谐音来表达逃跑这个意思，后来得到很多人的认同。大家都这样用了，于是这个词语就有了新的意义。一篇作品也是如此。苏轼的《水调歌头·明月几时有》，作者原来表达的是兄弟之情，现在早就不限于兄弟之情了。元稹的"曾经沧海难为水，除却巫山不是云"（《离思五首》），原来表达爱情的坚贞，现在几乎没有人再这样运用了。至于说到一部著作，塞万提斯的《堂吉诃德》是最典型的例子。作者原意很清楚，是要讽刺骑士文学，但现在很多人将堂吉诃德看作正面形象。《红楼梦》的作者意义，到现在都没有人知道，曾经成为主要说法的主题是"以宝黛爱情为主线，以四大家族的崩溃，反映封建社会的必然灭亡"，这肯定不是曹雪芹的原意。有人说，这种理解根本就是错的。我们以为也不错，这就是《红楼梦》的社会意义和历史意义，是一定历史时期和一定社会阶段的理解。而对于《红楼梦》不同个性的解读非常多，鲁迅先生的一段名言大家都很熟知，我自己先后就有过两种不同解读。

　　认识文本理解的基本规律，不仅对我们解读一篇具体的文本非常有价值，还为阅读教学带来了丰富的教学资源和巨大的教学空间，同时对培养学生解读文本的能力和从不同角度认识事物的能力，也非常有意义。但它对语文教师的阅读教学提出了非常高的要求。因为简单一元解读（只有一种解读是对的）和简单的多元解读（所有解读都对）是最容易的，而要做到多元解读和一元解读的统一，对教师的要求很高。有些教师的阅读教学就是简单的一元，对照参考书的答案，对照自己的答案，差一个字都不行；而有的老师则是简单的多元，学生不管怎么回答，都有道理，都很棒。这两种做法都有害，都不负责任。所以，我常常提醒语文教师们：语文的答案不是唯一的，但不是所有答案都是对的，语文教师的责任就是告诉学生，哪些答案是对的，哪些是不对的，哪些答案是最好的，哪些答案是需要修改的。教学的责任就是帮助学生由不太好到好，就是让学生由错到不错。

　　以文本理解为基础，要求语文教师具有处理文本的基本能力，能够科学合理地选择教学内容，设计和组织教学活动。语文教师阅读教学的文本处理，大致要经历这样几个环节：文本解读—文本解构—文本重构—内容选择—内容整合（活动设计）。这是一个需要专门论述的问题，这里不能细讲。简单地说，文本理解就是前面说的能从不同层面理解文本，形成对文本透彻的并有自己发现的理解。文本解构，就是一个语文教师要善于拆卸文本，就像修电视必须能拆电视。文本重构，就是把拆卸开的文本进行重新组装、还原，不仅能够还原作者的作品，还能在还原中加深对文本的理解，有自己的阅读发现。内容整合，就是将从文本中发现和选择的教学内容，进行合理的加工，形成教学活动，或者说通过具体的教学活动设计，体现教学内容。我曾专门撰文谈过教学内容的选择，提出了阅读教学内容确定的"四三原则"。其中的"四"就是要考虑课程标准的要求、考试要求、文本的特点和学生的需要。"三"就是阅读教学文本处理的三个层次：意义（内涵）理解；形式理解；语言理解。我们常常看到，有的阅读教学只教内容，有的阅读教学只教语言。这些都是阅读教学内容的严重缺失。当然，这三个层面的内容，不是简单的相加，而是互相整合在一起的。整合得好，一箭三雕，课堂就丰满，就有张力，就能给学生带来阅读教学的享受；三者互相割裂，互相伤害，就"一损俱损"，都得不到落实。

以文本理解为基础，最重要的是要教给学生理解文本的方法。理解文本有哪些方法呢？我常常说，语文没有什么新方法，只有没有用好的方法。阅读教学也是如此。

诵读和默读，是理解文本最基本的方法。有的教师会说：我们一直用的就是这样的方法啊。可果真这样吗？课堂里有朗读有默读，我是承认的，但是不是将朗读和默读作为学生理解文本的方法呢？值得讨论。我们曾在多种场合讲过阅读教学中朗读的形式化问题。这些问题的另一面，就是没有将朗读作为理解文本的方法。比如，动不动就齐读。齐读能有助于文本理解吗？至少对于理解文本而言，齐读不是最好的朗读方法。有的教师说，我是检查朗读的字音和句子停顿是否正确。但齐读之中，你能听出字音和句子停顿是否正确吗？这就是形式主义。再比如，动不动就是录音的朗读。那些播音员和演员对文本的理解是最恰当的吗？他知道你的教学需要和学生的需要吗？他能有目的地为学生的文本理解服务吗？更让人无法理解的是，课堂指名朗读都是让普通话好的同学读。课文朗读不是普通话比赛，普通话和文本理解之间没有必然的对应关系。只要想想我们自己是怎么朗读的，就知道该怎么要求学生。至少我是喜欢一个人在家放开喉咙恣意朗读课文的，不计较普通话是否准确，也不在意什么朗读技巧，爱怎么读就怎么读，有时候简直是"放浪形骸"。但我觉得真的读进了文本。那感觉真的很爽！

至于默读，则是更加重要的方法。因为，无论是考试中的阅读，还是生活中的阅读，都是以默读为主。默读最没有技巧，如果有，就是沉下心来读文本。可是我们阅读教学中默读的最大问题，就是让学生没有办法沉下心来读。我在几个不同的讲座中举过同样一个例子。

教师说"同学们，请阅读课文第三段至第五段，思考下面三个问题（PPT 呈现问题）。给你们5分钟时间，好吗？"学生们自然都说好。然后，学生开始读书。我们的教师要么和这个学生指指点点，要么和那个学生亲近亲近，要么在行间来回走动，要么提醒大家阅读的速度，要么对一些同学提出表扬，甚至有的还要播放背景音乐。过了一会儿，教师看看手表说："好，时间到，开始讨论。"于是就讨论。过一会儿，教师又看看手表说："好，开始交流。"于是就交流，教师指名同学发言。教师起初是满面春风，和蔼可亲，一连叫了3名学生，回答都不靠谱，脸色开始晴转多云。经过一番扫描，找到一个他认为有把握的学生，用殷切的目光看着他，充满期待地说："某某同学请你来回答这个问题。"没想到，某某同学的回答也是不靠边。教师终于绷不住了："某某同学，你怎么也回答错了呢？"

这个案例，可供我们分析的内容很多，我们这里主要谈默读的问题。第一个问题是，学生读书时，教师骚扰实在太多，无法让学生沉下心来默读；播放背景音乐也没有道理，大家都知道学生一边看书一边听音乐不是个好习惯。更重要的问题是，学生的问题回答为什么都不靠谱呢？没有充分的阅读时间是主要问题。让学生读三个自然段，思考三个问题，给5分钟时间，是根据什么确定的呢？很显然，教师们的考虑是：我一节课45分钟，这个环节，只能给你5分钟。可是5分钟，学生能完成这样的任务吗？那他不管。我们是语文教师，5分钟差不多才看完那三个自然段，那三个问题我们也大多没有想好；当然，执教教师事先不准备好，自己也答不出来。还有的时候，说好5分钟，其实只给了4分钟。因为想到后面时间很紧，就偷偷减掉了一分钟。这样的默读活动，只是为了完成教师的一个教学活动，一个教学环节，而不是让学生通过阅读理解文本。长期如此，对学生的阅读习惯和阅读方式产生了非常严重的负面作用。事实上，中考和高考考场上学生匆匆阅读、匆忙答题的不良行为，与阅读课堂上给学生阅读课文的时间普遍不足有着紧密的关联。

除了朗读和默读，层次分析和内容归纳也是重要的阅读方法。

新课程改革之后，经常有教师问我：现在阅读课能不能分析层次呢？能不能概括大意呢？我说：谁规定不能了？他们说：虽然没有人规定，但公开课从没有人分析层次和归纳大意。这的确是事实，但我会告诉他们：层次分析和内容归纳是重要的阅读能力，也是重要的阅读方法。

我们都知道，高考的现代文阅读得分普遍比较低，越是大分值的题目得分越低。我们有的教师注意到，原因是学生的回答没有要点意识，回答了很多，但不得要领，说了很多，其实就是说了一层意思。于是，教师就指导他们要把回答的话分成几个要点，可是得分并没有提高。因为回答的内容是交叉的，重复的。这些教师的指导主要是从技法入手，没有看到问题的本质，所以效果不大。从根本上说，失分的原因是学生缺少从不同角度看问题的能力；从阅读的角度看，是没有厘清文章的思路。所以，我总和我的学生说，不管是否有关于文章思路的题目，你总要先把文章的思路理清楚，由什么说起，先写什么，后写什么，再写什么，前后内容是什么关系。其实，这就是一个分析层次和归纳大意的过程。以这样的理解为基础，答题时再从不同层次去思考要点。全文如此，一些比较长的段落的阅读也是如此。这样就可以提高答题的质量，这样的要点就能避免重复和交叉。我自己觉得效果不错。

层次分析和内容归纳，不仅是考试阅读的有效方法，从长远的角度看，从终身发展的角度看，也是有用的阅读方法。我们读书看报，或者读一份文件，总要厘清它的思路和结构，看看主要话题是什么，是从哪几方面展开的。听人说话，也是如此。对方说了几层意思，先说什么后说什么，为什么这样说，这样一步步分析，才能明白对方的用意。不知道为什么大家的阅读课都不再分析层次和归纳内容了。

当然，我们这样说，并不是仍然要回到以前"介绍背景—分析层次—归纳大意—中心思想—写作特点"的僵化思路上去。每篇课文，都是层次分析、内容归纳肯定是不对的，因文而异进行层次分析和内容归纳的训练是必需的。还要注意的是，分析层次，一般情况不必过于计较层次的起始。有时候，这个问题很重要，更多的时候并不十分重要。我们的目的，并不在于明确哪一种分析是唯一正确的答案，而在于厘清思路，而在于让学生学会运用这样的方法进行阅读。内容的归纳训练，我以为更应该加强。不会归纳，说话不得要领，是很多同学的问题，也是考试丢分的重要原因。明明是一个小问题，我们学生一开口就滔滔不绝，说一大堆，你让他用简要语言回答，却做不到。这是缺少训练的缘故。

知人论世和以意逆志，是古人总结的一种有效的阅读方法。其实，这也是常用的阅读方法。我们语文教师，似乎都在用，但又都没有把它作为阅读的方法教给学生。说得明白一点，所谓知人论世，就是作者和背景介绍。我们的语文课，背景介绍都是有的，但基本和文本理解，尤其是和学生理解文本的需要没有直接关联。比较普遍的做法是，上课开始来一段背景介绍，为什么介绍，介绍哪些背景，在什么时候介绍，如何和学生的文本理解发生关系，大家考虑得不多。我注意到，高中教师介绍杜甫，和初中教师介绍杜甫没有什么不同，学习这首诗的介绍和学习那首诗的介绍，也并没有多大差别。比如，理解王安石的"春风又绿江南岸"，知道了王安石写诗的背景，对诗句中隐含的感情就会有深刻的理解；对《背影》中父亲爬过月台买橘子的细节的理解，知道了父亲当时的"老境"，知道了朱自清和父亲多年的关系失和，对父子感情就能理解得更到位。但我以为这些背景都不宜在教学起始时介绍，或者说不宜一步到位进行介绍。一位教师教学食指的诗歌《这是四点零八分的北京》，开始用了近 20 分钟介绍时代背景，可是后面学生对具体诗句的理解产生困难时却显得束手无策。很显然，这位教师不知道介绍背景就是知人论世。

以意逆志，出自《孟子·万章上》，原句是：故说《诗》者，不以文害辞，不以辞害志；以意逆志，是为得之。即我们理解作品，要从作品的整体出发，由表及里、由浅入深地理解诗作的主旨，要用读者自己的切身体会去理解作者的内心世界，推测作者的本意。在我看来，这也就是我们经常说的还原阅读。一是把作品还原到生活，把作品中的人和事还原为生活中的人和事；二是把作品中的作者还原为生活中的作者；三是把作者或人物还原为读者。比如，鉴赏诗歌，就是融进自己的生活经验去读诗，也就是把自己当作诗人，然后"将心比心"去领会、推测诗人在诗中所寄寓的情感，从而理解诗歌的内容和主旨。这就是"以意逆志"的诗歌鉴赏方法。诗歌鉴赏如此，其他作品的阅读也是如此。

2. 以问题探讨为引领

通过问题的提出和解决推进阅读教学的进程，这是大家都知道的常识。但怎么通过问题来引导阅读教学的展开，有很多不同理解，也有很多不同的做法。

在有些教师看来，提问题就是为了找答案。所以，阅读教学的过程，就是不断提问题不断找答案的过程。我调侃说，找到答案就眉开眼笑，找不到答案则死不瞑目。找到答案，教师板书，学生记下来，再找下一个答案；找不到答案，就 PPT 出示，读一读，记一记，完成任务。这种以找答案为核心的问题教学和阅读教学仍是比较普遍的现象。这让我们想到警察训练军犬。教官拿个小球在小狗的鼻子上擦一擦，向远处一扔，小狗跑过去，把小球衔过来，拍拍脑袋，给它吃一点东西作为奖励，然后再把小球一扔，警犬又跑过去衔。不少语文教师也是这样，不断提问题让学生在文本中去找。如果第一只"小狗"就把答案找出来了，他就觉得教学很成功。其实，第一只"小狗"就把球找到了就是无效教学。因为第一只"小狗"找到了，不代表其他"小狗"都找得到。第一只"小狗"找到了，是它本来就有这个能力，并不是你教学的结果；而其他"小狗"不会找，找不到，你却不管了。

有些教师为了让学生能够又快又准地找到答案，于是把问题设计得简单幼稚没有一点张力。曾经听到过一个笑话，说"文化大革命"中一位教师教学毛泽东的《七律·送瘟神》，针对其中的诗句"春风杨柳万千条，六亿神州尽舜尧"的提问是：春风杨柳多少条？多少神州尽舜尧？可以想见，学生的回答一定是"响亮而整齐"的。但对阅读有什么意义呢？时至今天，这种"春风杨柳多少条？"的提问并不鲜见。钱梦龙先生就说过一个有过之而无不及的真实案例。一位教师教学《纪念白求恩》，针对开头一段的提问是：白求恩同志多大年纪了？是哪个国家的共产党员？为什么要不远万里来到中国？到中国来是受哪些国家共产党的派遣？去年春上到延安后来到哪里工作？一个外国人把中国人民的解放事业当作他自己的事业，这是什么精神？这看起来有点像笑话，其实是真实的故事。因为在很多教师看来，教师提问与学生回答要无缝对接，才是成功的课堂，因为这样可以很快找到答案。可以说，教师提问题，学生找答案仍是阅读教学比较盛行的一种做法。最近两年的全国课堂教学比赛中，这样的提问仍然很多。

我们认为，阅读教学中提出问题的主要目的是，要引领学生开展阅读活动，深入理解文本，在问题讨论中学会阅读。我教学王安忆的《我们家的男子汉》，几个主要问题是：读这篇课文，你有没有不懂的句子？文章题目为什么说"我们家的男子汉"而不说"我家的男子汉"？你有没有发现文章结构上有什么特点？文章中的小标题一般有什么作用？本文的小标题是否都能够统领后面的所有内容？如果我们用人物的语言作为小标题，分别用哪些句子比较好？换了的小标题和原来的标题有什么不同？从这些语言可以看出人物什么特点？你认为男子汉精神最主要的内涵应该是什么？这些问题，都不是为了找答案，或者说不能从文章中直接找到答案，而是为了引导学生认真阅读文本，在阅读中学会阅读。可我们有些课堂中的问题讨论却完全脱离了文本，甚至误读了文本，背离了文本。

一位教师教学韩愈的《师说》，当教师讲解"古之学者必有师。人非生而知之者，孰能无惑？惑而不从师，其为惑也，终不解矣"时，有学生站起来说："我认为他的这个观点不正确。"教师问道："为什么不正确呢？""因为古代的学者未必都要有教师，有了疑惑以后也未必都要'从师'，其中也不乏自学成才的，如王冕、孙康、苏秦等。""那你的观点和看法呢？""我认为韩愈的观点过于强调了教师对学生学习的主导性作用，忽视了学生在学习中的主体性地位和作用，这是一种不鼓励学生自主性学习的极端表现。"这位同学的大胆质疑引来一片赞叹声，教师也对该同学进行了表扬："很好，看来你是进行了认真大胆的思考，你认为韩愈的观点与现行的新课程下教学新理念是背道而驰的吧！那么，哪位同学还有其他不同的观点呢？"另一个学生立即阐述了不同的观点："我认为韩愈的观点是正确的，要想成为一个学者，是必须要有教师指导的，这样可以少走弯路，况且在那个时代个人自学成才的环境因素是受到严格制约的。"该观点也马上也得到了一部分学生的支持。课堂上立即形成了两派针锋相对的局面，该教师随即调整了预定的教学策略，"很好，下面我建议同学们现在分成两个小组进行辩论。"学生迅即分成了正方（赞同韩愈的观点）、反方（否定韩愈的观点）两个阵营进行辩论。双方围绕着教学中师生之间的关系和地位以及社会背景，教育环境，人才培养的目标、模式、评价的标准对教学中师生关系的影响等方面进行了激烈的讨论。最后，教师对讨论进行了总结，他首先肯定了学生们能够主动提出问题、分析问题的勇气、智慧和能力，同时要求学生们课后查阅资料再进行思考，分析韩愈为什么会形成这样的观点，并结合现实中的教育教学改革，就当前教学改革中师生之间的关系问题写一篇小论文阐述你自己的看法和建议。整堂课就这样在同学们的激烈争论中结束了。据说这节课引起了评课者的争论。一种观点肯定了这位教师及时调整教学安排的做法，一种观点认为这样偏离原定教学安排的做法不妥。而我们认为这并不是问题的关键。问题的关键是，这个问题的提出和讨论完全背离了文本的内容，曲解了韩愈的观点。因为韩愈的"师"并不是"授之书而习其句读"的"童子之师"，而是"传其道解其惑"的教师，是"圣人无常师"之师，是"三人行，则必有我师"之"师"。而这个讨论中双方观点中的"师"都不是韩愈所说"师"。这种远离文本内容的问题讨论对于阅读教学来说是毫无意义的。

　　阅读教学以问题探讨为引导，其主要目的还在于培养学生的问题意识。有位外国教育专家说：教学的最大成功，就是让学生有了问题。我们也始终认为，问题意识的培养对于学生学会阅读是非常重要的。但问题意识并不是凭空培养的，借助文本的阅读，用教师的问题引发学生的问题，是很有效的方法。阅读教学采用以问题讨论为引导的策略，既可以加深对文本的理解，又可以在阅读中培养问题意识。要解决问题，先要发现问题。遗憾的是，我们现在的语文教学，尤其是阅读教学，基本都是回答别人的问题，而没有自己的问题。教师是如此，学生更是如此。教师根据别人的问题教学，学生根据教师的问题找答案。其结果是，面对试卷上的问题，学生常常还是束手无策。如果我们的教师面对文本，能够在阅读中形成自己的问题，我们的学生也能够在阅读产生自己的问题，那么，拿到中考试卷、高考试卷，面对阅读材料，我们或许就会很自信地想：你命题人出的题目，不外乎也就是那么几个。一看，果然不出所料。这样对付考试，也就轻松了。

　　从某种意义上说，学生能够提出问题，是阅读教学成功的一个重要标志。但我们又不能简单地把学生的问题直接作为引领教学过程的问题，教师必须对学生的问题进行处理和加工。阅读教学中直接用学生的问题引领教学活动，很容易造成教学的随意和无效。一位初中教师教学一篇小说《一条毛毯》。故事的大意是：一家三代人生活在一起，爷爷、儿子和孙子。儿子找了个对象要结婚了，女方要求他必须把自己的父亲送到养老院去。儿子舍不得父亲，又不能不送，买了一条毛毯送给父亲。孙子知道后很不开心，就把毛毯剪掉了一半。爸爸问其中的缘故，儿子说，现在爷爷到养老院送一半，还有一半等你上养老院我再送给你。有位同学提问：这个小孩子的妈妈哪里去了呢？教师让同学们发挥想象，思考小孩子的妈妈到哪里去了。学生的答案很丰富，课堂上真的很精彩，很热闹。有的说是死了，有的说是离婚了，有的说是出走了。可是这样的精彩和热闹，与文本的解读无关，更不能真正培养学生的问题意识。如果能够将学生们的关注点转移到"新妈妈"身上，则能将一个没有意义的问题转化为有价值的教学问题。一位小学教师教学《塞翁失马》，让学生们提问题。一名学生的问题是：塞翁失去的是公马，还是母马呢？教师说："这个问题提得太好了！好，同学们讨论。"于是分组讨论，结果当然可想而知，公马还是母马，还是弄不清楚。一位小学教师教学《鹬蚌相争》，有名同学提问："鹬咬着蚌的嘴，蚌咬着鹬的嘴，它们怎么能够说话呢？"教师也是让学生讨论，结果当然也是不了了之。从教育的角度讲，小学生的提问不必计较对与错，能提问题就了不起。但从阅读教学的角度看，教师不应该跟着学生的思路跑。教师如果能在鼓励的同时，适当加以引导，或许效果就会大不相同。你觉得是公马还是母马呢？你有什么根据吗？你怎么会想到这个有意思的问题呢？鹬没有咬着蚌的嘴，蚌没有咬着鹬的嘴，它们能够说话呢？然后再告诉同学们，让那些不会说话的动物和我们人一样说话，这就是寓言的特点。这样既能鼓励学生提出问题的积极性，又能引导学生围绕教学内容进行有价值的思考。所以，教师既要能用自己的问题引导学生发现问题，引导学生提出有意义的问题，还要能对学生的问题进行筛选和加工，引发出有价值的教学问题。说到这里，我想到于漪老师的一个经典案例。于老师教学《宇宙里有些什么》，一个学生问："一千万万颗星星是多少颗星星？"有位同学很不屑地说："一千万万颗星星不就是一千亿颗星星吗？"说得提出问题的学生十分自卑。可是于老师却发现了这样看似简单，甚至幼稚的问题背后的教学价值。她问："既然一千万万颗星星就是一千亿颗星星，为什么课文不写成一千亿颗星星呢？"于是学生们围绕这个问题展开了讨论，最后明确：一千亿颗星星说成一千万万颗星星，是说明这是概数而不是确数，更重要的是这样的表达更能表现星星的多。最后，于老师还不忘让大家想一想这个问题是谁提出来的。这样的经典案例对我们理解阅读教学的问题策略是非常有意义的。

特别要注意的是，阅读教学中用来引导学生学习活动的问题，一定要来自于文本，一定要来自于教师的"亲自"阅读，一定要来自于立足学生立场的思考。

在阅读课堂上，我们常常发现一些教师的问题，没有活力，没有张力，刻板僵化，不能激发兴趣，和学生总是有着太大的距离。教师在阅读教学中让学生解决的问题，应该是学生通过文本阅读能够解决的问题，而且是学生阅读这篇文本应该解决的问题。我们在听课时常常发现执教教师提出的问题，很多是我们听课教师都无法解决的，有的则是阅读有关文本根本无法解决的问题。苏教版初中语文教材七年级的第一篇课文是赵丽宏的《为你打开一扇门》。这是根据作者的一篇文章改写的课文。文章很短，主要是让学生了解文学的魅力，引导学生热爱文学，喜欢读书。可一位教师教学时，让学生思考的主要问题是：文学的基本功能是什么？有的学生说文学总是讲故事，有的学生说文学很感人，有的学生说文学很美。作为七年级新生，学生这样的回答应该说已经很了不起了。但教师总觉得不满意，最后，其用PPT出示了自己的答案，大意是文学的功能有：一是社会功能，二是怡情功能，三是审美功能，四是教化功能。我们不仅要问：七年级学生要思考这样的问题吗？阅读这篇课文能解决这样的问题吗？无疑这都是教师立足于自己的立场一厢情愿地提出的问题。一位高中教师教学王羲之的《兰亭集序》，让学生思考的主要问题是：作者为什么要写《兰亭集序》？《兰亭集序》中的诗是怎么写出来的？《兰亭集序》的文化意义是什么？如果不是研究《兰亭集序》的专家，这样的问题真的很难回答。高中生阅读《兰亭集序》，这些是要解决的主要问题吗？一位教师教学《项脊轩志》，让学生想一想作者写这篇文章的时候，欧洲文艺复兴是什么时期，同一时期中西文学有什么异同。我知道这位教师肯定读了相关的文章和书籍，而且自己很喜欢。但教师知道的，学生未必应该知道；教师自己喜欢的，学生未必就应该喜欢。有一位初中教师教学《再别康桥》，让学生思考：如果作者读这首诗，会怎么读？诸如此类的问题，有的来自于参考书，有的来自于试卷、练习和各种资料，有的来自于教师的主观想象和自我感觉，完全脱离了学生的阅读需要，所以无法真正推动阅读教学的进程，更不能引导学生的阅读。

　　阅读教学中，教师还要能够引导学生学会解决阅读中的问题，培养他们解决问题的能力。

　　尽管我们说，发现问题有时候比解决问题更有意义，但引导学生解决问题，仍是阅读教学的应尽责任，尤其是对于中学语文教学来说，尤为必要，毕竟中考和高考是无法回避的问题。可是我们的阅读教学，常常既不能引导学生提出问题，也不能引导学生有效解决问题。有一位体育教师听了几节语文课之后对我说："你们语文教师上课，总是提问题让学生回答，学生说一通之后，用 PPT 出示答案了事；学生提的问题，还是让学生自己解决，这个学生提的问题让那个学生回答，那个学生提的问题让这个学生回答。要不然就是分组讨论，实在不行就举手表决。教师自己总不解决问题。就像踢足球，总是传球，就是从不射门。连我都能教语文了。"这位教师是在开玩笑，但说的也是实情，而且切中要害。一次听课时，一位教师看到学生意见分歧很大，相持不下，他及时明确表达了自己的意见。比之于很多坚决不发表自己意见和一些教师肯定一切意见的做法，他还是一个负责的教师。但有几名同学就是不认同他的意见。无奈之中，这位教师拿过讲台上的一本教学参考书，对学生说："你有什么不服气的？你看，教学参考书就是这么说的。"参考书的意见是否一定正确，另当别论。但这种解决问题的方法，很不可取。至少说，他是以"书"压人，以权威压人，并没有真正解决学生的问题，更没有引导学生怎么解决问题。当然，我们不是说，所有问题一定要在课堂上给学生一个明确的答案。我们的意思是，该明确的要明确，该存疑的要存疑，该共存的要共存，该纠正的要纠正。是非不分，含糊其词，简单否定和肯定，很容易混淆学生的判断，搅乱学生的思维。

　　现在有两种阅读课是典型的什么问题也不解决的课。一种是很多教师追捧的圆满成功的课。我把它概括为"四个一"：一问就答，一答就对，一呼百应，一答了之。即教师一提问，学生就抢着回答，而且基本是一起回答，一答就对。执教教师非常得意，听课教师十分佩服。我们说，这是典型的假课。当然这种假，不同于平时不预习公开课就拼命预习，更不同于上课前学生就知道了要回答什么问题提前准备好了答案。这种假，假在什么问题也不解决。什么是教学？教学的本质是教学生学会不会的。就是不喜欢的让他喜欢，不知道的让他知道，片面的让他全面，肤浅的让他深刻。而这种"四个一"的课，根本就没有"教"，当然也不需要"教"，因为学生本来就会。当然也有不会的，但被淹没了，教师听不到他们的声音，或者说他们也不敢发出声音。会的，本来就会；不会的，没有发现。这就是典型的虚假教学。还有一种典型的假课，叫"一键式"。现在很多语文教师上课，只要抱一个电脑，一切问题就解决了。打开 PPT 出示问题，学生读书思考再进行交流，教师出示答案，学生齐读答案记下答案。这里有教吗？没有。这里有学吗？也没有。所以，我们常常说：教学的过程，不是千方百计地让学生说出正确答案，不是教师用种种方式出示答案，而是让学生发现问题，让学生暴露他们学习中的问题，然后引导他们解决问题，引导他们自己发现错误从错误中走出来。这才叫教学。从考试的角度说，平时课堂上暴露的问题越多，考试卷上的错误就会越少。从教学论的角度看，解决问题，才叫学习成长。

　　3. 以语言活动为主体

　　钱梦龙先生说：阅读教学就是以文本为凭借的语言训练。要使阅读教学成为丰富充实的语文学习活动，组织语言活动是主要的方式之一。换一个角度看，语言活动也是实现阅读教学课程价值的基本策略。关于阅读教学中的语言活动，我们曾多次著文进行讨论。这里，立足阅读教学的基本策略再说几点想法。

　　（1）阅读教学中的语言活动一定要立足文本，引领学生加深对文本的理解

　　既然是作为阅读教学的一种策略，语言活动的主要目的，应该是为了引导学生深入理解文本，而且活动的设计应该植根于文本。

　　在这方面，宁鸿彬老师进行了积极的探索，积累了丰富的案例，形成了许多宝贵的经验。他教学《皇帝的新装》，有一个非常典型而精彩的语言活动，即让学生用一个动词概括文章的情节。学生说出了 12 个不同的动词，教师引导学生们讨论哪些

动词是不行的，否定掉了 6 个；再讨论，剩下的 6 个哪个最好，最后大家一致认为"骗"字最好；再讨论哪些人物之间有骗和被骗的关系，这些人物中间，核心人物是谁，为什么那么多人被骗，孩子没被骗呢。这个语言活动，看上去非常简单，但堪称经典的案例。它成功地引导学生读进去，再读出来，进进出出，来来回回；从思维训练的角度看，有发散，有聚合，撒得开，收得拢。我还经常举于漪老师教学《晋祠》的例子。其中有一个语言活动是让学生听写《中华名胜大辞典》中"晋祠"的词条，然后让学生分析词条的要点，再从内容要点、写作顺序、详略不同、语言特点等多角度比较课文和词条。一个常见而简单的听写活动，推动了整个教学过程，引领学生一步步一层层阅读文本，思考问题。我自己也经常做这样的尝试。我教《阿房宫赋》，将课文内容压缩为一段话，再留空让学生阅读填空。这个语言活动，就是引领学生初读文本，了解铺陈的基本特点。我教《葡萄月令》让学生用最短的文字缩写课文，和原文比较，认识文章说明文的内容、散文的意境、诗歌的语言这样的特点，并在此基础上解读作者葡萄一样的内心世界。我教学《孔乙己》，有一个重点环节是"写手"。先是每位同学自己找适当的地方补写，要求是切合上下文，符合人物特点；然后，全班一起补写孔乙己死的场景，一起讨论孔乙己死的时候的会是什么样的手，手里会有什么；最后，我又安排学生用中、西两种方式为孔乙己写碑文的活动。这些语言活动的主要目的是加深学生对人物命运的理解，而避免概念化的教学和简单的结论传递。

可是有些阅读课中的语言活动，只是把阅读文本作为一个引子，并没有促使学生对文本进行深入阅读。一位教师教学海伦凯勒的《再塑生命的人》，要求学生以"再塑生命就是……"为开头写一段话，谈谈对生命的理解。同时又提供了"愤怒、苦恼、寂静、黑暗、光明、美好、新奇、自由、希望、快乐、疲惫不堪、美不胜收、神情紧张、小心翼翼、花团锦簇"等一大堆词语让学生选择运用。这虽然是典型的语言活动，却没有语言形式和内容指向方面的具体要求。提供的词语既限制了学生语言活动的空间，干扰了学生的语言运用，同时也堵塞了学生的思维空间，影响了学生在语言活动中对文本的关注。学生或者拼凑几句对比，或者组合一个排比，语言似乎是有文采的，但内容非常苍白，既没有得到思维的训练，也没有得到语言的训练，同时对"生命"这个话题也没有深入的思考，对文章的理解也没有得到深化，言和义两方面都显得很空。也有些阅读教学的语言活动，其主要目的就是模仿高考或中考的某种题型进行语言运用题的训练，甚至还要梳理这种题目的基本类型，大讲题型特点和答题要领；也有的阅读课的语言活动，主要是从课外阅读和课外活动中获得信息和资料，甚至有时候问题就来自于课文外的资料，和阅读的文本关系不大。我们当然不是说这样的活动就没有意义，只是说这样的活动，还不能说是阅读教学的策略。

（2）阅读教学中的语言活动，必须有明确的语言要求和具体的内容指向

应该说，最近几年来，在阅读教学中组织语言活动的教师越来越多，但遗憾的是很多语言活动，却没有明确的语言要求和具体的内容指向。最常见的是，一些教师要求学生对某些内容进行概括，进行分析，进行归纳，进行比较，但最后学生的发言，既不概括也不分析，既不归纳也不比较，最后不了了之，甚至教师自己的"答案"也体现不出教师自己提出的语言要求。这种淡化甚至漠视语言要求的语言活动，对学生的阅读，对学生的表达，包括对学生的考试都是很不利的。记得我曾在一篇文章中举过的一个例子：一位教师教学辛弃疾的一首词，其中一个环节花了很长时间让学生对辛弃疾说一段话。在学生大发议论说了一通之后，教师用 PPT 亮出自己事先写好的"一段话"（其实是一篇文章），作者在每一段用一个比喻领起，然后围绕这个比喻句展开，融进了辛弃疾的许多词句。教师的文字的确不错，对辛弃疾的确也有很多想法，但作为花了较多时间的课堂语言活动，不仅对文本的理解意义不大，学生的语言训练也几乎是没有效果的。如果"说"的内容和所学的具体作品有一定联系，形式上对学生提出明确的要求，这个活动就有意义多了。有位教师教学《有的人》，最后一个活动是让学生说说自己愿意做什么样的人，然后 PPT 展示自己准备好的一段思想境界很高、用了很多对比和排比的话。我们姑且不说这种说教式的"情感态度"教育完全不符合语文学科的特点，其负面作用非常大；单就语言活动看，"怎么说"根本没有要求，学生都是说大话喊口号，缺少语言活动的应有价值。而这种"说一段话""说几个句子"式的泛泛而谈的没有具体要求的语言活动，似乎成了一种流行式。

（3）阅读教学中的语言活动要力求具有张力，要为学生提供足够的语言活动空间

阅读教学中成功的语言活动，既是阅读活动，又是语言活动，同时也是思想活动和情感活动。这就要求语言活动的设计和组织，必须为学生留下足够空间。就我们听到的一些课看，很多语言活动，还是课文内容的简单呈现，和阅读结论的简单重复和交流。上文举到的一位教师教学海伦凯勒《再塑生命的人》的例子，也存在

这样的问题。再比如，很多阅读课，教师让学生阅读课文后填一个表格，如果是记叙文，或者填写记叙文时间、地点、人物等几个要素，或者填写事件发展的开端、发展、高潮、结局等几个阶段；如果是议论文，就是填主要观点、分论点、论据、说理方法等几个要素。所填的内容，基本是课文词语的摘写。也有的教师让学生填"这是一个＿＿＿＿故事""这是一个＿＿＿＿的人"来交流阅读的思考和感受。复杂一点的，就是："这是一个＿＿＿＿故事，其＿＿表现在＿＿＿＿＿。""这是一个＿＿＿＿的人，因为他＿＿＿＿＿＿。""我喜欢＿＿＿＿＿的＿＿＿＿＿因为他＿＿＿＿＿。"这样的语言活动，的确也有它的独特价值，但语言活动的空间不大，对文本也缺少有深度的思考，似乎都没有体现语言活动这一策略的优势和特点。如果不用语言活动的形式，直接让学生回答，质量和效果未必就不好。与此类似的是，一些活动限制了学生活动的空间，缺少"活动"的价值，还主要是一张泛泛的思考和讨论。一位教师教学《亡人逸事》，自己把第一部分压缩为一段很短的文字让学生和原文比较其不同的表达效果。我们想，为什么不让学生自己压缩比较呢？很显然，教师越俎代庖的做法，限制了学生语言活动的空间，也限制了学生的思维空间。一位教师教学《怀念红狐》，其中有一个活动的设计是很有创意和语文学习价值的，即让学生比较原题和"我和红狐的故事"这两个题目的优劣。应该说效果是不错的。但我们觉得语言活动的张力显得不够。如果教师自己不要预设"我和红狐的故事"这个题目，而是让学生置换标题，然后再进行比较。我们相信一定能够引导学生更为深入地理解文本，更为全面地理解文本，其活动的张力和效果显然是不一样的。

　　我们以为，好的语言活动，应该体现对文本的深度加工，应该体现对问题的深入思考，应该是语言形式的综合运用，应该是切合要求的个性表达。有的教师教学食指的诗歌《相信未来》，让学生自己选择诗歌的某两个段落之间插写一节诗。我以为，这就是比较有张力、有空间的语言活动。学生完成这个活动，首先要思考这两节之间的关系，又要认真分析前一段诗句形式的特点，同时要考虑诗句的感情取向和前后段、全诗和谐一致，这就不是简单"说几个句子""写一段话"所能达到的效果。一位教师教学朱自清的《春》，让学生模仿原文的结尾"春天像刚落地的娃娃，从头到脚都是新的，它生长着。春天像小姑娘，花枝招展的，笑着，走着。春天像健壮的青年，有铁一般的胳膊和腰脚，领着我们上前去"的句式续写一个句子，我觉得也是异曲同工的语言活动。要用比喻、拟人，要注意句子的节奏，要注意思想感情的一致，真是一箭三雕。我在很多讲座中说到过自己教学《神奇的激光》这个教学案例。有一次听一位教师教学这篇课文，评课时大家都说这篇课文难教。说明文，说的知识学生不熟悉，又比较长，结构也比较松散。我说，没有绝对好教的课文，也没有绝对不好教的课文，不好教是因为我们没有找到好的方法。大家起哄，黄老师那你来教教看。我说给我几天时间，于是我就反复读课文。读了几遍之后，脑子里灵光一现，终于有了发现，我觉得有办法了。于是我给大家教了一次。我的教学过程很简单。①检查预习，明确说明对象和内容。②思考交流：如果写一篇300字左右的文章介绍激光，文章中哪些内容可以删掉，剩余的内容是从哪些方面介绍激光的。③语言活动：从文中摘取信息，组成一个不超过30个字的长句或语段说明激光是什么。④讨论：300字可以，30个字也可以，作者为什么写3000多字？写了什么内容？这些内容有什么作用？⑤讨论：三种写法各有什么特点？分别适宜什么样的要求？如果介绍激光，什么时候要用30个字？什么时候需要用300个字？什么时候需要用3000多字？我自己觉得，这是阅读教学中采用语言活动为主体的策略，化难为易的比较成功的一个案例。

必须强调的是，语言活动的设计必须符合语文的学习规律。一位教师教学屠格涅夫的散文《蔚蓝的大海》，用PPT出示了一段和课文不同的译文，然后让学生讨论，课文的译文和PPT的译文哪一个更好。这一活动花费了很多时间，学生的讨论是热烈的，教师的引导也是很投入的。评课时，有不少教师对这个教学活动予以很高评价，甚至有教师认为这很好地体现了我提出的"以语言活动为主体"的阅读教学策略。但我们不能不说这个活动是失败的。因为要比较译文的好坏优劣，前提是必须懂得原文。在原文不出示的情况下讨论哪一个译文更好，是完全违背语文学习规律的。更何况教师和学生都不懂得俄文。与此类似的是，有位教师教学郁达夫的《江南的冬景》要求学生阅读课文中的几个画面，选择一个画面用规定的词牌填一首词。除了几个这方面有良好积累的同学，绝大多数同学的"诗""词"写得不伦不类，实在不敢恭维。因为这种做法完全违背了语文学习的规律。

阅读教学中的语言活动形式是非常丰富的，只要我们用心于文本的研究和语言活动的研究，就一定能设计出因文而异的高质量的语言活动。但我们特别强调概括和分析这两种语言活动的基本形式。我们在很多场合下强调概括和分析这两种语言活动的重要意义。事实上，无论是从考试的角度看，还是从终身发展的角度看，这两种语言运用的基本能力都是很重要的。我们在讨论阅读教学的第一个策略时曾经提到这种读书方法，其主要目的是讲如何理解文本。这里从语言活动策略的角度看，它们也是一种很有意义的语言活动策略。

有教师问我：好的语言活动从哪里来？我告诉他们说，从文本中来，从教师对文本的阅读发现中来。我教《阿房宫赋》用一段缺空的文字让学生阅读课文填空，让学生用3个字概括文章的思路和宗旨。说真的，填空的答案正确与否都是次要的，目的在于引导学生深入解读文本。但形成这样的语言活动的创意，则要求教师先非常深入地阅读文本。

四、本色语文的写作教学的基本定位和基本策略

（一）作文教学的基本策略

中学作文教学是什么，中学作文教学应该教什么，中学语文为什么要开作文课，中学作文教学应该让学生学什么样的作文，应该培养学生什么样的写作能力，这些问题就是中学作文教学的基本定位。可是对这些问题，很多教师从来没有思考过，甚至并不关注。不关注不思考有两种可能。一种可能是智者，他没有想清楚，但是他能做得很好，"随心所欲而不逾矩"，这是教育的最高境界，是荀子说的以其昏昏使人昭昭。但更多的人达不到这个境界，那只能是以其昏昏使人更昏。这就导致了中学作文教学很多混乱的现状。王荣生老师通过一项调查发现，不少中学语文教师是没有作文教学的。我的理解是，所谓没有作文教学，一是指没有正常的作文课，二是指没有明确清晰的作文教学思路，三是对学生写作能力的提高没有有效的做法。如果我的理解大致不错，王老师的结论应该是切合实际的。据我们所知，能有计划地正常地开展作文教学的教师并不多，能切实有效地对学生的写作发挥引领指导作用，帮助学生提高写作能力的教师也不多，即不少教师对中学作文应该教什么应该怎么教并不清楚。反过来说，作文教学不作为或者乱折腾的绝不是个别。而这都与对中学作文教学的课程价值缺少应有的思考和清晰的认识有关。

那么中学作文教学的基本定位是什么呢？这个问题要从不同角度回答。

1. 从课程目标的角度看，中学作文教学的基本任务就是培养学生的公民写作素养

什么叫作公民写作素养呢？即一般公民的日常生活所需要的写作素养。简单说，就是能够用书面语言清晰地表达自己的思想和感情，也就是能够达到写作的基本要求，能够做到文从字顺，言之有物，能够掌握常用的表达方式和基本的写作方法，学会常见文体的写作。

为什么这么说呢？

首先，是由中学教育的性质决定的。中学教育，包括高中教育，仍然是基础教育，它的总体目标都是培养公民的基本素养。语文学科当然是培养学生的语文基本素养，写作也就是培养学生的写作基本素养。其次，是由人的基本素质决定的。绝大多数人各方面基本的素养都是普通水平，或者说都比较接近普通水平。只有少数人在某一方面具有特别超长的天赋。数学特别好的，绘画特别好的，音乐特别好的，跑步特别好的，都是极少数人。自然，写作天赋好的，也是极少数人。再次，也是由班级授课制这样的学校教学方式决定的。班级授课，某种意义上就是工厂化生产。工厂化生产出来的只能是工艺品，而不可能是创作的艺术品。尽管我们从理念上强调教育对个性的培养，但班级授课要实现这一目标是非常困难的，效果也是非常有限的。教师如果能够包容而不扼杀个性就是非常不容易了。

最主要的是，这是由写作规律决定的。古人说：诗有别才。其实，文章写得好，都有别才。就像不是所有人都可以将围棋下到聂卫平那样的境界，不管你怎么勤奋都不行。同样，不管你用什么样神奇的教学方法，都不能培养出鲁迅和莫言。我们反复强调"基本"，就是强调公民写作素养而不是特长培养，也不是竞赛作文，更不是培养作家。鲁迅是学校培养出来的吗？莫言是学校培养出来的吗？韩寒是学校培养出来的吗？都不是。谁都知道，作家不是培养出来的，更不是学校教育培养出来的，不用说一般的中学，北京大学那样的大学也培养不出作家来。竞赛获奖是培养出来的吗？我们说也不是。有些教师班上有两个学生作文得奖了，他就以为是他的功劳；班级上有同学发表文章了，他也以为是他的功劳；班级上有同学出书了，他也以为是他的功劳。说这和你有关系，我信。因为你没有因为要考试而扼杀了这些孩子的写作兴趣和天赋，可能你还培养了他的兴趣，使他的天赋得到更好的发挥和展示。但说是你教出来的，我就不信了。我要问，你女儿获奖了吗？你儿子发表文章出书了吗？我随便指定一个学生给你，你能保证让他获奖吗？更重要的是，即使是你教出来的，不能说你就是一个好的中学语文教师，因为你的主要责任是教好所有学生，至少是绝大多数学生能写好文章，提高他们的写作能力。

但现在有不少人不是这样认为的。有的人把文学创作能力的培养作为中学作文教学的主要任务，尤其是新课程改革强调人文性之后，"语文就是文学""语文主要是文学"的观点仍是很多人的主张。有些人虽然不是倡导文学式的写作，目的也不是培养学生的文学写作素养，但是他从高考出发致力于小说、寓言、童话、剧本等文体的写作指导。据说，近年来江苏的高考作文阅卷是"见新文体就捧""见记叙文就放""就议论文就杀"。我们确实看到一些阅卷专家撰文讲座大力倡导引导学生考场写记叙文。他们这样提倡自有他们的道理。或许，考场的议论文的确"不像个东西"，或许高考得高分的记叙文居多。但能不能就此推论出写记叙文就好呢？这是另外的话题，说清楚很费口舌，姑且不说。但我们认为应对高考作文，依靠投机的手段，总不是办法。我们这里要说的是，一个公民的写作素养，恐怕最需要的还是直接表达自己思想的实用性写作的能力。也有人认为，所谓公民写作素养主要就是学习应用文的写作。我们觉得，这样的认识是狭隘的。从日常生活的经验看，应用文的应用并不是很多。如合同、电报之类的应用文，大多数人也是难得应用。而且这类应用文的写作，除了格式的掌握之外，重点难点还是清晰地表达自己的想法和诉求。掌握格式是容易的，清晰表达自己的想法和要求是不容易做到的。

2. 从学习目标的角度看，中学生写作的基本任务就是学习指令性写作

作文教学，我们常常又叫写作教学。从某种意义上说，作文和写作没有区别。但有时候两者又不完全是一回事。比如，我们说作家写作，一般不说作家作文。这就意味着写作和作文并不完全是一回事。这也告诉我们写作有着不同的类型，中学生写作是一种特殊的写作。写作有哪些类型呢？我们以为大致分为两种类型：一是作家的写作，二是中学生的作文。我们把前者称之为自由式写作，把后者称之为指令性写作。这两者有着本质的差异。

两种写作类型有着截然不同的写作动机和目的。指令性写作，多是在规定的情境中完成指定的写作任务，通过这些任务的完成，以提高或测量写作的能力，即写作是为了写作本身。自由式写作，大多是为了表达写作主体的思想和情感，宣泄写作主体的情绪，功利色彩比较淡化，尤其不是单纯为了写作而写作，尽管也具有较强的功利性，但这种功利具有社会性特点，更多的是为了表达作者对生活的关注、思考和干涉，这种功利性，和写作具有一种远距离的关系，主要不体现在作者本身，更不体现在写作过程本身，而体现在写作的结果（作品）。

这两者写作主动权的归属和写作的流程更不一样，甚至可以说完全相反。所谓自由式写作，就是写不写，写什么，采用什么形式写，什么时候写，完全是由写作主体决定的。所谓指令式写作，就是写不写，写什么，采用什么形式写，什么时候写，写作主体完全是由外在因素决定的。指令性写作的流程是，写作主体接收到指令，简单说就是看到题目后明确要求、确定立意，也就是所谓审题立意，再根据题目要求和自己的立意选择材料组织材料，就是所谓选材，接着是写作成果的呈现，就是连缀成文，写好后可能做简单修改，也可能没有时间修改，就交给教师或者阅卷人评价，有时候有别人的评讲和自己的反思，更多的是一写了之。而自由式写作的流程大致是：在生活中因为一事一物引起触动，形成了写作的欲望，然后这个想法在脑子里不断强化，在心里反复思量，于是想法越来越强烈，思想越来越深刻，越来越丰富，于是提炼一个思想内核作为要表达的中心，围绕这个中心广泛收集材料丰富材料，最终选择一种自己能够把握的、适合具体材料的写作形式加以呈现，往往都要进行反复的修改，再找到适当时机和适当方式进行发表交流，发表后则接受社会性、历史性的评价。

由于写作的性质和写作的流程不同，我们对写作结果的期望也就不应该一样。指令性写作的成果呈现一般是单向呈现，即呈现的目的是让命题者评价而不是读者评价，通过命题者的评价，再进行自我反思以提高自己的写作能力，评价周期短促，对成果的评价是标杆式的，即是否达到预定的要求。自由式写作的成果呈现一般都是社会性的，评价的主体是读者和专业评论者，评价周期则往往比较长，社会和作者对于写作成果的质量期望都很高，评价的标准主要着眼于其独特的文学价值和社会价值，尤其是在思想深度和形式的新颖方面，又有着很高的要求。因此，期望学生在规定时间规定地点按照规定要求写出的文章具有作家创作的特点和质量，是违背写作规律的。

认识了这一点，我们可以发现作文教学的一些问题。

一种情况是把中学生作文和文学创作式的自由写作混为一谈，用自由写作的方法指导学生的指令性写作。这些教师理念非常先进，而且常常很有才气，自以为对写作有思考有研究，于是简单化地用自由写作的方式来指导学生的写作。特别是一些文学素养比较好的教师，常常会如此。我认识几个才子才女，自己的文笔绝对漂亮，散文赶得上专业作家，但是他们的学生的写作能力并没有优势。什么原因呢？因为他们把中学生的作文当作文学创作，用纯粹的自由写作的方式来指导学生写指令性写作，就等于用打排球的方式来指导打乒乓球，用指导打反胶的方式来指导学生打正胶。自然会南辕北辙，造成学生脑子里一片混乱。现在语文刊物上很多关于作文教学的文章仍然存在这样的问题。

也有些教师用指导竞赛作文的方法指导学生的日常写作。有一段时间这新概念作文甚嚣尘上，贻害不小。因为新概念作文的写作方法，和中学生写作的要求完全不一样，用那样的方法指导中学生写作，只能走上歧路。我跟高三的同学讲作文，特别强调这一点。在写作策略上，竞赛作文和考场作文刚好相反。竞赛作文是要么上天堂，要么进地狱，宁可下地狱，也要上天堂。这是什么意思？简单地说：就是宁可冒险，也要求新。因为我要么就获奖，要么不获奖。假如这次比赛10个人获奖，我是第十一名。我的第十一名和倒数第一名某种意义上没有区别。而高考作文、中考作文显然不一样。我和我的学生说：宁可不上天堂，也绝不下地狱。即使不能得高分，也不能因为冒险得低分。力求稳妥，绝不冒险。就是说，我不想得那个特别高的分，我也不能得特别低的分。这两个策略是相反的，所以在高考作文的时候，文章的取材、立意、结构等，它的策略都应该如此。

而比较普遍的做法是简单化地用指令性写作的方法来应对考试。面广量大的教师是从高一开始、从七年级开始（甚至现在小学也有这样的情况）就都对学生进行指令性写作训练，反复强化针对考试说明和评分标准的写作训练，将考试说明的要求和评分标准进行分解，然后再归纳出一系列的方法和技巧，有计划地进行分点的反复训练。遗憾的是很多作文阅卷的专家也到处鼓吹这样的做法。但事实证明这样的做法效果也不好，不仅学生的作文越来越空洞无物，他们所期望的考试要求也并没有达到。因为，这些人没有真正认识到中学生作文写作的规律和特点，即中学生写作的基本性质是学习指令性写作，而写好指令性的文章，并不是依靠简单的应试训练就能解决问题的。关于这一点，我们在中学作文教学的基本策略中再作比较充分的说明。

3. 从教学目标的角度看，中学作文教学的基本任务就是培养学生的基本写作能力

应该看到，我们现在对中学作文教学的定位普遍拔高了，而实际的操作又非常的低端，这就出现了严重的眼高手低、目标和实际脱离的问题。为什么会出现这样的情况呢？根源主要在于高考、中考阅卷与课程标准的脱节。实际上，课程标准对中学作文教学要求的定位总体上讲还是比较清晰的，也是比较恰当的。比如，初中写记叙文，要求内容具体，有自己的体验，有自己的感情就行了。用我们的话来说就是中心明白，内容具体，表达清楚，用更通俗的话来讲就是文从字顺，内容具体。但达到这个要求，做到内容具体，表达清楚，中心明确，中考阅卷只能拿中等偏上的分。阅卷教师是怎么要求的呢？要看立意是不是深刻，取材是不是新颖，结构有没有特点，语言有没有文采等。要具有这四点，学生的作文才能拿到高分。高考作文阅卷则首先有个基础分，60分总分的基础分是40分，70分总分基础分是50分。什么情况才能拿到基础分呢？就是我们刚才讲的，内容具体，表达清楚，思路流畅，中心明确。还有20分，称之为所谓的发展分。什么情况才能拿到后面的20分呢？在众多专家对发展分纷繁复杂的解读中我们找到一个相对简明的说法。

> 高考《考试说明》把作文分为基础等级和发展等级。考生要想在高考语文考试中获得高分，作文不仅要符合基础等级的要求，更要符合发展等级的要求，具体而言就是要达到四项要求，即深刻、丰富、有文采、有创新。其中"深刻"包括：透过现象深入本质；揭示事物内在的因果关系；观点具有启发性。"丰富"包括：材料丰富；论据充实；形象丰满；意境深远。"有文采"包括：用词贴切，句式灵活；善于运用修辞手法；文句有表现力。"有创新"包括：见解新颖，材料新鲜，构思新巧；推理想象有独到之处；有个性色彩。发展等级的评分，依据13个评分点，不求全面，以一点突出者按等级评分，直至满分。所谓"突出"，指不仅全面符合某个评分点的要求，而且在某一方面有优异的表现。

这个要求就是阅卷人期望考生达到的理想的写作水平，在他们看来高中毕业生就应该能写出这样的文章。而现在普遍的现象是，高考作文的标准就是教师作文教学的目标，而且几乎所有学校的教师都冲着这个目标（而高考的评分标准又决定着、左右着中考的作文评分）进行作文教学。换一个角度也可以说，他们认为中学作文教学的任务就是培养学生能写这样的文章。那么，高中生都能写出这样的文章吗？中学作文教学能完成这样的任务吗？我们认为都不能。

这样的要求是明显高于高中课程标准的要求的。《普通高中语文课程标准（实验）》第二部分"课程目标""必修课程"的"表达与交流"有9条要求，其中1～6条都是对写作的要求。

①学会多角度地观察生活，丰富生活经历和情感体验，对自然、社会和人生有自己的感受和思考。

②能考虑不同的目的要求，以负责的态度陈述自己的看法，表达真情实感，培育科学理性精神。

③书面表达要观点明确，内容充实，感情真实健康；思路清晰连贯，能围绕中心选取材料，合理安排结构。在表达实践中发展形象思维和逻辑思维，发展创造性思维。

④力求有个性、有创意地表达，根据个人特长和兴趣自主写作。在生活和学习中多方面地积累素材，多想多写，做到有感而发。

⑤进一步提高记叙、说明、描写、议论、抒情等基本表达能力，并努力学习综合运用多种表达方式。能调动自己的语言积累，推敲、锤炼语言，表达力求准确、鲜明、生动。

⑥能独立修改自己的文章，结合所学语文知识，多写多改，养成切磋交流的习惯。乐于相互展示和评价写作成果。45分钟能写600字左右的文章。课外练笔不少于2万字。

我们不难发现，在很多高考阅卷标准中，"对自然、社会和人生有自己的感受和思考"变成了"能透过现象深入本质，揭示事物内在的因果关系，观点具有启发作用""力求有个性、有创意地表达，根据个人特长和兴趣自主写作"变成了"见解新颖，材料新鲜，构思新巧，推理想象有独到之处，有个性特征""提高记叙、说明、描写、议论、抒情等基本表达能力，并努力学习综合运用多种表达方式"，"表达力求准确、鲜明、生动"变成了"用词贴切，句式灵活，善于运用修辞手法，文句具有表现力"。我们不知道制定这些阅卷标准的专家们自己的文章能否达到这样的标准。他们是不知道一般高中生写作素养的实际呢，还是不理解写作的基本规律和课程标准的要求呢？

毫无疑问的是，绝大多数学生是不可能达到这样的要求的，绝大多数语文教师也没办法教学生写出这样的作文。我们说过，文章写得好要有特别的天赋，不是每个人都能写得深刻、写得新颖的。面对这样的标准，我跟高三的学生讲，也跟高三的教师讲，我们的作文教学应该追求学生作文得多少分呢？我的想法是70分，要确保50分，力争55分，拿60分是你的运气。和高三学生讲作文，我第一个问题就问他们：你们高考作文想得多少分？有的学生起哄说："我们想得满分！"我会说，高考作文想得满分，常常得不到高分。然后，我告诉他们：70分的作文你要确保50分力争55分，考不到50分55分，说明你不听老师话对自己不负责。因为只要按照要求去做，人人都能考到50分55分。对于教师来说，如果你们班上没有学生考50分以下，大多数考55分以上，你这个班级的成绩一定很漂亮。而这个分数是我们可以教的，能够帮助学生做到的。为什么我不鼓励学生争取高分力争满分呢？因为我自己做不到，一般教师也做不到。我们前面说过，考场作文有它的特点，有它的特殊性。要写深刻，要写生动，要写新颖，这是很不容易的。

我始终不明白，高考作文这样的评价标准是怎么制定出来的。这样的要求，有多少人能做到呢？不要说学生，我们语文教师有多少能做到呢？我估计不多。我们自己当年的高考作文是高分吗？我们能保证不管什么作文题每次都可以写这样的作文吗？我估计绝大多数教师不能。当然，不单单是中学教师写不出来，大学教师也写不出来。很多人知道，连作家也写不出来。命题的教师和专家，阅读的教师和专家，都能写出来吗？也不能，或者说绝大多数不能，更不能保证每次都能。孔子说："己所不欲，勿施于人"。换一个角度，己所不能，也勿施于人。现在有一个非常没道理的现象，就是教师写不出来，专家写不出来，要求学生写得出来。教师写不深刻，要求学生写深刻；教师写不生动，要求学生写生动；教师写不新颖，要求学生写得新颖。我们自己写不出来，专家和作家也写不出来，偏偏逼着学生要写出来。

所以，面对这样脱离实际的标准，我们只能老老实实地把我们精力放在教学生会写50～55分的作文。古人说作文有可教的，有不可教的。50～55分的作文是教师可以教出来的。60分以上的作文主要不是教出来的。我们的意思是，让学生具有基本的写作素养和基本能力，是我们能教的；让学生具有超常的写作素养和写作能力，是我们不能教的。我们不要在不可教的地方拼命用功。再换一个角度看，一个班级作文能考 60 分以上的人有多少呢？60 分以上的作文以百分制计算将近 90 分了。平时有多少学生的作文能达到 90 分左右呢？高考阅卷的高分作文，一般不会超过 10％吧？就是说，50 个人的班级只有 5 个人左右，还要你这个班级的作文达到一个省的中等水平。事实上优秀的学生常常集中在一些重点中学的重点班级，普通中学的普通班级是远远达不到这个比例的。我们的教学能只是为班级上极少数学生服务吗？而班级上的这几个写得特别好的学生是你教出来的吗？你即使为他们而教学，就能保证他们考高分吗？

我们说这么多，并不是纠结于高考作文的评分和想得多少分，是为了通过这个分数说明我们作文教学的目标定位应该是：让绝大多数学生写出平平常常的好文章。什么是平常的好文章呢？我们当然可以借用课程标准来说明，也可以展开比较全面的阐述，但我们一般简单概括为：切题、有物、得体。所谓切题，就是紧扣题目的要求，就是有明确的话题，不枝不蔓，内容集中。所谓有物，一是有自己的想法，即有明确的中心，想要表达什么，想要说明什么，自己清楚，让读者也清楚；二是有具体的内容，通过具体的材料来表达自己的思想和感情。所谓得体，是能够根据特定的要求和对象，根据具体的目的和内容，采用适当的形式进行表达；写什么文体像什么文体，能根据表达需要和文体的特点运用适当的表达方式。我们想，这就是一个高中生或者说一个公民必须具备的且能够具备的写作素养。事实上，我们作文教学的最大问题，并不是写不出深刻、生动、新颖的文章，而是写不出达到这样基本要求的文章（甚至有为数不少的中学教师大学教师也达不到这样的要求）。

总之，我们以为，中学作文教学的基本任务是：培养学生写作的基本能力，训练学生掌握常见文体的写作，让学生能够写好平常文章。所谓写作的基本能力，就是能够根据具体要求完成具体写作任务，能够清晰地表达自己的想法，能够围绕文章的中心组织材料，能够条理清楚地组织文章内容。或者说，就是必须明白要求写什么，自己想写什么，用什么形式写比较适宜，能把自己要写的写清楚。所谓掌握常见文体的写作，就是能够根据具体要求和具体材料选择适当的文体，能够体现不同文体的基本特征，能够根据需要比较熟练地叙事、说理、说明和抒情。所谓写好平常的文章，就是只求切合要求，不求别出心裁；只求文从字顺，不求语言文采；只求言之有物，不求立意深刻；只求形式适宜，不求形式新颖。这才是绝大多数学生能够达到的，也是大多数教师能够有所作为的。

中学作文教学的课程价值，是一个很理性的大问题，以上是我们一个中学语文教师不成熟的思考，敬请大家批评和指正。

（二）作文教学的基本策略

基本策略，其实也就是中学作文教学怎么去做。但是怎么教的问题，包括很多层面。课程标准是从理念的层面告诉我们怎么教；很多专家会从理论层面说明应该怎么教。而一线教师需要的是具体的方法。但不同的人有不同的方法，不同的学生有不同的方法，不同的内容有不同的方法。我们今天是着眼于中间层面，讲作文教学的基本策略。

1. 中学作文教学必须坚持自由写作和指令性写作两者的结合和互补

这是非常重要的一个策略，必须放在前面讲。否则前面的一些内容会引起误解。前面说到作文教学的实际，指出两种不好的情形。一是有些教师用文学创作的自由式写作的方法指导学生的指令性写作，二是很多的教师就是用简单化的应试指令性的写作来进行写作的指导。而事实上这两种做法效果都不好。于是有些教师会问，你不是说中学生写作的性质就是指令性的写作吗？这有什么错呢？对，我告诉你这的确也是错的。中学生写作的基本性质是指令性写作，但并不是说用指令性写作进行训练就能使学生的作文写好，即培养指令性写作的能力也并不是完全依靠指令性写作。因为指令性写作学生获得的只是写作技巧和写作方法，而不能使学生获得写作的体验和写作的经验，更不能从根本上培养学生的写作素养。打个比方，就像一个人生了病，如果缺脂肪、缺蛋白质、缺维生素 C，当然可以吃点药补充一下。但小孩子生下来，我们绝不能就让他根据各种需要去直接补充蛋白质和各种维生素，而只能是从正常的饮食中获得，我们只要让他吃五谷杂粮，吃鸡鱼肉蛋，就能够获得各种需要的营养。有句话很朴素，但非常深刻，说出了语文学习的规律，也说出了写作能力培养的规律：语文不是吃肉长肉的事情。这个道理一定要弄懂。用指令性写作的反复训练，就像让学生喝各种营养液，吃各种补药，终究是不能调养出好身体的。在这种机械的训练中，学生培养的只是应试的技巧，只是熟悉考试作文的游戏规则。一个人靠学习游戏规则能成为游戏高手吗？肯定不能。一个人要学习开车就只在家里学习交通规则行不行？肯定不行。可是我们不少教师却用这样的方法教作文。

有的教师把写作知识作为作文教学的主要内容。写作教学当然要涉及写作知识。比如，记叙文、议论文的特点；记叙、描写和抒情等表达方式的作用；论点、论据和论证之间的关系等文体知识；联想、想象和象征等表现手法及其作用；等等。但写作知识的学习，并不是作文教学的主要内容，更不是作文教学的目的和重点。可是，相当一部分教师的作文指导和作文评讲，还是以讲写作知识为主。翻来覆去就是那么一套写作知识，什么主题如何如何，什么剪裁如何如何，什么结构如何如何，什么记叙文的倒叙，什么散文的线索，什么散文和记叙文的区别。甚至写作训练也只是在概念上花工夫。我听过一节"感悟亲情"的写作课，教师让学生先是欣赏歌词《父亲》《母亲》，归纳出"修辞方法、细节描写、抒情议论"等表现亲情的写作方法，再阅读欣赏史铁生的《秋天的怀念》，归纳出"开篇夺人、侧面描写、细节渲染、精致结构、真情实感、抒情议论"等表现方法，接着就是套用这些方法进行写作。一节课的教学，就是以这一大堆概念为中心展开。我不止一次听过"联想和想象"的作文课，几乎整堂课就是学习联想和想象的知识，诸如什么是联想，什么是想象，各有什么类型，思维怎么展开，注意什么问题，联想和想象有什么不同，有时候也会穿插一些训练，但完全是为了例证概念、理解概念、接受概念。一位教师在材料作文的审题训练课上，就把材料分为"情境型、问题型、话题型、寓意型、事例型、名言型、数据型、图表型、漫画型"等类型，然后再一一说明每个类型的特点，接着就教给学生应对不同类型的审题方法；再提供材料分别进行审题训练，并交流分别用了什么方法。不要说学生，就是我们听课的语文教师，也弄得眼花缭乱；不要说运用，那么多知识概念要记住并能区别就很不容易。

有些教师把写作方法和技巧作为作文教学的主要内容。教给学生写作方法和技巧，无疑对学生的写作是有益的，新的课程标准也强调"知识与技能、过程与方法"，我们传统的教学理念更是强调"授之以鱼，不如授之以渔"。但对于语文学习来说，尤其是对于写作来说，方法和技巧本身并不是写作能力，也不是写作素养。没有学习过写作方法和技巧，可以写好文章；学习过写作方法和技巧，甚至系统地学习过写作方法和技巧，也未必就能写好文章。鲁迅就从不相信所谓小说作法之类的东西。作家班几乎没有培养出真正的作家，或者说大作家；绝大多数作家，尤其是大作家，几乎不是作家班培养的。没有积累，没有体验，没有感悟，技巧几乎是没用的，甚至会适得其反。

而现在很多写作课，主要就是教给学生写作方法和技巧，什么审题的几种方法，选材的几种方法，结构的几种方法，开头的几种方法，点题的几种方法，议论的几种方法，分析的几种方法，抒情的几种方法。有的一节课，就是在讲方法。先是概念，然后是举例，再接着就是训练，似乎学用结合，立竿见影。但是否知道了写作方法和技巧的概念，了解一两个例子，就能运用了呢？知道开头8种方法，就能把开头写好吗？知道了语言有文采的几种方法，语言就会有文采吗？这些都是不用回答就知道结论的问题。这是把复杂的写作活动简单化了。也有的课堂，先花大力气归纳方法，然后再进行运用方法的训练。比如，写人，就是先由阅读的课文中归纳出人物描写的几种方法，然后依样画葫芦描写人物。或许，课堂上会表现出一定的效果，但要真的提高写作能力似乎不大可能。

我听过一节作文课是"让你的语言亮起来"，就是先列举大量的例子归纳出语言生动形象的种种技巧，然后再模仿运用。从现场看似乎是有一点效果的，但大家都知道语言素养的提高，不可能一两节课就见效，更不是学一两招技巧就有用的。甚至有的教师指导学生写散文、写诗歌也是先通过阅读范文（一篇散文、一篇小说或者一首诗）引出一两种写作方法，然后现场进行模仿训练或迁移训练。这与其说是写作训练，还不如说是语言知识运用的训练。有些教师的作文课，就是进行应考的针对训练，重点就是学习对付考试的套路。先是考点出示，然后是考点解释，再是评分细则，接着正面佳作，然后是反面例子。一切就是为了弄清楚，这样的题目中考高考阅卷会有什么要求，什么样的作文得高分，什么样的是中档分，什么样的是低档分。重视考试作文训练并不错，我们承认应试作文的写作也是一种必须具备的能力。但既然是一种能力，就必须着眼于能力的培养。这样把评改标准和评改方式，或者说把应试作文格式训练，作为作文教学的主要内容，对于提高应试作文的能力来说，只能是缘木求鱼。

有的作文课把阅读范文作为作文教学的主要内容。要么读学生的优秀习作，要么读名家的代表作品。一位教师的作文教学内容是《细节描写，让记叙文亮起来》，其教学环节是：

　　感受细节。去掉鲁迅小说《祝福》中"五年前花白的头发……纯乎是一个乞丐了"这个片段中的细节描写，然后要求学生和原文比较，说说哪一段更好，为什么。

　　品位细节。要求阅读《为了忘却的记念》《药》《孔乙己》《项脊轩记》中的5个片段，指出描写的类别并分析其作用。先讨论归纳出"动作细节、神态细节、语言细节、衣着细节"等细节描写的类型，分析其不同的作用，然后"提炼"出"观察生活，锤炼词语，典型化"等细节描写的方法。

　　添加细节。给一篇习作添加几处细节。

不难看出，这节作文课，无论是教学时间还是教学活动，都把重心放在了阅读上。

有些教师的作文课，把大量时间花在优秀作文的展示和交流上。我听过一节作文课，先是名家名篇的展示，再是高考优秀作文展示，接着布置写作，然后小组交流，接着就是各组优秀作文的展示，最后是教师自己作品的展示。现在很多作文课上是讲义一张又一张，让学生目不暇接。作文课上，教师展示一些优秀的习作，是一种示范，也是一种交流，能够激发写作兴趣，激发写作动力。但出示太多，就很值得推敲。我们认为，在学生写作之前，展示名家名篇和优秀作文，并不十分适宜，这对学生的写作心理更多的是消极影响，而不是积极的示范。因为，一般的中学生绝对不可能有效地模仿名家名篇，模仿名优作文也是很不容易的事情；而且这种近距离的立竿见影式的生硬模仿意义也是不大的。而学生习作的交流，仅仅只是展示优秀的习作，我们认为也没有道理。写得比较成功的习作，一个班级总会有的，但更多的可能是写得一般的甚至是写得不太好的。教学的目光应该关注那些写得一般的，写得不够好的，教学的重点应该是如何帮助这些同学提高。这才是真正的"教学"。至于，最后展示教师自己的成功习作，则更不应该。从课堂教学活动的角度看，教学活动的意图是不明确的，甚至是动机是不良的。如果缺少和学生写作过程的有效整合，展示自己的习作，能对学生的写作起什么作用呢？

那么作文教学应该教什么呢？

一是让学生感受写作的过程。古人说："文章千古事，得失寸心知。"这可能是说写作的责任和艰难。但我想理解为写作需要自己的亲身经历和体验也是不错的。

写作过程，是一种极为复杂和丰富的过程，恐怕谁都说不清楚，听不清楚。"道可道，非常道；名可名，非常名。"即使说清楚了，听清楚了，也是非亲历不能真正理解。这个亲历的过程，就是一种最好的学习方式，也是最重要的学习内容。很多写作的大家，并没有名师的指导；很多名师，也没有能指导出大家。这足以说明，所谓的"教学"对于写作能力的提高是多么苍白无力，而亲历和体验是多么重要。

因此，对于作文来说，"不教而教"，让学生亲历写作的过程，体验写作的过程，去经历体验和积累种种写作的感受，是作文教学最基本的教学内容。毛泽东说：要知道梨子的滋味，只有亲口尝一尝。这对写作来说是至理名言。小马过河，只有自己到河里一探深浅。站在岸上，听老马"讲"和在老马指导下"练"，终究不能解决问题。无论是作文指导还是作文评讲，教师都不可剥夺学生这样的权利，更不能以自己的主观认识或他人的经验强势压迫和替代学生的写作体验，而要善于激活学生自觉体验写作过程、反思写作过程的意识，共享写作体验的资源。

二是让学生体悟写作的规律。写作是一种高层级的语文能力，是一种复杂的学习活动。尽管人们对它的认识还很肤浅，但它有其自身的规律存在，是必然的。要提高写作能力，必须认识这个规律。但认识写作规律，不是或者主要不是通过教师的讲，甚至也主要不能通过所谓的练达到目的的，而主要依靠写作主体也就是学生自己的体悟。这大概就是作文教学难以见效，甚至有些教师不愿意有所作为的原因之一。费了很多神，花了很多时间，未必有用，甚至适得其反。因此，我们必须承认，写作规律的认识，必须依靠学生自己的体悟，而这也应该是作文教学的基本内容。比如，我们必须让学生认识到写作绝不仅仅是作文课的事，也绝不仅仅是"写作文"的时候的事，我们要努力培养学生非写作状态中的写作意识。一个囿于课堂、囿于考场教作文的人，是绝不可能教好写作的；一个囿于课堂学习写作的人，也是绝不可能写好文章的。

三是让学生形成直接的写作经验。写作是需要经验的。这就是绝大多数人文章越写越好的原因。写作经验，既包括成功的经验，也包括不成功的经验；既包括写作过程的发展，也包括写作方法和技巧的运用；既包括写作过程中各种知识积累和生活积累的调动，也包括各种矛盾的处理；既包括思想的不断深化，也包括情感的复杂运动。这个经验形成的过程，常常是不自觉不自知的，常常是"潜移默化"的。

写作是一种个性化的学习活动，很多写作经验是不可复制的，甚至对于同一个写作主体都是不可重复的，因此照搬别人的写作经验，并没有多大的意义。它不像数理化等学科，有很多的定理和方法大家都可以采用。在自然科学中，不可复制的结论往往得不到承认，而在写作领域，重复再现的东西却常常得不到人们的承认。

对于中学生来说，这种写作经验的个性化，主要体现在必须在自己的写作活动中形成自己的经验。这就要求我们的作文教学，要把写作经验的形成当作作文教学的主要内容，注重学生写作经验的形成。采用单纯应试式的写作训练，并不能真正提高写作能力，也不能有效提高考试成绩，就是因为这样的写作训练，这样的作文教学，学生很难形成良好的写作经验和良好的写作体验。

写作经验的重要性，启发我们要为学生提供更多的良好的写作空间，以利于学生体验写作过程的同时，在不自觉中形成写作经验，还要善于引导学生形成善于进行写作反思的品质。我们在前面否定过把写作技巧和写作方法当作作文教学主要内容的做法。其实，我们反对的只是简单化的教学技巧和方法。我们认为，符合写作规律的做法应该是，让学生在写作经验形成的过程中掌握方法运用技巧，或者在写作活动的过程中学习写作的方法和技巧。

四是让学生丰富写作积累。只要不是外行，都知道语文学习必须强调积累。而对于写作能力的提高来说，积累更具有极为重要的意义。但人们常常注意的是写作素材的积累。这固然很重要。文章是高楼，素材是砖瓦和泥沙。但一幢大楼，仅仅有砖瓦泥沙，是不行的。不要说造大楼，造一间小房子都不行。还有许多更为重要的东西。

首先是生活的积累。什么是生活呢？并不好说。有教师说，现在学生的生活太苍白了，所以写不出好文章。他们认为，只有投身"鲜活"的社会生活才能写出好文章。对此，我并不完全赞同。我也认为，现在学生的非正常状态的学习生活和远离社会生活对他们写作能力的提高是有影响的。但我同时认为，这不是问题的关键，或者说不是根本的原因。问题的症结在于他们缺少生活意识，对生活抱一种无关痛痒的态度。所以，再鲜活再丰富的生活对他来说也是无意义的，因为并没有为他所"积累"。

近几年，有人热衷于活动式作文，即先活动后作文。这样的做法，应该会有一定的效果。但我并不完全赞同。如果写作文之前总要先来一次远足，总要先参观一下"世博"，甚至先搞一次班会，做一次游戏，那么对作文的理解就失之于简单化。我们认为，对于写作来说，生活应该是一种原味的自然的生活，活动也应该是一种原味的活动，甚至没有活动的生活也是"有文章可做"的。我们所强调的生活积累，就是善于把普通平常的生活"据为己有"，使之成为写作的材料，写作的源头，写作的动力，写作的灵感。

对于写作来说，感情和思想的积累更为重要。记叙文的写作，在具备基本能力的前提下，区分文章高下的一个重要因素，就在于有没有细腻的描写（现在学生的通病就是泛泛的叙述），而有没有细腻的描写，其关键又在于有没有细腻的情感。细腻的情感哪里来？除了先天的因素，就是依靠积累。写议论文，在具备基本能力的前提下，区分文章高下的一个重要因素，就在于有没有思想的深度。认识有深度，是因为自己心中有一个"深刻的东西"。自己心中有一个"深刻的东西"，才能发现题目和材料中"深刻的东西"。自己心中这个"深刻的东西"从哪里来呢？当然只能从生活中来，只能从阅读中来。但归根结底又是从思考中来。思考，才能有思想。思考的过程，就是一个积累的过程；有了思考过程的积累，才会有思想的积累。对于写作来说，这恐怕是最重要的。

而写作过程的感受，写作规律的体悟，直接的写作经验和丰富的写作积累，便是写作素养最重要的部分。而只有自由式的写作才能让学生获得这样的素养。学生是如何学会写作的呢？那些不可教的内容，学生自己是如何学会的呢？就是这样学会的。

通过写作内容和写作素养，我们说明了尽管中学生作文的性质是指令性写作，但必须重视自由式写作对于学生写作能力和写作素养提高的作用。当然指令性写作训练也不可缺少，因为它可以教给学生可教的一部分，它可以让学生了解熟悉适应考试作文的特点和机制。学生如果不了解指令性写作的特点和要求，也必然会影响他们的指令性写作，掌握指令性写作的一些方法和技巧对他们的写作会也有一定帮助。那么，两者怎么结合呢？我们认为从大的方面说，初中三年，高中三年，都应该是先放后收。即七年级、高中一年级要特别强调以自由式的写作为主，到了八年级、高中二年级、九年级、高中三年级要逐渐强化指令性写作。但不管是哪一个阶段，都应该坚持两者的互补和结合。要说明的是，所谓自由式写作，绝不是作家的创作式写作，除了课外练笔、日记等，还可以在哪怕是统一要求的作文中，在时间和要求上给学生足够的自由空间。

2. 努力建构立体化的写作空间，培养学生非写作状态下的写作意识

古人说："功夫在诗外。"其实，写文章的功夫也在"文章之外"。我们前面引古人的话说作文有可教的有不可教的。而我们在作文课上大概只能教可教的一部分。不可教的一部分怎么办呢？不可教的一部分，一是依靠自由写作，让学生自己去感悟；二是依靠我们为学生营造的良好的写作环境，也可以说为他们建构的立体化的写作空间。语文教师自己都应该有体验，写文章最主要的不是"写"的那个过程，更重要的是在写之前的准备。比如，我们教师要写论文，很多教师往往都是要评职称了，要交论文了，才坐下来写论文。写不出论文来就说论文难写得不得了。所以有人把写文章比喻成生孩子是非常有道理的。只有要写的文章本来就已经怀胎十月，到那一天才会自然分娩，生出一个健康孩子；如果肚子里没有孩子，不管怎么努力，不管什么高明的接生婆，也生不出孩子的。我们学生的写作也应该是同样的道理。所以要建构一个立体化的写作空间，努力培养学生非写作状态下的写作意识。

（1）在阅读中培养写作意识和写作能力

当然，这绝不是把阅读课教成作文。我们反对把作文课上成阅读课，也反对把阅读课上成写作课。有人提倡语文教学要以写作为中心。尝试当然是可以的，但我们以为总体是不可取的。阅读和写作紧密关联，但阅读就是阅读，写作就是写作，二者不可互相取代，当然也不可以互相隔离。但现在阅读教学和写作教学的隔离是一个不争的事实。很多教师的阅读课就是图解文本内容，就是教师出题目学生找答案，文言文就是串讲文意，就是实词虚词和文言句式。我们一直强调文言文的教学要文言、文章、文学、文化四文统一。但现在别说文言文了，很多现代文阅读教学都没有文章意识没有文学意识了。不能不说这对学生写作有很大的伤害。而只有到了写作课上才"讲作文"，很多教师似乎太迷信写作训练的效果了。有些教师的阅读课也会讲写作特点，但只是作为一个知识一个任务去完成，并不是为了给学生写作的启发。有学生到了高三还不会写议论文，问我怎么写，我说背诵《六国论》，然后用心想一想。在阅读教学中培养学生的写作意识和写作能力，主要的是常常立足写的角度思考问题：作者是怎么写出来的？作者为什么要这样写？这里为什么要描写？有些内容为什么不写？我教《孔乙己》在品读了小说中的写手之后，让学生也找一处可以写手的地方写一句手，让学生思考写手时要注意什么问题（一要合乎人物性格，二要切合上下文），写好之后再讨论大家写的地方作者为什么不写？我教《黔之驴》最后有一个环节是讨论：课文内容写老虎的多，为什么题目叫"黔之驴"而不叫"黔之虎"呢？写虎对写驴又有什么作用呢？原来这和作者要表达的主题有关，目的在于讽刺驴而不在于歌颂虎。诸如此类的活动，我是经常组织的。我不敢说这些活动非常成功，但我相信它们的价值绝不仅仅是解读文本内容，对学生的写作意识的培养和写作能力的培养都会有积极的效果。

但我们反对简单化的读写结合。有些教师阅读教学教散文就写散文，读诗就让学生写诗，读《背影》就写"背影"，学《桥》就写"桥"。记得一个教师教学茅以升的《中国石拱桥》，就让学生以"桥"为题写一篇文章。我说这样做不好，他不服气，说读写结合是传统的写作教学经验。不错，强调读写结合的确是我们传统的经验，但这样的读写结合是不符合写作规律的。这个教师问我为什么不符合呢？我说你让学生写什么文体呢？他就说文体不限啊，可以自由写。我说文体不限，但学生只能写一种。写哪一种呢？他说我们这里学的是说明文《中国石拱桥》，那他也可以写说明文啊。我说茅以升写《中国石拱桥》，是对石拱桥有研究，桥有多少个孔，每个孔有多高，这些孔有什么作用，水流从哪里流出去，怎么样才能减小受到的冲击力，他清清楚楚。可是我们的学生写什么桥呢？他们对桥了解吗？我告诉他说明文的题目不能随便布置，因为没有研究没有充分的了解，就没有办法写说明文。我女儿读八年级的时候，教师布置写一篇"钢笔"的说明文。她写不出来，让我帮忙，我也写不出来。因为钢笔上很多地方我们连名字也说不来，很多原理更不懂。我说，学生对桥没有研究就写不出说明文。这位教师说：那就写散文或记叙文吧。阅读教学是学的说明文，让学生写散文或记叙文，这读写怎么结合呢？所以我们强调，在阅读中培养写作意识和写作能力，主要是在阅读教学的过程中注意激发学生的写作欲望，让学生感悟写作的规律，而不是把阅读课上成作文课，也不是简单化地生硬地进行读写结合。

在阅读中培养学生的写作意识和写作能力，还要引导学生在读书中有写作的意识。读书的用途是多方面的，但读书为写作服务是一个很重要的方面，中学生的读书尤其如此。而现在有些同学是为读书而读书，书读了，脑子里什么都没有，甚至一句话都说不出。读书对写作的作用是多方面的。首先是弥补生活阅历的不足。一个人的生活阅读总是局限的，中学生尤其如此。唯有读书能够弥补这种局限。没有经历战争，我们可以在读书中经历战争；没有经历爱情和婚姻，我们可以在读书中经历爱情和婚姻。读书还可以引领思想的成长。和阅读理解一样，阅读能力和写作能力，从根本上说都不是方法问题而是思想问题。对题目的理解，对材料的运用，对文章的立意，乃至文章的构思和结构，一个人的思想水平都起着重要的作用。而思想和情感一样，除了先天的因素，主要通过读书来提高。这些是从写作的源头和根本上说的。如果从比较狭隘也比较功利的角度讲，读书对写作也有许多直接的作用。比如，材料的积累。写议论文总要有理有据。理可能是从自己的心中出来的（其实心中的理也与读书有关），但据是哪里来的呢？主要是从书本中来。这就要读书时善于为写作考虑，或者说能立足写作的立场读书：哪里可以为我所用？哪里可以说明什么样的问题？即使记叙文也可以从书中获得很多写作的启发和材料。很多知名作家的作品都是在读其他名著时产生写作灵感的，甚至还借鉴了很多东西。不是有人说鲁迅的《狂人日记》和曹禺的《雷雨》都借鉴了别人的作品吗？用我的共生写作理论解释，这就是和名家名著进行共生写作。我曾经和高中学生讲，你把《红楼梦》读透了，就能把文章写好，包括考试的文章，谁还能出一道不能写红楼梦的作文题呢？关键是怎么读，怎么用。为读书而读书自然是写不好文章的。

　　培养学生非写作状态下的写作意识，很重要的一点就是要培养他们胡乱想想、随便写写的习惯。应该说很多教师是有这个意识的。让学生写日记、写随笔、写练笔是不少教师的做法。长期坚持是肯定有效果的。我一直说：就靠每学期几篇大作文是写不好文章的。但有些教师让学生写日记、写随笔、写练笔，却越写越正经，很多教师也很正经地修改。这就把学生的自由写作又逼到了指令性写作、应试写作的路子上去了。我的想法和做法是要求学生胡乱想想、随便写写。我能举很多例子说明我自己的一些文章是胡思乱想写出来的，我相信很多人会有同感，过于老实的"实事求是"的写作怎么能写出好文章来呢？我鼓励学生们多写半成品，或者是原始素材的记录，或者是稍微做些加工，这些东西主题或许不明，结构或许不完整，但到时候却是很顶用的。每一个作家都有丰富的素材库和半成品。需要时，条件成熟时拿出一个就很有用。我问过不少在高考中作文分数比较高的学生，他们大多是根据题目要求对半成品进行加工写出来的，凭空写起的不多。这就像我父亲那辈人造房或者打家具。今天有棵树，明天有快板，都收集起来。如果需要，做适当修砍，但基本是不触及关键的。因为他们还没有想好，到时候到底怎么用。一旦修砍太多，到时候加工余地就小了。我之所以说是半成品，没有简单说是素材，可能包含了还是需要适当地修整，而不是完全原始地保留。我强调写半成品的重要，还与强调学生应该学会共生写作有关。所谓共生写作是一种作文教学的方法，也是一种作文的写作方法。聪明的作家都将这个方法运用得非常熟，一种熟悉的生活，一个精彩的生活故事，他能写出很多作品，写小说，写剧本，写散文，写诗。甚至写不止一本小说，不止一篇散文。而我们的学生却坚信一则材料只能切合一个题目，只能写一篇文章。因为有些教师就这样指导的。而我恰恰相反，总是指导学生开发自己的生活，用好自己的独特素材，要用一个素材写出多篇文章来。如果积累了一批半成品或者素材，有时间就盘点一下，琢磨琢磨能写个什么。这样的做法，对培养写作意识和写作能力都是非常重要的。

经常交流积累的材料和半成品，也能有效培养学生的写作意识和写作能力。莫言在诺贝尔颁奖大会上的发言中说：我是一个讲故事的人。我觉得不仅作家，写文章的人都必须会讲故事。写记叙文就是讲故事，写议论文也少不了讲故事，某种意义上说，作文教学就是大家一起讲故事。所以，我经常和学生讲故事，讲我自己的故事，讲我们家族的故事，讲我在生活里遇到的故事。有不少学生把我讲的故事写到作文中。我还会经常安排时间让学生讲故事。高一年级的第一轮演讲就是"一个有意义的故事"。高三后期我组织一个宝藏素材交流活动，也就是讲故事。讲完了，大家讨论，这样的故事可以写什么样的话题，可以表达什么样的主题，表达不同的主题和话题，应该如何进行加工。这样的交流，互相启发，互相补充，对写作的意义是非常大的。

（2）要引导学生善于发现和抓住生活中的作文事件

生活中从不缺乏写作的材料，而我们的学生总抱怨生活太单调，我们的教师也跟着起哄。我是不同意的。我让学生以"单调"为话题写作，他们也写不好。这是什么原因呢？其实是我们的学生有眼不识宝贝。怎么办呢？有的教师想出的办法是用活动式作文，先活动再作文；有的教师想的办法是制造作文事件，其实还是搞活动，什么名著评选啊，排演话剧啊。这样做用心良苦，意义总是有的。但这种人造生活对学生可能有些误导，使他们觉得原味的生活中就没有事件。对此我是不同意的。真正的好的作文都来自原味的生活，生活有的是作文事件。这方面，就是自己不仅要有正确的认识，最好还能有所示范。我是经常这样做的，即把自己在原味生活中经历的事件或故事和学生一起讨论能写什么、该怎么写，效果是比较显著的。

我在有关文章和专著里都举过例子，这里不再细说。记得一年秋天，一片树叶掉在我头上，然后掉进了我的车篓里。上课之后我就借此事件和学生共生写作了一首小诗。诗歌拿不出手，给学生有益的东西是很多的，至少可以培养他们非写作状态下的写作意识吧。

有些教师说我自己不写怎么办？语文教师至少偶尔写点东西，从来不写，要教好写作很难。但即使不写，也可以借助别人的写作体验和案例来引导学生关注生活中的作文事件。比如，鲍吉尔原野的《月光手帕》就经常被我用来培养学生的写作意识。作者在医院里陪护父亲，晚上在病房走廊里来来回回、上上下下地边走边抽烟。可是他发现一个小女孩竟然在他走了好几趟的楼梯上捡起一块漂亮的手帕。可是他再走过去一细看，原来地上还有一块手帕。蹲下来仔细一看，原来是光透过花窗照在楼梯上就像一块手帕。作者以此为题材写了一篇非常优美、立意深刻的散文。我和同学们一起读读文章，一起讨论好文章是怎么写出来的。效果很不错。还有篇文章叫《会飞的鸭子》，我记不清作者了。作者从一群鸭子中发现了一只鸭子能飞很远很远，经过观察发现这只鸭子没有脚，经过了解，知道了这只鸭子曾经被黄鼠狼咬断过双脚的故事。文章或许算不得非常好，但对我们培养写作意识却很有用。我用它告诉学生要写好文章就要善于发现事物的特别之处，然后去寻找背后的故事。生活中，可写的作文事件真是层出不穷，写也写不完。从奥巴马，到中学生升旗讲话向女同学表达爱慕，从中国式"到此一游"到中国式上电梯，即使不写这些社会问题和社会事件，我们的校园生活、我们的班级生活、我们的语文生活中就有很多很多可写的"事件"。生活无处不在，生活无不精彩，到处都有可写的故事。

3. 作文教学要优化教学行为和教学机制，努力作用于学生的写作过程

上海师范大学王荣生教授曾经说，有相当一批教师是没有作文教学的。这我是相信的。而那些有作文教学的教师，又是如何进行作文教学的呢？

有些教师的作文教学只做两件事——出题目，打分数。出题目，打分数，能让学生写好文章吗？我认为不能。因为这里面没有教学，没有教也没有学。有的只是要求和结果。

还有一些教师，不仅出题目，打分数，还要写评语，还很认真。现在有很多教师在写评语上很下功夫。如果评语写了学生并不认真看，有些教师就很生气。我劝他们不要生气，他们想不通。其实，作文评语从小学三年级就已经开始写了，写到初中就已经写了 3 年了，初中又写 3 年，已经 6 年了，而且 6 年的评语基本差不多。高中教师未必写得比初中教师好，初中教师也未必比小学教师写得认真，也未必比小学教师写得高明。对学生来说，自己的作文评语已经看了七八年了，谁还想再看呀？实际上，教师不写评语，学生大多数也知道自己的作文有什么样的问题，别人的好作文有什么优点。甚至我们让学生自己写评语，也未必比教师写得差。我是每学期都让学生互相批改一次作文的，学生的作文评语写得真的不差。

如果从实际情况看，目前绝大多数教师的评语还是套话多，就跟学生的期末家庭联络书上的评语差不多。据有人统计，中学语文教师的作文评语最常用的就是 12 个短语，几乎没有超过这 12 个短语的。我的感觉，可能都没有 12 个短语，基本就是那么五六个短语再组合，什么审题怎么样，选材怎么样，中心怎么样，结构怎么样，立意怎么样，语言怎么样。这样的评语，你让学生看什么呢？又有什么用呢？就像群发的短信，真的没有什么真情实感。

更重要的是，学生读了评语，哪怕是非常认真地读，对作文提高有用吗？基本是没有用的。这不是我的观点，这是叶圣陶先生说的。其实，道理很简单，如果学生读评语、读范文就能写好文章，那么我们就各年级选一批好文章，请一批人写上最好的评语，然后全国中小学生全看这本书，那作文教学岂不省事了。问题不会这样简单。有人要问，那么为什么要写评语呢？我觉得主要是为了便于和学生交流，也为作文评讲提供素材准备，为作文教学的决策和安排提供依据。

当然，除了出题目，打分数，写评语，很多教师还有作文指导和作文评讲。但作文评讲和作文指导能不能都说是作文教学呢？我们以为还不一定。因为有些教师的作文指导课主要就是和学生一起审题。所谓审题就是明确要求，就是讲好作文的标准，就是弄清楚应该怎么写，就是弄清楚怎么写才是最好的。这对于学生的考试写作自然是有一定用处的。但我们前面已经说过，平时写作训练是为了提高写作能力，而本身并不是考试行为。而从写作规律的角度看，知道要求、知道标准对提高写作能力几乎没有意义。某种意义上说，这都没有进入写的过程，都没有着眼怎么写进行教学。至于作文评讲课，比较普遍的模式就是开两会。一般先开表彰大会，说说这一次作文哪几个学生写得好，好在哪几个方面。然后再开批斗大会：说说这次作文有哪些学生写得不符合要求。这样的表彰大会和批斗大会，有没有用？不能说一点用没有，但用处不大。因为这些话，不用说，学生也知道，尤其是高中生和初中生。看一篇文章，学生都会有自己的看法。某某选材新颖，某某结构巧妙，某某立意深刻，他们能看得清清楚楚。教师花了那么多时间，说的都是学生本来就知道的，当然用处不大。在这样的评讲中，教师充当的只是法官，是判定输赢的裁判，而不是教练。而教师的角色，不是布置任务的领导，也不是裁判和法官，而应该是一个好的教练，即应该让学生由不会到会，由不好到好，把立意不深刻的变得深刻，把结构安排不好的变得好起来，这样我们学生的作文能力才会提高。

通过以上分析不难看出，我们的作文教学很普遍的问题是没有能真正作用于学生的写作过程，教师的教学总是着眼和用力于两端，总是站在局外，教的都是知识，都是结论。那么，作文教学怎样才能作用于学生的写作过程呢？

从常规的作文教学课来看，作文指导课应该力求能够真正进入写的过程，对改善学生的写作过程发挥引导作用，并且最好突破以题目为立足点的写作指导，可以以材料为立足点，可以以构思为立足点，可以以写作困境的突破为立足点，当然也可以以一个写作知识点为立足点（当然不是为了学习这个写作知识）。这样作文指导就可能对写作过程的改善更有意义。我在初中上过一节写出人物特点的作文课。就是让学生写我自己。写这样一个几乎陌生也不是完全陌生的人，怎么写呢？这就是我这节课的教学内容。在全国各地已经执教很多次，效果还是比较理想的。我还在初中执教过一节作文课——"抓住特别之处写故事"，教学内容和目的是引导学生关注生活中一些事物的特别之处，发现并且写好这特别之处背后的故事，这也得到了很多教师的认可。

作文评讲课最基本的做法就是对学生的作文进行现场的选点提升。每篇提升，篇篇提升，是不太可能的，每次提升一两篇是应该的，也是可以的，从来不进行提升肯定是不行的。作文升格，早就有人研究和实践，这应该也是一种很有效的方法。但我们见到的作文升格，往往都是立足于把一篇作文改得更好，而且大多是单向的，是着眼于结果的升格，甚至有不少人是着眼于技巧的，而起作用的主要是教师的示范。这对学生当然也很有启发。我们这里说的现场的提升和它并不完全相同，不是着眼于一篇文章如何写得更好，而是着眼于文章写作自我改善的动态过程。我在很多地方举过一个我作文评讲的例子。高一议论文写作的第一个训练点是要有一个明确的观点。可第一次写作，很多同学做不到这一点。我让他们自选话题写一篇议论文，有相当一批学生文章的观点不明确。主要有两种类型，一是观点的表达很含混，二是观点的表达不够集中，也不一致。我想先解决后边一个问题。我选了一篇题目叫"风"（"风"作为题目我认为也是不理想的，但这不是主要问题）的文章作为评讲内容。文章的主要问题是，开头提出了一个观点，结尾又变成了另外一个观点，中间材料分析部分又是一个不同的观点。三个观点有联系，但不完全一致。当然，作文评讲时最简单的做法是，我边读文章边点评出文章的三个观点，这样最省事，但这就没有教学过程，没有教的过程，也没有学的过程。我采取的做法是：先读一下，让大家看看这篇文章怎么样，让学生打打分。大多数学生打70分，有的学生打得很高。我就问他为什么打这么高？他们说：第一，语言很流畅，也很有文采；第二，引用了很多古诗；第三，层次也很清楚；第四，话题也比较集中，紧紧围绕风展开的。我问，我们这一次的作文要求是什么？学写议论文。写议论文，最重要的是观点要明确鲜明。对照这个要求打分，这篇文章又该打多少分？有人打70分，没有人再打80分了，也有人打60分。我就问打60分的同学，问打65分的同学，文章的主要问题是什么。他们都认为文章的观点不明确。我再把文章读一遍，让学生们记下文中的观点。原来文章不是没有观点，而是有几个不一致的观点。接下来，我们一起讨论，让这篇文章的观点变得鲜明。我把文章的三个观点写在黑板上，让大家讨论，从文章的材料看这篇文章最好以哪一个作为中心观点。有人认为开头的观点好，有人认为结尾观点好，有人认为中间的观点好。我就让他们再讨论，如果以开头的观点为中心观点，后面怎么改？以结尾的观点为中心观点，前面怎么改。如果以中间的观点为中心观点，前后怎么改。一篇作文的评讲，评出了三篇文章。当然这是次要的，我认为最主要的是对学生的写作过程产生了影响。

作文教学要作用于学生的写作过程，需要我们努力探索新的作文课型和新的作文教学方法。作文教学的课型应该说是非常丰富的，除了通常的指导课、评讲课，还有写作能力训练课，写作知识学习课，写作理念形成课，也有些兼而有之的课型。但这些课往往也都是脱离具体的写作情境进行写作教学。前者如观察能力、想象能力训练、思维能力训练等，后者如肖像描写、细节描写、心理描写等。这些课当然也是必要的。但他们的局限也是非常明显的，大多是分解的、局部的、选点的，所谓的练习在一定程度上和实际的写作还不完全是一回事。

目前探索作文新课型的教师很多，比较成熟的还有这样一些课型。第一类是以方法为中心或者说是以技巧为中心的作文课。它的教学思路一般是：①明确方法和技巧；②示范；③现场训练；④分组交流；⑤班级交流和讨论；⑥小结。这是目前最常见的一种教学模式。它的可取之处在于着眼于教学生怎么写，内容具体，讲练结合，教学的过程安排有序。第二类是以活动为中心的作文课。如果说前一类课，主要着眼于怎么写的问题，这一类型主要着眼于写什么的问题。这类课型的教学思路一般是：①活动；②讨论；③写作；④交流。先是设置现场活动，然后围绕活动展开讨论，发现或揭示活动中的写作元素，产生写作的冲动，写出写作欲望，再根据活动进行写作，最后是交流和展示写作的文章。这个写作类型具有很强的现场感，似乎也最真实，每个学生都是亲历现场，身在其中，有感而发。目前探索这一课型的教师也比较多。第三类是以写作目的为中心的作文教学课型。它主要针对作文教学和学生的写作缺少对象意识更没有实际目的而提出的教学方法。其基本思路是：①明确交际情境；②明确写作要求；③根据情境和要求写作；④写作交流和评改。这种课型在国外早就很盛行。这三种课型各有其积极价值，但也各有其不足和弊端，这里不再讨论。值得肯定的是这三种类型在一定程度上体现了作文教学对学生写作过程的关注和影响。我们基于本色语文的教学主张，运用共生理论从丰富的教学实践中总结提炼了共生写作教学的方法，就是以写作过程为中心，有机会再系统介绍。

　　作文教学要作用于学生的写作过程，还可以突破课堂教学从相对宏观或中观的角度寻找出路。这样说，很多教师就会想到要有一个整体的系统。作文教学没有系统，几乎在无序中进行，这的确是一个问题。很多人都把责任归在教材。我以为这是不客观的。没有一个教材组不愿意教材有一个系统的作文教学安排。但有这样一个系统吗？至少说目前没有。谁说有，也是假的。所谓假，一是不合逻辑，没有道理，一定漏洞百出，经不住推敲；二是不可操作，无法实践；三是效果不好，意义不大。这其中的道理我们曾撰写长文予以专门阐述，这里不再具体展开。而我们认为作文教学的无序，主要不在于三年、一年或者一学期有没有一个系统，最主要的问题在于作文教学本身，主要的问题在于作文教学安排的非连贯性。目前，作文教学比较普遍的做法是，学生写一篇作文教师两三个星期才能改完发下去评讲，评讲之后再另做一篇内容、体裁和前一篇几乎没有多大关联的作文。这样的做法，最大的问题有两个：一是学生的写作，距离教师的评讲时间太长，等到教师评讲时，学生的写作体验几乎完全淡忘，甚至自己写的什么内容也没有什么印象，所以对评讲的内容也就缺少深切感受和认同；二是前后的两次作文关联不大，使针对前一次作文的评讲，不能很好地为后面的一次写作服务，意义不大或者完全失去意义。所以我们多年采取了套餐式作文的做法，也可以叫作连锁性写作，也可以叫再度作文。就是将一个小阶段的作文进行紧密型的关联性的安排。基本的形式有：①同一题目同一要求，因人施教，内外互补；②同一题目不同要求，分步训练，不断提升；③同一题目不同文体，强化文体特征的训练；④同一话题多次写作，训练从不同角度切入话题和选择材料；⑤同一题目多次写作，训练深层立意、多向立意的能力；⑥同一材料不同使用，训练加工材料和根据不同要求叙述材料的能力。实践证明，效果还是不错的。可以建立改善作文训练的局部系统，使一个阶段内的写作训练，有一个比较明确集中的训练目标、一个比较合理的训练顺序，同时具有更强的针对性和连续性，也可以在一定程度上使教师的"教"有效地作用于学生的"学"，对学生的写作过程发挥作用。如果用拳击打比方，就是我们无法将一场比赛的过程完全系统化，但可以多打一些组合拳，效果也一定不错。梁启超先生主张作文不要多写、滥写，而是要写就把一篇文章写好。我的观点是一个学生初中三年、高中三年要写几篇自己比较满意、教师比较满意的文章。可是能做到的学生不多。很多教师不管好歹，就是逼着学生低水平反复写作，3 年写的都是同一水平的文章。不能不说是作文教学的悲剧。

我的语文教学方法

一、语文共生教学的基本认识

（一）基本定义

语文共生教学，是立足母语教学的基本规律和根本特点，依据本色语文教学的基本主张，运用共生理论协调语文教学的种种关系和矛盾，实施语文课程的教学，实现学生语文素养提高的教学方法。

（二）提出的背景

如果说，本色语文针对的是语文教学中种种偏颇的认识和异化行为，是在对语文教学的课程理解、阅读教学、写作教学、课堂教学和教学评价等诸多方面进行深入研究的基础上提出的系统的教学主张，那么，语文共生教学就是针对语文教学的结论化和过程缺失，在丰富的课堂实践和大量案例研究的基础上，运用共生理论总结提出的教学方法。前者是主张，是继承，后者是在守正继承的基础上追求创新。前者主要是理性思考，后者主要是操作方法。

我们以为，语文教学的诸多问题之中，最突出的问题就是"结论教学"，也就是学习过程的缺失，这是语文教学低效率的主要原因。我们以为，新课程标准提出了知识与技能，过程与方法，情感、态度与价值观三维教学目标这样一个新的理念。其最关键、最核心的就是强调了学习的"过程观"。

所谓结论教学，其教学目的就在于让学生接受一个结论，是把让学生获得已有的结论作为教学的任务，其教学过程是直接将现成的结论传递给学生，学生的学习过程就是被动接受现成的结论，或者整个教学过程就是为了推导、印证一个既定的结论。阅读教学往往就是把参考书和各种资料甚至是各种试卷中关于文章理解分析的结论告诉学生，课堂上基本的活动就是教师讲答案，学生记笔记，教师提问题，学生找答案，课后就是做练习巩固已经知道的答案，甚至有些教师就直接让学生背答案。写作教学，就是教师出题目，学生写作文的反复循环。学生反复写，教师打分数，写评语。所谓写评语就是给学生的作文贴一个结论性的标签，评价学生作文好还是不好，好在哪里，不好在哪里。作文课，就是讲写作知识，讲写作技巧，讲高考、中考的评分标准。从某种意义上说，这种"结论教学"其实既没有"教"也没有"学"；即使有"教"有"学"，"教"和"学"也是脱节的。

而共生教学就是着眼于学生学习过程的体现和改善，着眼于教和学的融合，着眼于阅读和写作等素养提高的教学方法。

结论教学的特征就是：死。死的知识，死的方法，死的训练，死的过程，死的目标。教师死教，学生死学，上课死记，课后死练。

共生教学的特征就是：活。活的内容，活的过程，活的教，活的学，活的课堂。我让你活，你使我活，师生共生充满活力的语文教学。

（三）理论依据

共生教学方法的提出有着充分的理论依据。

依据之一：母语文化的基本特征

和西方语言文化相比，我们的母语更加注重体验、注重感悟、注重积累，其模糊性、整体性更强。而这里的重体验、重感悟、重积累，也必须是整体性地体现在整个学习过程之中的，更不是相互割裂的。其积累不是一般意义上的语言材料的积累，学习知识的积累，而最主要的是指体验、感悟的积累，是指学习感受、学习经验、学习过程的积累，还包含了精神积累和感情积累的思想积累。强调体验、感悟和积累，当然不是不要清晰的分析，也不是不要分解的系列训练，也不是不讲逻辑，不讲科学，而是不能以清晰的分析为主，不能依靠系列的训练解决根本问题，其本身的逻辑和科学，也不是通常意义上的先分解再合成，先概念再判断，而有其自身的内在规律。

依据之二：本色语文的教学主张

语文共生教学，是立足本色的教学主张形成的教学方法。

本色语文从课程理解到课堂教学，从阅读教学到写作教学，从教学评价到教师素养提出系统的教学主张。而其核心的主张是，把语文课上成语文课，用语文的方法教语文。

所谓把语文课上成语文课，就是要以语言为核心，以语文学习活动为主体，以学生语文综合素养提高为目的。语文课就是要在感悟语言、解读语言、品味语言、积累语言、运用语言的过程中，培养学生积极乐观的生活态度，培养学生健康丰富的情感，培养学生的人文素养和审美情趣，培养学生独立的人格和伟大的情怀。"五个语言"是木，"四个培养"是花。

用语文的方法教语文，就是让学生按照母语学习的规律学语文，教师按照母语的规律教学，按照母语的规律考语文，也按照母语的规律应对语文的考试。阅读教学要按照阅读教学的规律教学，写作教学也要按照写作的规律教学。

基于这样的主张，共生教学的基本特征是在阅读中教阅读，在写作中教写作，用阅读教阅读，用写作教写作。

依据之三：共生理论的基本原理

"共生"概念由德国生物学家德贝里于1879年提出。原本是生物学概念，指不同种属的生物（动植物）互相利用对方的特性和自己的特性互相依存、一同生活的现象；各种生物之间以及其与外界环境之间，通过能量转换和物质循环建立密切而和谐的联系。

共生理论，是生物学科的重要理论，是对达尔文进化论的发展。进化论看到的是生物之间的竞争和对立，共生理论看到的是生物之间的依存和促进。作为一种描述生物种间关系的方法论，共生理论在其他领域很快得到借用。社会学者认为：共生不仅是一种生物现象，也是一种社会现象；共生不仅是一种自然状态，也是一种可塑形态。共生理论不是某一种具体的生存状态，而是一种体现人类本真价值的生存样式，是一种合乎完善理性的生活情境。它反映了一个基本的事实，即要求社会的人合理地发挥本身具有的能动性，不仅在意识之中，还要在行动上体现共生的理念，处理人和社会，以及人和人之间的关系，使这种种关系朝着有序、有效、和谐的方向发展。

共生理论认为，共生是自然界、人类社会的普遍现象；共生的本质是协商与合作，协同共生是自然与人类社会发展的基本动力之一，互惠共生是自然与人类社会共生现象的必然趋势。随着共生概念的不断发展，学者们不断将共生理念应用到人类学、社会学、经济学、管理学、建筑学，甚至政治学等领域来解决实际社会问题，于是形成了内涵丰富的共生理论。

将共生理论引入语文教学，用来解释语文教学中的种种关系，协调种种矛盾，指导我们的教学行为，改善课堂教学的状态，具有非同寻常的意义。在语文教学中，尤其是在语文课堂教学中，教师与学生，学生与学生，主体与内容，内容与形式，文意与语言，阅读与写作，乃至素质与应试，创新与继承等矛盾之间，也都是一种共生关系。语文共生教学，就是运用共生理论促进语文教学中各种矛盾之间的协调和共生，从而实现学生语文素养的提高。

依据之四：叶圣陶先生在具体实践情境中发挥学生学习主体性作用和伙伴影响的思想

叶圣陶先生非常注重教育实践境，尤其注重在具体实践情境中发挥学生的学习主体性作用和伙伴影响在学习中的意义。他说"儿童的天性是注重事实、喜欢自己去做，凡是合乎他天性的，他们愿意知道它，学会它"。早在 20 世纪 10~20 年代，他排除种种阻碍，怀着崇高的使命感和责任感，进行教育改革的实践与探索，创办"生生农场"，建造礼堂、戏台、篆刻室等，带领学生走出课堂，走进生活，走进社会，躬行实践。给我们留下很多可借鉴的理论和经验。叶老还说过一句意味深长的话："教育是农业，不是工业。"如果说，教育是农业，那么语文教学首先是农业。他这开创"生生农场"的实践探索和他"教育是农业"的思想是我们共生教学的重要实践基础和思想基础。

依据之五：新课程改革的基本理念

学生是学习的主体，课堂教学要体现学习的过程，教师本身就是课程资源等，都是新课程的基本理念。而语文共生教学对这些理念都有非常充分的体现。

共生教学真正体现了学生主体。学生主体不是学生上课发言的次数多，不是课堂的气氛活跃，更不是"学生想做什么就做什么，想说什么就说什么，学生做什么都是合理的，学生说什么都是对的"，而是教师站在学生的立场组织教学内容和教学过程，教学过程和教学方法符合学生的认知规律，教师尊重学生的学习需要和学习成果，学生自己亲历学习的过程，在学习过程中获得学习的快乐和成长。

共生教学体充分体现了教学的过程观。充分认识学习场景对于学习的意义，高度关注学习过程中的交互性及其价值，尤其注重学习过程中学生主体之间的相互作用，实现学习的深度合作，从更高层次上实现合作对于学习者的意义，真正把课堂变成学习的场所，把教学的过程变成学习成长的过程。

共生教学还体现了正确的教师观。既承认教师是学生学习的组织者、引导者，又承认教师是课堂学习的参与者和受益者，特别强调教师是学习的先行者，注重发挥教师的课程资源价值。

（四）核心纲领

纲领之一：用阅读教阅读，用写作教写作

不是用阅读的结论教阅读，不是用阅读知识教阅读，不是用阅读技巧教阅读，不是依靠做练习教阅读；不是用写作知识教写作，不是用写作技巧教写作，不是用作文的标准教写作，不是用优秀作文教写作。

用阅读教阅读，教师必须先阅读，要读出自己的感受，读出自己的体验，读出自己的思考，读出自己的发现。用自己的阅读引领学生的阅读，用自己的阅读感受引发学生的阅读兴趣，用自己的阅读体验激活学生的体验，用自己的阅读思考激发学生的思考，用自己的发现引导学生的发现。

用写作教写作，教师必须懂写作，必须亲历写作过程，必须有自己的写作体验，必须站在学生写的角度组织作文教学。用自己的写作引领学生的写作，用自己的感受引发学生的写作兴趣，用自己的写作体验激活学生的写作体验，用自己的写作经验引导学生的写作过程。

纲领之二：在阅读中教阅读，在写作中教写作

重视教学过程的教学价值，让学生在阅读中形成阅读体验，在阅读中掌握阅读方法，在阅读中形成阅读经验，在阅读中培养阅读能力；让学生在写作中获得写作体验，在写作中掌握写作方法，在写作中形成写作经验，在阅读中培养写作能力。

重视教学现场的教学价值和学习价值，让学生互相激发阅读的感受，互相激发阅读的思考，互相激活写作的体验，互相激活写作的思路。

二、语文共生教学法的课堂结构

课堂结构，是和教学效率紧密相关的一个因素。传统的课堂结构，是指教学的流程安排和时间分配。新的课堂结构观，更多的是指课堂教学内容组成和生成的机制。语文共生教学法的课堂结构可以描述为"树式共生课堂结构"，简单说就是树式结构。

什么是"树式共生课堂结构"呢？我们概括为：一个点，一条线，分层推进，多点共生。如果用一个比喻说明，就是精选一粒种子，长成一根主干，伸开根根青枝，萌发片片绿叶。

一个种子，我们称之为共生原点。所谓共生原点，既是共生教学展开的出发点，又是教学过程展开的支点，它还应该是教学活动的激发点。它和教学内容等都有紧密的联系，但又都不是一回事。打个比方，共生原点就像种子，又像火种，它应该能长成一棵大树，应该能燃烧成一片大火。而一般意义上的教学内容不具备这样的功能。也可以说，只要赋予了教学内容生长性，它就具有了共生原点的特征。所谓生长性，就是它能够激发学生的学习兴趣，引发学生的语文学习活动，激活学生的思维。所以说，共生原点，并不是一个客观的存在形式，而是教者赋予了它共生原点的特性和意义。

阅读教学的共生原点非常丰富，可以是课文里的一个具体的内容。比如，我教学《孔乙己》，就是以小说对孔乙己手的描写为共生原点；可以是和文章紧密联系的一个知识点，我教学《阿房宫赋》，就是以"赋"为共生原点，抓住"铺采摛文""体物写志"展开教学；可以是文章的写作特点，教学《葡萄月令》，我就是以说明文的内容、诗的语言、散文的意境作为教学的共生点；也可以是和文章相关的一些资源，我教学《谏太宗十思疏》就是以不同教材的不同版本作为共生点。

作文教学的共生原点，同样也很丰富。它可以是一则材料，我教学《一则材料的多种运用》，共生原点就是一个高中二年级女生竞选班长的故事；可以是一篇比较成熟的习作，我教学"记叙文故事的展开"，共生原点就是一篇《满分》作文；可以是一篇并不成熟的习作半成品，我教学"用'感激'唤醒'感动'"，共生原点就是一个初步的写作构思；可以是一篇有问题的习作，我教学"一篇作文的评讲课"，共生原点就是一位同学的习作《风》；可以是名家有影响的作品，我教学"抓住特别之处写背后的故事"，共生原点就是鲍吉尔·原野的《雪地贺卡》。一个作文题目可以作为共生原点，一个话题也可以作为共生原点，一滴雨、一片树叶都可以作为作文教学的共生原点。

一节课的教学可以是一个共生原点，也可以是两个共生原点，甚至多个共生原点。我教学《我们家的男子汉》就是以文章的小标题和作者要赞美的男子汉精神为两个共生原点。一节课的教学，除了要确定一节课的共生原点，还要善于确定每个主要教学活动的共生原点。比如，我教学《阿房宫赋》，压缩课文填空，重写结尾和原文比较等，都是建立在课文教学共生原点基础上的活动原点。

共生原点的选择，具有很强的丰富性和开放性。无论是阅读还是写作，每个教学内容都会具有许多不同的共生原点，这为不同的教学形态和不同的教学风格提供了极大的选择空间。同一个教学内容，不同的教师会发现不同的共生原点；同一个教师教学同一个教学内容，也能发现不同的共生原点。

一根主干，首先就是教学的主体过程，就是由共生原点生长出去、申发出去的一条教学主线，就是围绕具体教学内容的教学活动的科学组合。所谓科学组合，就是强调每一个教学活动的教学价值和学习价值，每个教学活动之间应该具有内在的关联性和生长性。所谓关联性，或者是条件关系，前一个教学活动是后一个教学活动的基础；或者是层进关系，后一个教学活动是前一个活动的发展和深入。所谓生长性，体现在教学过程和内容上，或者是学习内容的不断深入，或者是学习要求的不断提高，或者是学习方式的不断改进；体现在学生身上，或者是对问题的不断发现，或者对问题认识的不断深化，或者是思维质量的不断提高。

教学主线的展开，并不是一步到位的，必须分步推进；主要教学活动的组织，也不是一蹴而就的，必须分解实施。这个分步推进的过程，这个活动分解的过程，就是教学层次的体现。打个比方，就像树的年轮，就像竹竿的竹节，就像一年的四季。我们在谈到教学活动的设计策略时经常说：次要活动要整合，重点活动要分解。后者也是强调了教学层次的重要。所以一根主干这个比喻，也包含了教学的分层推进。

树式共生教学结构，有的是一堂课一个主干，即一课堂一个点一条线，我们称之为单株结构；也有的一堂课有两个主干，即一课堂两个点两条线的结构，我们称之为双株结构；还有的一堂课可能是三个主干，即一课堂多个点、多条线的结构形式，我们称之为多株结构。这样的结构，除了要必须处理好双线之间乃至多线之间的关系，务求主次分明，互相补充，互相照应，而不能主次不明，互相干扰之外，其他和一课堂一个点一条线的单株结构没有什么不同。

"根根青枝"，是指在围绕主线、突出教学主线的同时，根据具体教学情境和教学需要"旁逸斜出"的"节外生枝"。"片片绿叶"，是指无论是主干还是分支，都必须追求鲜活的教学细节。在树式共生教学结构中，"种子"和"主干"更多的是教师教学设计时的预设，"分枝"和"绿叶"，则更多是教学过程中的生成，而两者都不可缺少教师的引领。对教学过程中生长出来的"枝叶"，教师必须及时进行"人工选择"和"修剪"，以使课堂教学既枝繁叶茂，又主干强壮，内容集中、主线突出，又充满活力和张力。

三、语文共生教学法的基本课型

共生教学有共生阅读教学和共生写作教学两大板块。共生阅读教学和共生写作教学分别有 12 个基本课型。

共生阅读教学的基本课型有：①师生共生；②生生共生；③言意共生；④学生和文本共生；⑤学生和作者共生；⑥文体特征和文本内容共生；⑦文本形式和文本内容共生；⑧相关资源和教学文本共生；⑨教学过程和教学内容共生；⑩教学形式和文本内容共生；⑪文本与作者共生；⑫文本和知识共生。

共生写作教学的基本课型有：①师生共生；②生生共生；③他者共生；④自我共生；⑤材料共生；⑥思想共生；⑦立意共生；⑧结构共生；⑨知识和能力共生；⑩过程与方法共生；⑪生活和写作共生；⑫读写共生。

当然，所谓的课型也并不是一个绝对的说法，每个课型的案例中都可能包含了不止一种共生方法。

四、语文共生教学的操作要领

（一）选好共生原点

共生原点的选择，是共生教学成功的基础。我们要深入研究教学内容，发现教学内容中蕴含的共生原点，或赋予教学内容共生原点的特征，充分开发每个共生原点的教学价值和学习价值。

1. 共生原点应该是生长性和操作性的统一

共生原点不仅要具体实在，集中明确，而且必须具有鲜活的生长性。这是共生教学的根本特征。但这种生长性必须和操作性形成统一。在介绍树式共生教学结构的"一个点""一个主干"时，我们分别说明了生长性的一些具体内涵，简单说，所谓生长性就是具备组织连续性的、鲜活的听、说、读、写等学习活动的能力。但这些连续性的鲜活的学习活动，必须是可操作的，否则就失去了它们的意义。所谓课操作，就是学生具备必要的生活准备、知识准备、能力准备、材料准备、信息准备和心理准备，教师具备设计能力、组织能力、引导能力、协调能力、变通能力、评价能力和修正能力，课堂具备时间条件、空间条件、情境条件和物质条件。具备了这三个方面的条件，就具备了可操作性。否则，再好的共生原点也是没有价值的。

2. 共生原点应该是教什么和怎么教的统一

无论是写作课还是阅读课，无论是一篇课文的教学还是一节课的教学，确定共生原点，首先要研究和明确教学内容。这个教学内容，不是笼而统之的阅读或者写作，也不是大而化之的教什么课文或者写什么作文题目，而应该是一个个具体的内容和具体的活动。比如，教学《孔乙己》，理解人物特征和形象意义无疑是必须教学的内容，但仅仅关注这一点很容易成为结论教学，明确这一点的同时必须明确用什么的教学活动和教学安排来体现这样的教学和完成这样的教学内容。作文教学也是如此，我们不仅仅是要求学生写出什么样的作文，同时还要考虑如何让学生写出这样的作文；不是布置一个作文题目，而是要考虑如何让学生写好这个题目；不是要求学生应该具备什么样的写作能力，而是要想好如何让学生具备这样的能力。

3. 共生原点应该是人文性和工具性的统一

很多人把语文上成了非语文课，就是只顾及了所谓"人文性"，而忽视了语文的所谓"工具性"。简单地说，只看到思想内容看不到语言形式。现在这样的阅读课并不少见。只有实现了人文性和工具性的统一，着眼于形式和内容的结合确定共生原点，这个"点"才能体现语文学科的课程特点，教学才会有充满活力的共生共长的教学情境。教学《我们家的男子汉》，我们把理解"男子汉精神"和这篇文章小标题的结构特点结合为教学的"共生原点"；教学《孔乙己》，我们把对人物主题的理解和小说对手的描写结合为教学的"共生原点"；教学《阿房宫赋》，我们把理解文本内容、思想主题和欣赏"赋"体文章的表现手法结合为教学的"共生原点"；教学

《谏太宗十思疏》，我们把理解文章的内容主旨和学会通过不同注释、版本的比较阅读文言文的方法结合为教学的"共生原点"。如果说这些案例的教学比较成功，明确、具体、集中而又把内容和形式紧密结合在一起的教学内容，是一个很重要的因素。

4. 共生原点应该是学生学习需要和教师教学需要的统一

共生原点满足了教师的教学需要，才有教师的活教；满足了学生的学习需要，才会有学生的活学。两个需要的满足，才能互相激活，教师和学生互相激活，就是共生共长的教学境界。

共生原点作为共生教学的主要元素，当然由教师发现，由教师选择，由教师确定。教师选择什么样的共生原点，必然会从自己的教学需要出发。但教师确定共生原点，必须要立足于学生的学习需要。他们会有什么困难，他们会出现什么问题，他们需要我们做什么，我们的问题他们会怎么回答，我们的活动安排对他们是否有意义，这些都是我们选择共生原点必须认真思考的问题。因此，共生原点不能来自教学参考书，不能来自教学指导用书，不能来自复习资料和试卷练习，也不能来自教师的主观想象，当然也不是为了标新立异，不是为了教师自己作秀。我教学《阿房宫赋》，有一个教学活动的共生原点是将课文压缩为一段话，并留下关键词让学生填空，共生的效果比较理想。但我起初的设计是让学生压缩为一段短文。试教之后，效果很不理想。因为这个共生原点的选择，脱离了学生实际，学生没有这个能力，也没有这个必要。有的教师教学现代散文，要学生将散文的内容改写为旧体诗词，也是类似的问题。

（二）激活共生现场

吕叔湘先生说："如果说教学法是一把钥匙的话，那么在所有的教学法之中还有一把总的钥匙，它的名字叫作'活'。"共生教学法的基本特征是"以活激活"。这个"活"有着丰富的内涵：活的内容，活的方法，活的过程，活的结果。

"活"，既指教师的教，也指学生的学。有教师的"活"教，才有学生的"活"学。学生的"活"学，又生成了教师的"活"教。所以，"活"是指师生之间高度融合、互相"激活"的教学情境。"活"既指多样的形式，又指丰富的内容。只有活学，才能学活。所以，"活"是指内容和形式互相统一、互相作用的有效学习。"活"

既指灵动的过程，又指呈现的效果。所以，"活"是行为和结果双向互动和促进的教学境界。

共生教学法的基础，是教师的先"生"和先"活"。先"生"，即教师的学习体验，学习发现；先"活"，即教师的教学智慧和教学创造。所以，共生教学法特别强调教师的文本阅读和阅读中的发现，特别强调教师的写作体验和写作发现；特别强调教师对语文学习规律、学生认知规律和课堂基本规律的直接体验和准确把握。

因此，共生教学的成功与否，首先是看能否激活共生现场。

"活"的标志，首先，是教师的"活"教，是针对具体教学情境的教，而不是拘泥既定方案的教；是针对具体学生的教，而不是不顾对象的教；是针对具体问题的教，而不是从经验出发的教。其次，是学生的"活"学。所谓"活"学的特征就是"动"。先看学生有没有真正的"动"。真正的动，不是表面的气氛热烈，不是举手积极，不是形式上花样很多，而是看眼睛有没有动（有没有有质量的读），嘴巴有没有动（有没有有质量的说），手有没有有动（有没有有质量的写），思维有没有动（有没有有质量的思考），语言有没有动（有没有有质量的语言活动和语言训练）。再次，激活共生的现场，还要使课堂能够呈现有质量的交互活动。师生之间，学生之间，要能互相分享学习的感受、体验和成果，要能互相参与阅读的过程，互相参与写作的过程，要能形成有质量的互相交流，互相启发，互相补充，互相碰撞，互相促进，互相引领。

1. 必须尊重所有学生的学习表现

在教学现场，我们很容易对学生的学习表现感到失望，也是由于我们对学生的期望太高，这是由于原定的教学方案脱离了学生的实际，而最主要的是我们对学生的学习缺少应有的尊重。其实，几乎没有学生学习会不尽力，也几乎没有学生想表现得让教师失望。因此，我们必须尊重所有学生的学习表现。所谓尊重学生的学习表现，就是要理解学生的任何表现都是合理的，任何反应都是有道理的，学生的表现有差异是正常的。我们一旦对学生的学习表现失望，就会影响师生关系，就会破坏教学情境，就会使教学共生成为泡影。

2. 善于及时发现教学现场的共生原点

这不是教学技巧，不是教学的技术，而是教学的经验、教学的艺术和教学理念的一种综合表现。我在许多地方介绍过于漪老师的一个教学镜头。于老师教学《宇宙里有些什么》，一个学生问："'一千万万颗星星'是多少颗星星？"有个同学很不屑地说："'一千万万颗星星'不就是一千亿颗星星吗?"说得提出问题的同学十分自卑。可是于老师却发现了这样看似简单甚至幼稚的问题背后的教学价值。她问："既然'一千万万颗星星'就是一千亿颗星星,为什么课文不写成'一千亿颗星星'呢?"于是,同学们围绕这个问题展开了讨论,最后明确:一千亿颗星星说成"一千万万颗星星"一是说明这是概数而不是确数,更重要的是这样的表达更能表现星星的多。最后,于老师还不忘让大家想一想这个问题是谁提出来的。这样的经典案例道出了共生教学形成现场共生的奥妙所在。我教学《黔之驴》,在讨论既然课文写虎的内容更多,文章题目能不能改为"黔之虎"时,一个学生说"柳宗元会生气的"。我便问他柳宗元为什么会生气呢? 这个学生便说不出来。我对大家说:"这名同学说题目改了,柳宗元就会生气。这说明柳宗元用这个题目有他的用意。那么是什么用意呢?"联系背景,大家很快就明白了作者写作的主旨主要是讽刺朝廷那些占据要位而又昏庸无能的人。这也是及时抓住了教学现场的共生原点形成的共生情境。

3. 善于激活学生的学习热情

我们要对教学气氛有理性的理解。不能以为气氛热烈、发言踊跃就是共生的最佳情境,不能以为一呼百应、一问就答、一答就对的课是好课,不要期望学生就应该像我们想象的那样去表现。我们要承认孩子和成人之间的差异,承认学生和我们之间的差异,承认不同学生、不同班级课堂学习态度和表现上的差异。我们要能放低教学姿态,要真正将自己和学生融为一体,用自己的情绪影响学生,用自己的感情打动学生,用自己的体验激活学生,用自己的思考启发学生,用自己的问题唤醒学生,用自己的点拨启发学生。我们还要能及时发现和调动领军学生的学习引领作用,通过他们来带领、影响整个班级的学生。

4. 能够对学生的学习进行及时的深度引领

共生教学不是原地踏步和原点的循环,共生的情境还指学习过程的深入发展。所以教师要对学生的学习进行及时的深度引领。学生的共生没有明确方向时,要为他们明确方向,学生的思维遇到阻塞时,引领他们冲破阻塞,学生的认识比较肤浅时,引领他们深化自己的思考,学生的思路狭窄时打开他们的思路,这样才能促使课堂的共生情境高质量地展开。

(三) 促进共生过程

和谐共生教学法的核心是共生共长。"生"即"生成"，即体验，即感受，即发现，即创造，有教师之"生"和学生之"生"，而教师之"生"是基础，学生之"生"是目的；"长"，即成长，即提高，即发展，即丰富，即实现，有教师之"长"和学生之"长"，而学生之"长"是根本。

在"生"和"长"之间，"生"是手段，"长"是目的。"生"是"长"的基础，"长"是"生"的目的。"共生共长"有着丰富的内涵：既有资源共生，也有情境共生；既有言语共生，也有情感共生；既有思想共生，也有精神共生；既有阅读共生，也有写作共生。

共生教学的过程，应该是不断推进的过程，或者说是共生原点不断生长的过程，而不是原点踏步，不断循环的过程。打个比方，如果说课堂是一棵树，这个树应该不断长大；如果课堂是一棵竹子，这棵竹子就应该不断抽节长高。这不仅体现为教学内容的不断推进，更重要的是体现为学习内涵的深化，体现为学生学习的成长。

因此，我们要采用多层次、多角度、多形式的教学活动，促进共生过程，使教学主干充实而丰满，使优良的种子在课堂教学中成长为一棵粗壮的大树。

1. 围绕共生原点开展多层次的教学活动

比如，我们教学《蜀道难》，课文的朗读，我们安排了这样几个层次：第一次是集体读、指名读，了解课前读背情况，正字正音；第二次是指名五名学生比较读"噫吁嚱"三个字，并且进行比较评点，感受全诗的感情基调和豪迈之气；第三次是指名三名学生分别比较"蜀道之难难于上青天"一句在全诗中三次反复出现的不同朗读，通过比较评点，理解这句诗在全诗结构、感情等方面的作用；第四次是师生配合朗读全诗，我读开头的三次反复"蜀道之难难于上青天"，学生们读其他诗歌，然后讨论理解其他诗句和这三句诗的关系，以及运用的表现手法；第五次是学生根据自己对诗歌排行的处理朗读全诗，我边读边在黑板画出"图谱"，然后根据我的图谱曲线理解诗歌感情和语言形式之间的内在统一。这样多层次的读，就成了一个共生原点。教学过程紧紧扣住一个点，层层深入地展开，一条教学的主线清晰而鲜明。

2. 围绕共生原点开展多角度的教学活动

教学《黔之驴》这篇课文，我抓住"寓言用故事讲道理"这个共生原点，先让学生从不同角度读课文，理解课文：找出课文写驴的内容，讨论驴悲剧下场的原因；找出写老虎的内容，讨论老虎胜利的原因。然后，让学生以不同口吻讲故事，理解故事：以第三人称讲这个故事，以驴的口吻讲这个故事，以老虎的口吻讲这个故事。我还让学生从驴的角度讨论寓意，用古人的成语概括寓意，从老虎的角度讨论寓意，用自己的"成语"概括寓意，再从好事者的角度讨论寓意，用自己的"成语"归纳寓意。这些在分层基础上的多角度的学习活动，无疑使教学活动变得十分丰满，使教学主线和共生过程非常充实。

3. 围绕共生原点开展多种方法的教学活动

教学《我们家的男子汉》，为了便于理解"男子汉精神"，我采用了这样一些方法：第一，归纳"我们家的男子汉"身上的主要品质；第二，加工文中的话或用自己的话，描述心目中的男子汉；第三，全班合作完成小诗《小小男子汉宣言》。对小标题在文章中的作用的理解，分别运用了这样一些方法：一是学生先说说小标题的一般作用；二是归纳本文小标题的主要作用；三是引导学生用人物语言改换小标题；四是比较两种小标题的不同效果。教学中努力把理解"男子汉精神"和理解小标题在文章中的作用两者紧密地整合在一起。教学《孔乙己》，我紧紧围绕手这个共生原点，先让学生抓住这双手初步解读孔乙己这个人物，再根据具体情节让学生展开合理的阅读想象，补充关于手的描写，然后再展开想象突出手的细节，描写孔乙己死的场景，深入人物内心世界。丰富的教学活动的形式使共生过程不断推进。

共生教学特别关注教学现场的教学价值，特别追求教学过程的开放性、生成性和多元性，但共生教学的教学过程，必须保证课堂的成长沿着健康的方向，必须是积极向上的生长。首先体现为有明确的方向。我们看到一些课堂，气氛是热烈的，学生参与的热情是高涨的，交互性活动是充分的，但这样的活动的目的到底是什么呢？谁也不清楚。这就是没有方向的乱生乱长。因此，共生教学的过程，必须体现教师对整个教学过程的引领，对学生学习行为的引领，而不是任由学生自然地学习。再优秀的学生，再理想的课堂，教师都必须履行自己的责任。而越是共生的课堂，教师的引领责任就越重要，引领的意义和难度也就越大。如果教师没有体现引领作用，就说明这还不是共生教学。

走进课堂

一、《背影》教学实录

师：同学们，上课。今天我们学习朱自清的《背影》。同学们以前读过朱自清的文章吗？

生：读过，《匆匆》《春》。

师：《匆匆》是一篇哲理性的散文，《春》是一篇写景的散文，今天我们学的《背影》是一篇回忆父亲的散文，这篇文章曾经感动了几代中国人，有没有感动你们呢？

生：感动了。

师：真的感动了吗？那你说说哪个地方让你们感动呢？现在请大家把书翻到《背影》这一课，说说哪些部分感动了你。

生："他用两手攀着上面，两脚再向上缩；他肥胖的身子向左微倾，显出努力的样子。"

师：你呢，有没有让你感动的地方？

生：没有。

师：没有一个让你感动的地方吗？好，那看来我们需要仔细学习课文，等下课的时候你再告诉我有没有让你感动的地方。你呢，有没有哪个句子让你感动？

生："他再三嘱咐茶房，甚是仔细。但他终于不放心，怕茶房不妥帖；颇踌躇了一会，终于决定还是自己送我去。"

师：为父亲细致的照顾所感动，还有其他同学吗？说说你感动的地方。

生："他和我走到车上，将橘子一股脑儿放在我的皮大衣上。于是扑扑衣上的泥土，心里很轻松似的，过了一会儿说：'我走了，到那边来信！'"

师：嗯，这段话也让我很感动，一段很朴实的对话，但很感人。还有吗？

生："等他的背影混入来来往往的人里，再找不着了，我便进来坐下，我的眼泪又来了。"

师：你的眼泪又来了，我读到这里也是眼泪又来了，有没有同学来主动说说你感动的地方，刚才都是被动的。

生："父亲给我写了一封信，信中说到，我身体平安，惟膀子疼痛厉害，举箸提笔，

教学《背影》

诸多不便，大约大去之期不远矣。"

师：大家都是会读书的孩子，懂事的孩子，其实读《背影》，你读到感动了，就不用教师上课了。好了，刚刚上课之前没有感动的这位学生，你现在有没有感动？

生：没有。

师：啊，还没有让你感动啊？你心如磐石啊，那我慢慢地看能不能融化你的心啊。同学们读了这些都很感动，有没有想过一个问题，课文里这些感动你的内容都和一个具体的关键的词语有关，是什么啊？

生：背影。

师：这是一篇让我们感动的散文，这是一个让我们难忘的"背影"。同学们能不看书说出是什么样的背影吗？（学生没有反应）这可不好。这么关键的内容怎么不加以注意啊？究竟是一个什么样的背影呢？我们来看一幅插图，大家看得清吗？

师：我们读书，尤其是读散文，要善于把文字变成一幅画。如果从文章中选一段文字，放在这个图的下面，做这幅图的说明，你们觉得应该选哪段文字比较合适呢？你有没有发现？（向前面说没有感动的同学）

生：没有。

师：没有，那看来你真的不善于感动。其他同学有没有发现？

生：第6段。

师：具体是从哪里开始的呢？

生："他用两手攀着上面，两脚再向上缩；他肥胖的身子向左微倾，显出努力的样子。"

师：有没有不同的看法啊？有，我最喜欢这样的同学，你觉得是哪段文字？

生："我看见他戴着黑布小帽，穿着黑布大马褂，深青布棉袍……就不容易了。"

师：我跟他的想法基本一样，黄老师就是根据下面这段文字把这幅画画出来的。

师：（读相关文字）如果根据这段文字配我的图，你们觉得黄老师画得好不好？有没有把文字要表达的内容画出来？

生：没有颜色。

师：什么颜色呢？

生：黑布大马褂，深青布棉袍。

师：是的。这里的颜色值得关注。大家能对照文字看到黄老师这幅画的问题吗？

生：我看着他戴着黑布小帽，穿着深青布大马褂，走到铁道边，但这幅画里面没有表现出走到铁道边。

师：哦，只是画了一个静态的背影，没有走过去的过程。对吧？——除了这个以外，还有吗？

生：这幅画没有说清楚，他是慢慢探下身去，还是两手攀着上面，两脚再往上缩，也没交代清楚父亲是干什么。

师：是的。这位同学关注到了动作。"攀"还是"探"不太清楚。是的。这幅画的确不够清楚。

好，黄老师再读一遍这段文字，你们圈出自己认为最能表现父爱的词。这段话中有一个词，黄老师反复画了三个圈。看大家能不能圈出我反复画了三个圈的词语。

师（读）："我看见他戴着黑布小帽……我的眼泪很快地流下来了。"

师：你圈出哪个词？

生：努力。

生：蹒跚。

师：你圈出的是哪个词语？

生：探身，微倾。

生：攀。

师：大家圈的词语都很重要，都能够表达父亲对朱自清的爱。可是我好失望啊，看来我们的代沟不是一代的沟，是一代代的沟。再来看看有没有同学圈到黄老师圈了又圈的词语。你圈哪一个词语？

生：不容易。

师：啊？为什么你认为这个词黄老师会特别圈了又圈呢？

生：因为这个词最能表现父亲的爱。

师：有道理。看来这位同学很能理解父亲的心。现在我们来看这段描写主要围绕哪一个词？

生：很努力。

师：这个词语也很重要。那么这个"努力"，跟现在教师们对你们说要"努力学习"的"努力"一样吗？

生：不一样。

师：不一样在哪里呢？你声音最响，你来说。

生：父亲年老力弱，买东西很费力气，要努力。

师：对，我们今天所说的"努力"是指一个人做事主观上很认真，这里的"努力"除了写爸爸年纪大了身体不好之外，还写出了父亲爬月台的什么情形呢？

生：艰难。

师：对的，我们也可以给他换个词——"吃力"。大家看这幅画描写的情境，主要表现爸爸"吃力"呢，还是表现爸爸"不容易"？

生：不容易。

师：应该说这两个词都很关键，但相对地讲"不容易"更关键。因为写"努力"也是为了表现"不容易"。从哪几个词可以看出爸爸爬月台不容易啊？第一个是？

生：蹒跚。

师：这是走路的不容易。还有？

生：探身。

师：为什么要探身呢？

生：因为月台比较高，比较深，有危险。

师：这是写下月台的不容易。——后面还有哪个词可以看出不容易？

生： 攀。

师： 这是向对面月台上爬的不容易。还有？

生： 缩。

师： 这也是向月台上爬的不容易。是一只脚叫"缩"，还是两只脚？

生： 两只。

师： 对，看看这幅图是几只脚缩？

生： 一只。

师： 对呀，刚才怎么没发现啊？为什么两个脚"缩"？这就更能表现出不容易。大家看，做爸爸的多不容易哟。——黄老师有一个问题，我们写一个人时一般都会写他的眼睛。作者为什么不写父亲的眼睛呢？如果朱自清也写他爸爸的眼睛，会是什么样的眼睛？

生： 泪汪汪的。

生： 关心的，慈爱的。

生： 深情的，温柔的。

师： 大家说得很好。现在父亲的眼睛似乎都是这样的。可是大家想一想这么写好不好？

生： 好。

师： 有没有同学觉得不好的？有一位同学。你为什么觉得不好啊？

生： 泪汪汪的眼睛不好，父亲为了不让女儿担心（学生笑），是儿子，为了不让他的儿子担心，还鼓励儿子，不会眼泪汪汪。

师： 这位同学从具体的语境出发，很有道理。现在我们要讨论的是，朱自清的爸爸看朱自清的时候眼睛里会有这样的深情和温柔吗？（一名学生说不知道）对，说不知道很严谨。因为说话要有根据，不能凭空想象。你是一个很理性的人，所以你轻易不感动。（学生笑。）

师： 要讨论朱自清的爸爸会不会眼泪汪汪，眼睛里有没有深情，我们必须要了解背景，要看看他父亲是一个什么样的父亲。（教师用 PPT 出示关于朱自清的资料。）

师： 背景很复杂，我整理了一个简要的资料。黄老师读一下，大家看看有哪些信息和课文有直接联系。

师 (读PPT文字)：1915年，爸爸给儿子包办婚姻，儿子生气；1916年，儿子考上北京大学了，儿子把自己的名字改掉了，爸爸很生气。1917年，爸爸失业了，祖母去世，父子告别。1920年，儿子毕业了，先到南方去工作。1921年，家里经济很差，儿子就回到扬州工作。结果他爸爸说家里经济太差了，跑到他单位去把他工资给领了。儿子很生气，愤然离去。1922年，儿子带着老婆孩子回家，结果父亲不让他进门。后来进了家门，结果父子两个长期不说话。不久儿子又出走了。1924年，儿子写了一篇小说，暴露家庭矛盾，老爸很不高兴。1925年，父亲写了一封信给儿子，朱自清看到这封信，在泪眼中写了一篇文章，叫《背影》。1928年，爸爸读到这篇文章《背影》，父子关系才缓和。到1945年，父亲去世。

师：哪位同学先说说哪些信息跟课文有联系？

生：1917年，爸爸失业了，祖母去世，父子告别。

师：这跟课文哪一段有联系？

生：第2段。

师：对。

生：1925年，父亲写了一封信给儿子，朱自清看到这封信，在泪眼中写了一篇文章，叫《背影》。

师：对，这是《背影》写作的背景。这封信大家懂不懂？这封信是用文言文写的，黄老师来读一读。我身体平安，惟膀子疼痛厉害。"惟"是什么意思？

生：只有。

师：黄老师膀子也疼痛。"举箸提笔"，"箸"是什么意思？

生：筷子。

师：拿筷子、笔，膀子都疼。诸多不便，大约大去之期不远矣。什么叫大去之期啊？

生：死。

师：还有没有跟课文有关的地方？

生："但最近两年的不见，他忘记了我的不好，总是惦记着我，惦记着我的儿子。"至此冷战结束。

师：好，冷战结束。父子冷战结束，那么原来父子关系怎样？好不好？

生：不好。

师：父子关系不好，父子之间有冲突，有距离。你能从课文中找到父子之间有距离的根据吗？

生："我那时真是聪明过分，总觉得他说话不漂亮，非自己插嘴不可，但他终于讲定了价钱。就送我上车。"

师：哪个词语可以看出？

生："总觉得他说话不漂亮，非自己插嘴不可。"

师：年轻的儿子总觉得年老的父亲啰嗦。善于发现，还有没有？

生："我心里暗笑他的迂，他们只认得钱，托他们是白托。"

师：对，觉得他迂。还有没有？

生：爸爸你走吧。

师：这个话有什么距离，很深情啊，如果是你爸爸，很关心的，分别时说，爸爸你走吧，抹抹眼泪。（学生笑）有没有距离呢？有，哪位同学帮他解释一下。

生：可能是儿子嫌他爸爸烦，赶他走，不想让他在那里。

师：我跟女儿分别时，我女儿说，爸爸你等一等，等一会走。这里可以看出儿子不想跟爸爸在一起。文章中还有哪里看出儿子不想跟爸爸在一起？上文还有内容跟这呼应，说明他不想跟爸爸在一起的文字。

生：我再三劝他不必去，他只说，不要紧，他们去不好。

师：这是爸爸的角度，儿子的角度呢，有没有？

师："到南京时，有朋友约去游逛，勾留了一日。"什么叫勾留？

生：停留。

师：有没有距离？

生：把爸爸抛弃了，一个人去玩。

师："抛弃"，这两个字重了。大家想象一下，假如我的奶奶死了，爸爸工作丢了，我跟爸爸一起到南京去，我还会去玩吗？为什么？

生：不想跟爸爸在一起。

师：那后来这距离有没有消除？

生：消除了。

师：怎么消除的？谁主动消除的，是爸爸还是儿子？

生：爸爸。

师：认为是爸爸的，请举手。

师：哪里看出是爸爸主动消除的？

生："我买几个橘子去，你就在此地，不要动。"

师：爸爸在表达对儿子的爱。其他还有没有啊？

生："他再三嘱咐茶房，甚是仔细，但他终于不放心，怕茶房不妥帖，颇踌躇了一会。"

师：父亲本来不去的，又不放心，对我的关心。还有没有？

生："他嘱我路上小心，夜里要警醒些，不要受凉。又嘱托茶房好好照应我。"

师：真是个好父亲。父亲主动关心儿子，主动和儿子和好。

生："于是扑扑衣上的泥土，心里很轻松似的，过一会儿说，我走了，到那边来信。"

师：这叫什么？叫牵挂。还有没有？

生："但最近两年的不见，他终于忘却我的不好，只是惦记着我，惦记着我的儿子。"

师：这也是写爸爸，忘记我的不好，忘记过去，记着我，记着我的儿子。爸爸表达对儿子的爱，爸爸希望与儿子和好。大家觉得最主要的表现在哪里？

生：我觉得最主要的是最后的一封信。

师：你能说说你的理解吗？

生："大约大去之期不远矣。"

师：大去之期，我们已经讲过了，就是死，从上文找找看，死的原因是什么？

生：膀子疼痛。

师：膀子疼痛，黄老师也膀子疼痛，你能不能说黄老师大去之期不远矣？

生（笑）：不能。

师：惟膀子疼痛，这个"惟"什么意思？

生：只是。

师：只是，只是膀子疼痛会疼死吗？一般不会。很显然父亲在夸大自己的身体问题，你能从背景中找到黄老师推测的根据吗？父亲是哪一年去世的？

生：1945 年。

师：写信之后，隔了多长时间去世的？

生：十几年。

师：17 年。隔了这么长时间才去世。他就说大去之期不远矣，他为什么要夸大自己

　　身体的问题？

生：希望儿子多回来看看他。

师：希望儿子为他担忧，父亲用这个方法来对儿子示弱，示爱。爸爸买橘子，示爱；嘱托茶房，示爱。不但示爱，爸爸还向儿子示弱。当时我太强势了，现在你要原谅爸爸。这句话有没有说？没有。是通过一系列行为表现的。爸爸主动拉近关系，那么朱自清这个儿子有没有理解爸爸的意思？有没有？

生：有。

师：从哪里看出来他理解了爸爸？

生：到这边时，我赶紧去搀他。

师：一个"搀"字表现了儿子对父亲的爱。还有吗？

生：我不知何时再能与他相见！

师：这句话在结构上有什么作用？

生：呼应开头。

师：对，呼应开头。开头怎么说的？

生：我与父亲不相见已二年余了，我最不能忘记的是他的背影。

师：这"不相见"，是不是不能相见？

生：不是。

师：是不愿意见，爸爸讨厌儿子，儿子讨厌爸爸，父子冷战，所以不相见。最后想见了。——这篇文章还有儿子理解爸爸的地方吗？有人看了文章不感动，文中那么多次流泪，你看了不感动？刚才不感动的同学，举手给我看看。现在有没有感动啊？

生：感动了。

师：好，感动了。读进文章，你就感动了。作者被父亲的爱感动得流泪了。文章写了几次流泪？

生：4次。

师：文章中反复出现的内容一定要注意。第一次在哪里？哪个小节？

生：第2节。

师：第2节怎么写的？我们来看看。

生："不禁簌簌地流下眼泪。"

师：簌簌是什么意思？对，是泪多。看见满院狼藉的东西，祖母去世，爸爸没有工作，眼泪哗哗地下来了。第二次流泪呢？

生：我看见他的背影，我的眼泪很快地流下来了。

师：看见爸爸买橘子，我的眼泪很快流下来了，我有没有理解爸爸？

生：有。

师：是不是真正都理解了？是不是全部理解了？有没有认为还没有完全理解爸爸的？举手。

（有一名学生举手。）

师：好，有一个。说说理由。

生：因为他后面说，我赶紧拭干泪，怕父亲看见，也怕别人看见。

师：太好了，这是一个依据。还有没有第二个根据？是不是他看见爸爸买橘子，很感动，当时回去就写文章？当时有没有写？

生：没有。

师：买橘子是哪一年？写文章是哪一年？

生：买橘子是 1917 年，写文章是 1925 年。

师：相隔多少年？

生：8 年。

师：相隔 8 年。这 8 年中父子还有些矛盾。要是当时全理解了，当时就应该写。是不是？什么时候理解的？

生：1925 年。

师：对，最后一次流泪才真正理解了。在买了橘子之后，父子之间还没有完全理解。让我们看看最后一次流泪，在哪一段？

生："我读到此处，在晶莹的泪光中，又看见那肥胖的、青布棉袍黑布马褂的背影。"

师：在这泪光中，我们看出作者对父亲的理解，作者感受到了父亲对自己的深情。你还能从其他地方看出来吗？儿子终于彻底理解父亲了？

生："他少年出外谋生，独立支持，做了许多大事。哪知老境如此颓唐。他触目伤怀，自然情不能自已。"

师：对，这句话中哪个词最能体现？

生：自然。

师：有几个"自然"？

生：两个。

师：两个"自然"中看出儿子对父亲的理解，对父亲深深的爱。——现在我们想一想，如果作者写父亲的眼睛。父亲的眼睛会不会是深情的、温柔的？

生：不可能。

师：为什么呢？

生：父子还有矛盾。

师：有道理。但还比较笼统。一是从父亲的性格看，感情不大可能很外显，那时候的父亲，都是这样的。从两个人的关系看，虽然父亲主动和好，示爱，示弱，但是用深情的眼睛注视着儿子，还不大可能，也不大自然。

生：作者也没有好好对父亲的眼睛看。

师：太对了。这也是一个很重要的原因。那时的作者根本没有好好看一看父亲的眼睛。只有父亲爬过月台时那不容易的、艰难的背影才震撼了他。——结合这段信息，我们从课文中读懂了很多很多，读出了复杂的情感，读出了丰富的内涵。现在我们再回顾一下这个背影是怎样的背影？

生：不容易。

生：伟大的。

师：这些都比较抽象。大家用课文中具体的句子说说作者无法忘记的，我们也不应该忘记的，是什么样的背影。

生：肥胖的背影。

生：青布棉袍黑布马褂的背影。

生：一顶黑布小帽。

师：这是外形，是衣着。还有具体的动作吗？

生：蹒跚的背影。

生：慢慢探身下去，两手向上攀。

生：两脚向上缩。

师：非常好。读散文我们就是要抓住这些寄托了作者情感的描写。通过这些细节化的描写，我们读到了一个父亲翻越月台为儿子买橘子的不容易的背影，也看到了一个不容易的父亲。能说说这位父亲的不容易吗？

生：少年出外谋生，做了许多大事。

生：老境颓唐，触目伤怀。

生：家庭琐事让他生气。

生：惦记儿子，惦记孙子。

生：身体不好，又死去了母亲。

师：很好。大家能抓住课文的具体内容。但还是没有抓住最关键的内容。我们为大家提供的背景资料，大家也没有结合起来好好思考。

（学生还是没有反应。）

师：大家从资料中能看到一个什么样的父亲呢？

生：有点专制。

生：霸道。

师：是的，有点专制，有点霸道。而有点专制，有点霸道的父亲，可是在文中却表现得很周到很细致，多么不容易啊！

从资料中，我们看到了什么样的父子关系呢？

生：对立的。

生：有距离的。

师：是的，曾经在很长一段时间里。作者和父亲的关系是非常僵化的。经过很长很长的时间，父子的矛盾才化解。儿子才终于从父亲的背影中读懂父亲的爱，理解了父亲的"不容易"。——这对于一个父亲来说又是多么的"不容易"啊！

（PPT展示当你能从背影中读出一个人的爱，你就真正懂得了阅读，也真正读懂了爱。）

师：从一个人的眼睛中看到爱是很容易的，从一个人的背影中看出爱是不容易的。当你能从背影中读出一个人的爱，你就真正懂得了阅读，也真正读懂了爱。

让我们齐读课文这个片段，进一步感受不容易的背影，理解父亲的不容易和深沉的父爱。

（师生齐读：父亲是个胖子……我的眼泪很快流下来了。）

师：父亲真的不容易。可是作者经历了漫长的过程才读懂了父亲的爱，才理解了父亲的不容易。这告诉我们，要读懂爱也是不容易的，要从背影中读懂爱，是更不容易的。你们还小，慢慢地，就会懂得更深刻，更丰富。

同学们，阅读散文，就是要从感动处入手，就是要抓住形象，抓住人物情感的变化，就是要抓住细节化的描写，解读作者复杂的情感，读出文章丰富的内涵。

二、《黔之驴》教学实录

师：同学们，我们今天一起学习一篇文言文《黔之驴》。"黔"这个字的读音同学们要特别注意了。会读了吗？

生：会。

师：那读给我听一下。

生（齐读）：qián 之驴。

师：好的。知道这个作者吗？

生：柳宗元。

师：哦，柳宗元，唐代的，是非常著名的散文家，他在文学的很多方面都有很高的成就，而最有影响的是寓言。

（板书：寓言）

师：大家知道什么叫寓言吗？

生：寓言一般是借一个小故事讲大道理。

师：非常好，概括得非常简要、明晰。一要有故事，二要有道理，通过故事讲一个道理。

（板书：故事→道理）

师：不过大家还要注意，寓言故事的主要形象，一般不是人，是什么？

生：动物。

师：对，寓言的故事大多数是以动物作为主要形象，有时候也会是植物。那么，我们今天要学习的这个寓言的主要形象是谁啊？

生：驴。

师：对，是驴。这是一篇以一头驴为主角的文言文的寓言。我们都知道，学习文言文要多读；同学们来试一试，看怎样把这篇文言文读好，最好能读出寓言的特点。有哪名同学愿意试一试？

（一名学生举手；读得比较生疏）。

师： 好的，总体把握得不错，但是有几个地方不太好。比如，有几个读音还要注意，"慭慭然"的"慭"，读 yìn，而不是 xīn，"跳踉"的"踉"，读 liáng，而是不是 láng，"跳踉大㘎"的"㘎"，读 hǎn，而不是 gǎn，书上都有注音，大家看注释一定要仔细。还有几个句子的停顿处理得也不太好，读文言文一般要比现代文慢一些，太快了读句就不清楚，如"以为/且/噬己也"，停顿要清楚。另外呢，要把寓言的特点读出来，语调还要再稍微夸张一些，因为是讲故事嘛。下面请同学们跟我读一遍好不好？

（教师领读，强调重点字的读音、关键句的停顿，语调适当夸张；学生跟读。）

师： 好，同学们课后还要反复读，读好文言文是一种享受；要尽可能背下来，多背文言文，对今后的学习很有用。

下面我们来深入学习这篇寓言。刚才我们说过，这篇课文的主要形象是驴，现在我们看看这是一头什么样的驴。

请同学们快速地看一下课文，用你们习惯的标记画一画、标一标，课文的哪些语句写到了驴。

师： 好了，都标好了是吧？第一处写驴的是哪一句？

生： "庞然大物也。"

师： 哦，庞然大物，这的确是黔之驴的重要特征。"庞然大物"什么意思？

生： 很大的东西。

师： 写驴个子很大，这是从哪个方面写驴？

生： 写驴的形象，驴的外形。

（板书：驴的外形）

师： 大家注意，成语"庞然大物"不只是表现大，还有其他言外之意，后面我们再一起研究。"庞然大物"，是第一处写驴的语句吗？这个句子前面还有写驴的吗？

生： 有。"黔无驴，有好事者船载以入"。

师： 什么叫"船载以入"？

生： 用船运到贵州。

师： 这句话告诉了我们黔之驴的来历。（板书：驴的来历）其他还有写驴的吗？

生：“至则无可用。”

师："则"是什么意思？

生：就。

师：好。后边还有哪些地方写驴？

生：驴一鸣。

师：驴的叫声很响很长，很特别。这是写"驴的特长"。

　　（板书：驴的特长）

师：还有没有写驴的句子了？

生："觉无异能者。"

师：谁"觉"啊？

生：老虎。

师：对，这句话通过老虎的心理活动写驴；我们由此可以看出很重要的一点，驴子
　　没有特殊的本领。

师：前面写了驴的特征、驴的来历、驴的特长、驴的本领，后面还有没有了？

生："驴不胜怒，蹄之。"

师：哦，也是写驴的本领。什么本领？

生：用蹄子踢。

　　（板书：驴的本领）

师：哪个词是"踢"的意思？

生：蹄。

师："蹄"本是名词，这里用作动词。"驴不胜怒，蹄之"，意思是驴子承受不住愤
　　怒，就用蹄子踢老虎。
　　理解这个寓言，要特别关注驴的下场。哪句写出了驴的下场？

生："断其喉，尽其肉。"

师：对。这句式是写老虎，但我们由此知道了驴的下场是被老虎咬断喉咙，吃完
　　了肉。

　　（板书：驴的下场——被断喉、被吃肉）

师：读课文要思考，读寓言更要思考。有没有想过驴为什么会有这样的下场？

生：没有老虎厉害，本领没有老虎高，没有老虎强。

师：说得很好。这个意思课文里是怎么说的？

生："无异能"。

师："无异能"，没有特殊的本领，所以被吃。

大家想一想，驴的悲剧给我们什么教训呢？或者说从驴的悲剧我们懂得了什么道理呢？

（学生沉默。）

看来大家还没有思考过这个问题。不过，我们可以换个角度思考，这个寓言给我们留下一些大家都很熟悉的成语，同学们知道吗？或者说由贵州的这头可怜的驴子你们想到哪些成语？

生：黔驴技穷。

（板书：黔驴技穷）

师：驴的最后一招是什么？"蹄之"，使出这最后一招，老虎放心了，驴已经没有其他本领了。"黔驴技穷"这个成语，现在就比喻最后一点本领也用完了，形容那些表面强大，其实没有什么了不起的人。和这个成语意思相近的，还有一个成语，大家知道吗？

生：黔驴之技。

师：对，和"黔驴技穷"意思差不多的是"黔驴之技"。除了这两个成语，还有一个写驴的形象特征的词现在也是一个成语，它是——

生："庞然大物"。

师：对。庞然大物，也是成语。大家想一想，从驴的教训看，这个成语除了形容很大，还有什么意思呢？

（学生没有反应。）

师：能不能说很大的东西就是庞然大物呢？比如，姚明个子很高大，能说姚明在篮球场上是个庞然大物吗？

生：不能。

师：那么除了大，"庞然大物"还有什么意思？与黔之驴的故事联系起来看，什么样才叫"庞然大物"？驴与虎比，很大，但最后被老虎吃了。这告诉我们"庞然大物"不仅是大，而且是——

生：表面强大。

师：对，是大而无能，大而无用。个子大不是缺点，我们有些男同学个子很高大，篮球打得好，学习成绩又好，品德也很优秀，那就不能用"庞然大物"来形容他们。

好的，驴子的故事就说到这里。黔驴技穷，黔驴之技，庞然大物，就是贵州驴子留给我们的教训。这大概也是作者要告诉我们的道理。但我们读这则寓言可以读出更丰富的道理。同学们有没有注意到，《黔之驴》这篇课文的主要笔墨是写什么？是写驴吗？

生：不是写驴，主要笔墨是写老虎。

师：对，主要写老虎，老虎是胜利者。同学们有没有想一想，老虎为什么能把庞大的驴子给吃了？

生：老虎很勇敢。

师：老虎一开始就勇敢吗？

生：不是，老虎一开始怕驴子，后来了解了驴子，觉得驴子没有什么本事，就不怕了。

师：能联系课文说说吗？哪些地方表现老虎害怕？

生："虎见之，庞然大物也，以为神，蔽林间窥之。"

生："驴一鸣，虎大骇，远遁，以为且噬己也，甚恐。"

师：对，这些句子写出了老虎的害怕。"大骇"，"骇"就是害怕，"甚恐"是非常害怕；"以为神"，把它当作神仙，可见有多害怕；"蔽林间窥之"，"远遁，以为且噬己也"，这些动作和心理也都是写老虎的害怕。见到这样庞大的东西，害怕是正常的，但老虎的可贵在于害怕而不逃避。它后来为什么不害怕了？

生：它观察、了解了驴子。

师：怎么观察的？

生："稍出近之"。

生："往来视之"。

生："近出前后"。

生："稍近益狎，荡倚冲冒"。

师：这就是老虎的聪明。作者写老虎对驴子的了解非常细致，也非常有层次，先稍微靠近一点试探性地观察，再前前后后反复观察，然后是再近一点挑逗性地观察，形象地写出了老虎的机智，一步步观察、试探，终于摸到了驴子的底细。可以说，老虎能够战胜驴子，最主要的不在于勇敢，或者说还有更主要的原因。是什么呢？

生：我觉得有两点。第一点是自己本身的力量比较强大。

师：这一点很重要，但应该不是最主要的。课文里写老虎的强大了吗？（学生：没有）对，没有写，因为老虎强大，大家都知道；同时也说明作者认为这不是主要原因。好的，本身强大算一个原因，驴子"无异能"，而老虎有本领。那第二个原因呢？

生：第二点是老虎对自己不认识的事物首先去熟悉它，仔细观察。

师：非常好。对不了解的觉得害怕的东西，不只是躲起来，而是慢慢熟悉它、认识它。如果老虎一开始畏惧之后就远远地躲起来，听驴子一叫就永远不敢靠近它，最后还能吃到驴吗？

生：不能。

师：所以，除了自己有本领以外，老虎还细心地观察、了解驴子，这一点非常重要。可以说，老虎是有勇有谋，而且谋更重要，机智，用心。

大家想一想从老虎取得胜利的角度看，这又给我们什么启发呢？我们一起回顾一下老虎的行为。看到驴子，"以为神"，以之为神，很害怕；"蔽林间窥之"，躲在林子里偷偷看；"稍出近之"，稍微靠近一些；"慭慭然"，小心谨慎的样子；"莫相知"，还是不了解它；"又近出前后，终不敢搏""荡倚冲冒"，再进一步观察，最后盘算一番。老虎的心理写得很复杂，由惧怕，到了解，到吃了驴，这个过程告诉我们什么？

生：想要取得胜利就要了解敌人。

师：对，想要战胜对手就要了解对手。说得多好！

师：驴的悲剧给我们留下了"黔驴之技""黔驴技穷""庞然大物"这些成语，当然都是贬义的。如果我们仿造这些成语提炼一些词语概括老虎给我们的启发，大家想一想，可以用哪些词语呢？——大家好好动脑筋，说不定这些词语将来也就成为成语呢。有没有同学想到？

（学生思考。）

师：前面是"黔驴技穷""黔驴之技"，那么，这里可以是——

生：黔虎——

师："黔虎"怎么样呢？

生：吃驴。

师：不错。老虎是把驴吃了。但似乎太赤裸裸了，而且老虎最可贵的也不是"吃驴"。大家看老虎最可贵是什么呢？

生：是一步步了解驴子。

师：所以，我们可以归纳为"黔虎识驴"，或者叫"黔虎之智"，如果这两个词成了成语，意思就告诉人们，对外表强大的东西，不要害怕，只要了解了它，找到它的弱点，就能战胜它。对不对？

生：对。

师：我们刚才解读了驴的故事，也解读了虎的故事。下面我们开始根据课文从不同角度讲故事。请同学们不看书，讲一讲《黔之驴》的故事。好不好？

　　请大家注意，前面我们读课文时说过，讲故事，语调应该怎么样？（部分学生：夸张一点）对，适当夸张一点，可以突出形象特征，表达自己的感情。其次，要注意口语化，不要仅仅是翻译。比如，"荡倚冲冒"，就不必说成"碰撞靠近冲击冒犯"，可以就说"老虎就用各种动作戏弄挑逗驴子"；"驴不胜怒"，也不必说"驴子承受不住愤怒"，可以说"驴子终于忍不住发怒了"。还可以适当想象补充，当然不能脱离原文，不能违背原文的意思。比如，"蹄之"，不妨说成"使足浑身的力气猛向老虎踢了一下"。

　　哪位同学来先来试试，用自己的话来说说黔之驴的故事。大家小时候，一定讲过故事，或者听别人讲过故事，讲故事怎么开头？

生：从前……

师：对，从前，贵州这个地方，怎样？

生：没有驴子……

师：好的。哪位接着讲？

　　（一名学生举手。）

生：从前，在贵州这个地方呢没有驴，有一个人呢就用船把驴载到贵州去。到了贵州呢，这个驴就没用了，就把它放到了山下。老虎看见了，觉得它是一个庞然大物，当作神来看，就躲在草丛里面窥探，一会儿出来，一会儿进去，但是呢还是不了解这个驴。之后呢，驴叫了一声，老虎很害怕，远远地往后退，以为驴要吃它，非常害怕。又往前面看一看，觉得它好像没有什么本领，慢慢地就习惯了它的叫声。但是呢，朝它看看又不敢跟它搏斗，它往前靠一下驴，想要试探一下它。驴呢？驴很生气，就用蹄来踢它。老虎感觉非常高兴，它想，原来你就这么一点能耐！于是就跳了起来，咬断了它的喉咙，吃光了它的肉，满足地离开了。

师：讲得非常好。语气词比较多，很像讲故事。前面一部分比后面一部分更好，后面内容还可以再丰满一些。有些句子还不够形象具体，还是生硬的翻译。比如，"庞然大物"，就没有用自己的话来表达，可以说成"从来没有见到过的巨大的东西"，"当作神来看"可以说成"心里想，这莫非是天上下来的神怪吧"。还有那个"载"，不能还说"载"，应该说成"运"。好的，总体来说，讲得不错。刚才这位同学是以作者的口吻讲了这个故事，或者说是用第三人称讲故事，能不能换一个人称用第一人称来讲？第一人称该怎么讲啊？

生：我是一头驴……

师：这是以驴的口吻。

生：我是一只虎……

师：现在我们就用第一人称讲这个故事。男同学就做"驴"，女同学就做"虎"，好不好？

生：好！

生（一名男生）：从前贵州没有驴……哦，从前贵州没有我……

师：这句听起来很别扭。想一想，怎么说比较好？

生：以前我没去过贵州……

师：好。请接着讲。

生：以前我没去过贵州，有人用船把我运到贵州，到了贵州发现我一点用处也没有，就把我放在山下。然后我看见一只老虎，一直看着我。老虎看我的眼神，好像非常害怕。我没有理它。可是，它总是在我面前走来走去，我觉得很讨厌，就大叫了一声，那老虎撒腿就跑了。过了几天，老虎又来看我了，我又叫了几声，可老虎无动于衷。不过老虎还是不敢跟我打架。又过了几天，老虎来冒犯我，我非常愤怒，就去踢了它一下，老虎很高兴……

师：讲得很好，人称转换得不错，补充想象也比较好。"老虎看我的眼神，好像非常害怕。我没有理它。可是，它总是在我面前走来走去，我觉得很讨厌，就大叫了几声，那老虎撒腿就跑了。"很形象，想象也合理。可是后面有些草草了事。我要问，你怎么知道老虎很高兴？

生：我看出来的。

师：哦，就是看见老虎面露喜色——

生：我看见老虎面露喜色，突然向我扑了过来……

师：后面一句不太好说了，因为喉咙被咬住了……大家看看怎么结尾？

生：眼睛一黑就什么也不知道了。

师：尽管老套。还算可以。下面请老虎讲这个故事。

生（一名女生）：我是一只生活在贵州的老虎，有一天，一个人把一个我也不知道的什么东西放在了山下。我看到了，感觉这东西……我觉得这东西像神一样，竟然那么大。我躲在草丛里偷偷地看它，我想慢慢地了解它。可是我仍然不知道它是什么。有一天，这个东西突然间大叫了一声，真可谓是河东狮吼，我害怕极了，远远地逃走了，我以为它要把我给吃掉，非常害怕。后来我又来看了看它，觉得它并没有特别的本领，只是会叫。慢慢地我就习惯了它的叫声，我准备进一步了解它，但是我仍然不敢跟它搏击。后来可能它看到我在不停地看着它吧，它生气了，用脚朝我一踢。我就发自内心地感到高兴，原来它就只会这点技能。我马上蹿过去，咬断它的喉咙，把它的肉全部吃掉，满足地离去了。

师：讲得挺好的。不过"我马上蹿过去"不太好，你是老虎，怎么说自己是"蹿"呢？

生：扑过去。

师：对，应该是"扑过去"。同学们讲故事的水平不低。
    我要问你们，如果你是驴，对你的小驴们讲这个故事，要告诉它们什么道理呢？

生：要有真本领。

师：有道理。还有不同见解吗？

生：不要轻易暴露自己。

师：这话好像没有说完。

生：不要轻易暴露自己的底细。

师：是的。在对手面前，的确不能轻易暴露自己的底细，虚张声势更没有什么用处。

如果你是老虎，对小老虎们讲这个故事，你会叮嘱它们什么呢？

生： 遇到强大的对手不要害怕。

师： 仅仅不害怕就行了吗？

生： 要摸清对手的底细。

师： 要了解对手，找到它的短处，抓住它的要害，就能战胜强大的对手。我们解读了驴的故事，解读了虎的故事。同学们有没有产生什么疑问？

（学生没有反应。）

师： 刚才我们都发现了，这篇课文主要的笔墨是描写老虎，写它的心理，写它的动作，尤其是写动作，十分细致，十分传神。可是为什么课文题目却是"黔之驴"而不是"黔之虎"呢？

（学生小声议论。）

师： 有同学愿意说说自己的想法吗？

生： 作者心中把驴子作为主要形象。

师： 这名同学很不简单，说得非常有道理，见解很深刻。作者的确是通过讽刺驴的愚蠢来表达主题。作者写这篇寓言，有很强的现实针对性。当时，中唐时期，身居高位的人之间，豪门贵族之中，有很多人，只是徒有其表，并没有什么真本领。柳宗元塑造这个蠢驴形象，就是为了讽刺这些人。所以作者对驴的态度和对虎的态度截然不同。我想问问大家，有没有同学对驴的态度，和作者不同，而是站在同情的立场上看待驴的，有没有？

生（部分）： 有。

师： 你为什么同情驴呢？（指名。）

生： 我觉得驴好可怜啊。

师： 哦，你觉得被吃的驴可怜，说明你很善良。能说说其中的道理吗？

生： 驴和老虎打架，当然很吃亏。

师： 这句话有意思。就是说，如果不打架，比试其他事情，那驴就有可能赢了老虎。对吧？

（学生点头。）

师： 这位同学的思考，非常有深度。顺着她的话想一想，其实驴并非"无用""无异能"，它也很有本领，但不是打架的本领。同学们都在城里长大，没见过驴，也不了解驴。老师见过，而且知道，驴也很有本领，能拉磨、拉车。以前在东北，家里有一头毛驴，那可不得了。问题是，现在它来到了贵州，所以"至则无可用"，到贵州才显得没有用处的。——如果刚才以驴的口吻讲故事的同学能讲到这一点，就更好了。当然你不了解驴，所以不知道。——其实，这也是作者以"黔之驴"为题的一个原因，告诉我们这是驴来到贵州才会有的悲剧。从这个角度看，驴的悲剧，主要责任并不在驴自己。而在谁呢？

生： 好事者。

师： 我也觉得是这样。驴的悲剧根源，不在驴本身，而是这个好事者造成的！如果从这个角度思考这篇寓言的主题，我们可以提炼一个什么词语概括这个故事呢？

生： 运驴到贵州的悲剧。

师： 抓住了主要内容，但不够概括。成语都是很概括的，如黔驴技穷，庞然大物，黔虎识驴。

生： 好事载驴。

师： 概括得不错。但没有突出最关键的内容，好事者的责任不是运驴子，而是把驴运到了贵州，使驴子失去了发挥作用的舞台。好的，这个要求比较高，不再为难同学们了。我们就概括为"载驴入黔"，好不好？如果"载驴入黔"成了一个成语，它的意思会是什么呢？

生： 不要无事生非。

师： 有点道理。但无事生非，一般都是说没有事情干自己会生出许多是非来。再想一想。

生： 做事不要单从主观愿望出发。

师： 大家越想越深入了。但寓言中看不出好事者是从什么样的主观愿望出发的。作为七年级的学生，你们的表现已经非常优秀了。再说，一个成语的意思——如果这个词成为一个成语——也是在人们运用的过程中产生的，而且有时候还会有不止一个意思。但老师想，如果"载驴入黔"成了一个成语，至少有一个意思，就是告诉我们，不要一厢情愿地做一些脱离实际而使别人受害的事。好的，在下课之前，我们再想一想：寓言的两个基本要素是什么？

生： 讲故事，讲道理。

师：对。阅读寓言，就是要抓住故事，理解道理。我们今天一起读了一篇寓言，知道了几个故事？

生：一个。

师：一个吗？

生：两个。

师：不是，认真想一想。

生：3个。

师：是3个，驴的故事，虎的故事，还有这好事者的故事。我们应该记住几个成语？

生（部分）：3个。

生（部分）：6个。

师：我也觉得是6个。哪6个？我们一起说。

师生：黔驴技穷，黔驴之技，庞然大物，黔虎识驴，黔虎之智，载驴入黔。

师：大家还要记住，这是一篇文言文的寓言，我们还要学会文言文的诵读和阅读，还要注重文言文的积累。读寓言，学文言，就是我们这节课的学习内容。好，这节课我们就学到这里，谢谢同学们，下课。

三、《孔乙己》教学实录

师：今天我们一起来学习鲁迅先生的小说《孔乙己》。（板书课题、作者）同学们读过《孔乙己》之后，孔乙己这个人物给你留下的最深的印象是什么？

生：青白脸色。

师：对。不劳动，营养又不良。这是肖像描写。

生：穿着长衫。

师：是读书人的身份标志。这也是肖像描写。

生：只有孔乙己到了，才可以笑几声。

师：是的。这是一句耐人寻味的话。但这不是对人物的直接描写。

生：他的话，他文绉绉的语言。

师：能具体说说吗？

生：“多乎哉，不多也”。

生：“窃书不为偷书”。

生：“君子固穷”。

师：是的。这些话是经典的语言描写，已成为"名言"。鲁迅先生对孔乙己的语言描写非常精彩。你们有没有注意作者对孔乙己哪一方面的描写最多？

生：肖像。

生：笑声。

师：作者写了孔乙己的笑声吗？孔乙己笑了吗？

生：没有。笑声是酒店里其他人的。

师：对。在这个环境中孔乙己是笑不出来的。

生：语言。

师：是有好几处语言描写，但并不是次数最多的。老师在读这篇小说时，印象最深刻的是鲁迅先生对孔乙己手的描写。下面我们分工找一找小说中哪些地方写了孔乙己的手，有几处，看是不是描写次数最多的。

（教师将学生分为两大组：一组找第4段至第9段；另一组找第10段至文末。顺便理清小说的结构。）

学生交流。

生：第4段"便排出九文大钱"的"排"。

生：第7段"孔乙己显出极高兴的样子，将两个指头的长指甲敲着柜台"中的"敲"，这段的后面还有"孔乙己刚用指甲蘸了酒"的"蘸"。他有"长指甲"，可见他不修边幅，很懒惰。

师：很好。找得很细致，分析也很有深度。还有吗？

生：第8段"孔乙己着了慌，伸开五指将碟子罩住"中的"伸"和"罩"。

生：第11段"他从破衣袋里摸出四文大钱，放在我手里，见他满手是泥，原来他便用这手走来的。不一会儿，他喝完酒，便又在旁人的说笑声中，坐着用这手慢慢走去了"中的"摸""走"。

师：找得很好。能说说小说是从哪些方面写孔乙己的手的吗？

生：动作，还有样子。

师：样子？

教学《孔乙己》

生：是外形。

师：对，外形，或者说是形状。（板书：外形 动作）文中对手的动作描写最为突出。大家看看哪个动作最能表现孔乙己的性格？

生："排"。在被嘲笑的环境下，为了证明自己的清白，他故意将钱"排"出来。

师：理解得很好，能结合人物的处境来分析。不过，这里还有个因素也应该引起我们的注意：他是跟哪些人在一起喝酒啊？

生：短衣帮。

师：对的。这些人都是没有钱的，孔乙己能买茴香豆下酒已经远远超过他们了，所以这个"排"还有炫耀得意的心理。还有哪些动词？

生："敲"和"罩"。可以看出孔乙己的自傲与贫穷。"敲"说明他神气十足，但当孩子还要他的茴香豆吃时，他没有钱多买，就只能慌慌张张地伸出大手"罩"住了。这两个动词前后对比很鲜明，突出他自命清高、迂腐可笑的性格。

师：这位同学的思路非常好，值得大家学习。他能将两个词语联系起来分析，前后进行比较，准确把握住了人物的性格，自命清高又善良迂腐。还有哪两个动词也可以联系起来看？

生："排"和"摸"。

师：为什么？

生：因为这里有一个前后的变化与反差，由前面"排"的自命清高到后面"摸"的自感卑贱的转变。

师：很好，这两个动词体现了人物处境的前后落差。你们觉得最能表现人物命运的动作是哪一个动词？

生（齐）："走"。

师：为什么呢？

生：人们都是用脚走，而孔乙己用手，说明了他命运的悲惨。

生：他偷东西被打折了腿，在人们的嘲笑中"走"下场，说明他社会地位非常低。

师：很好。用手"走"，是一个畸形的动作；一个畸形的动作，表现了一个畸形人物不幸的命运。能不能把"走"换成"爬"呢？

生：不能。因为孔乙己是要强的。

师：是"要强"吗？能不能换一个更准确的说法？

生：死要面子。

师：对。两种说法意思相近，但有差别。我们继续推敲这个"走"字。老师查过词典，"爬"是手、脚并用向前移动。（画简笔画，图示爬的动作）爬的时候身子是趴下的。孔乙己坐着用手走，他的身子是不是趴下的呢？

生：是挺着的。

师：是的，强调"走"，而不是"爬"，正是写出了他在努力挺直身子的。我们能由这个动作看到他的内心世界吗？

生：表现了他内心还要表现他作为读书人的清高。

师：很好。腿不能动了，照应前面打折了腿的情节，试图直着身子表现了一点可怜的尊严。小说是作者的创作成果，我们读小说也是一个再创作的过程。文中写了这么多处的手，其实有些地方也还是可以写手的，而作者却并没有写。你们能找出这些地方，来一次再创作，补写出一两句，并说说自己为什么这样写吗？（学生读书思考并动手补写。）

学生交流。

生：第7段，最后"他伸出手来准备画点什么，但见我毫不热心，又停在了空中，然后无奈地放下，便又叹了一口气，显出极惋惜的样子"。表现他对"我"不愿意看他写字的失望之情。

生：第 6 段，在"孔乙己立刻显出颓唐不安模样，脸上笼上了一层灰色"后面加上"双手用长指甲在桌子上捆来捆去"，表现了他受人嘲笑后的尴尬。

（有学生笑。）

师：这有点像小孩子的动作。大家注意，我们的补写应该有两个要求：一是能表现人物性格，二是切合上下文。刚才几位同学总体都补得不错。

生：第 4 段，写他走进酒店的时候"两手放在背后踱进酒店。"说明他的自命清高，自己觉得高人一等。

师：那就是"踱进"酒店了。可孔乙己是不是顾客中最有钱的呢？

生：不是。穿长衫并且坐着喝酒的才是最有钱的。

生：第 4 段，在"孔乙己睁大眼睛说"后面加上"紧紧攥着拳头"，表现他的愤怒。

师：有意思。可是孔乙己愤怒的时候会"紧紧攥着拳头"吗？大家一起改一改。

生：挥舞着双手。

师：是好多了。但好像和身份还不是很吻合。

生：颤抖着双手——不对，是双手颤抖着。

师：很好。就是要学会这样的推敲。

生：第 8 段，"孔乙己用长长的手指夹起一粒茴香豆十分小心地分给小孩子们。"表现他的贫穷，没有多的豆给孩子们，既表现他的善良，又表现他的寒酸。

师：同学们主要是通过想象写孔乙己手的动作。总体不错，既能表现性格，也切合身份，而且能根据具体的语境。其实我们也可以写手的形状，作者只是说"长指甲"，其他没有写。大家可以想象一下孔乙己手的形状应该是什么样的。

生：又大又厚。

师：为什么呢？

生：给人家抄书。

师：抄书会使手大而厚吗？黄老师也经常读书写字，手是不是大而厚呢？想一想什么人的手才会大而厚。

生：劳动的人。

师：对。那么读书人的手呢？孔乙己的手呢？

生：又长又白。

生：手指细长。

师：我也觉得是这样。可是后来用手走路的时候，手还是这样吗？

生：白白的手上都是老茧。

师：还是白白的吗？（学生笑。）

生：又黑又脏的手上都是老茧。

师：又黑又脏能看见老茧吗？

生：手又黑又脏的，手指就像鸡爪。

师：有想象力。同学们这都是在读小说中想象，在想象中重新创作。这样可以加深对人物的理解，对培养文学素养很有好处。读小说就要这样。文中可以补写的地方确实还有很多，我们当然不能一一补写。下面同学们一起想象，集体补写一处。大家还记得小说最后一句话吗？

生（齐读）："大约孔乙己的确死了。"

师：这句话中"大约"和"的确"是不是矛盾？

生：不矛盾，"大约"说明没有人亲眼见到，只是推测他是死了；但从他最后出场的情况和他很久没露面可以确定他肯定死了，所以说"的确"。

师：这名同学对课文的把握很全面，很准确。鲁迅先生根据那个社会环境，断定孔乙己是必死无疑的，但又没有人亲眼看到，所以这么说。——现在，假设我们看到了孔乙己的死，你觉得会是一个什么情境？请大家写一段话描述一下你想象的情境。还有一个苛刻的要求，必须写孔乙己的手。

生：孔乙己斜靠在墙角，两脚平伸着，双手撑在满是泥浆的地上，背还直直地挺着。

师：为什么强调"双手撑在满是泥浆的地上，背还直直地挺着"？

生：因为他不想承认自己的虚弱，要保持自己的尊严。

师：嗯，他临死还想保留那份自尊，是吧？不过有点像一个英雄形象。

生：冬日已至，寒风凛冽，孔乙己垂下了他那长指甲的满是泥巴的大手，悲惨地死去。

师："垂下了他那长指甲的满是泥巴的大手"，描写不够具体。为什么是"冬日"？

生：因为课文里写他最后一次离开酒店，已经是深秋了。

师：从课文中找依据，非常好。

生：孔乙己歪倒在墙角，两条腿不规则地伸在地上，两只手都失去了原来的样子，简直已不能称作手了。

师："两条腿不规则地伸在地上"是什么样子呢？"不能称作手了"又是什么样子呢？可以换用描述性的语言吗？

生：两条腿散了架似的瘫软在地上，两只手也像是折断的树枝，无力地垂了下来。

师：刚才几位同学的想象不错。下面我们来集体想象一下孔乙己死的情境。应该是什么季节？

生：冬天。

师：为什么冬天？

生：课文里有"一天冷比一天了"。

师：什么时间？早上还是晚上？

生：夜里。

师：对，夜里好。没吃没喝、身体不好的人，冬天的夜里很冷，很容易死去。什么地点？

生：街上。

生：酒店门口。

师：在街上，在酒店门口，人们会不知道？

生：在村外的破庙里。

师：再为他的手里安排两个道具，才好。一个手里是——

生：是碗，因为他要要饭，还想喝酒。

师：有道理。另一个手里呢？

生：一根竹竿。

师：当然不错，因为已经沦为乞丐了。有没有更好的方案？

生：一本书。

师：为什么？

生：他一心想中举，他始终要显示自己是读书人。

师：非常有道理，大家想象力很丰富。现在孔乙己死的情境已经展现在了我们眼前：在一个寒冷的冬天的夜晚，在村外的破庙里，孔乙己死了。他蜷曲的身躯像一个少了一个点的问号，一只手里紧紧地攥着一个破碗，另一只手里紧紧地抓着一本又破又旧的书……

孔乙己的确死了。作为他的后代，我们能为他做点什么呢？我想为他立一座碑，请同学们为他写一句碑文。有没有写过碑文？（学生笑）其实写碑文并不难。有两种基本写法。一种是最简单最好写的思路，大家都应该知道。聪明的同学一分钟就可以想到。

生：上大人孔乙己之墓。

师：真聪明。可是另一种写法要动点脑筋。外国人的碑文，常常是"这里躺着一个……人"。比如，黄老师将来就可以是"这里躺着一个热爱语文的人"。（学生笑）大家可以按照这个思路想一条碑文，并简单说说理由。

生：这里躺着一个可怜的人。因为在那样的环境中，没有一个人同情他，他被打了，还被嘲笑。

生：这里躺着一个可悲的人。因为他是一个悲剧人物。

生：这里躺着一个可笑的人。因为他自命清高，迂腐可笑，又能给人带来笑声。

生：这里躺着一个可爱的人。因为他很善良。

师：同学们真了不起。一个词，概括了一个人物的性格，也概括了一个人物的命运。大家有没有注意在想象孔乙己死的情境的时候，老师加了一句话"他蜷曲的身躯像一个少了一个点的问号"？知道这有什么含义吗？

生：孔乙己的一生给我们留下了一个思考的问题。

师：对。作者塑造这个人物，就是要唤起我们的思考。孔乙己给我们留下的，也许不是一个问题。这里我想和同学们讨论的是：造成孔乙己悲剧的原因是什么？

生：是封建科举制度。

师：的确如此。是封建科举制度害死了孔乙己。有其他原因吗？

生：没有人帮助他，关心他。

师：对，还有那人情麻木、世态冷漠的社会环境。还有没有其他原因呢？

生：有。就是他自己好吃懒做。

师：见解很新颖。大家同意他的意见吗？（大多数学生同意。）

师：是的，老师也同意这位同学的意见。他自己性格上的弱点，也是造成他悲剧命运的原因之一。大家想一想，孔乙己有没有办法避免他的悲剧命运？

生：有。他本来可以自食其力，以抄书为业。

生：他受到别人嘲笑的时候就应该反省一下，为什么自己受嘲笑，然后找出自己的一条生路来。

师：大家为孔乙己设想了很多出路，都有一定道理。老师在读这篇小说的时候想到了一个人。他也一生热衷科举，可始终不得志，72岁时才补了一个岁贡生，但他没有在科举失败中迷失自己，而是收集民间故事，结合自己的经历，写下了一本文学巨著。

同学们知道这本书吗？

（学生齐答：《聊斋志异》。）

这位老人是谁？

（学生齐答：蒲松龄。）

对，是他。科举始终不得志的蒲松龄，用另一种方式实现了自己的价值。蒲松龄能避免孔乙己那样的可悲命运，一个重要的原因，是他能够走出自己那个破灭的梦想。人不能没有梦，但人的梦想不可能全都实现；梦想破灭了也不要紧，走出那破灭的梦，人生就会开辟出一条新的道路来。

这节课我们就学到这里。老师想问一问：如果下节课我们继续学习这篇课文，应该探讨什么内容？

生：应该分析环境描写。

生：应该分析小说的其他人物。

师：大家说得很对。可惜这些内容只好留给你们的老师和你们一起学习了。回家想一想：这节课对你的小说阅读有什么启发？

四、《白雪歌送武判官归京》教学实录

师：今天我们一起学习《白雪歌送武判官归京》，课前我请你们凌校长布置了预习作业，还记得吗？

生：记得，就是要看一下翻译嘛。

师：不是。是凌校长说错了，还是我说错了？

凌校长：我没说错，我说的是背诵。

师：你也不对。难得是我说错了？我的要求是默写。

凌校长：是的。

（学生笑。）

师：我和我们班的同学说，学习古诗，能不能背诵不要紧，只要能默写就行。（学生笑）会背诵，考试写不出来有用吗？没用。——现在有没有同学愿意到前面来默写的？（学生没人举手）有没有同学来尝试着默？把书拿在手里，争取不看，需要再看，好不好？（学生还没人举手）这主要是一种精神哦。有没有？一个都没有？（一女生举手）好，非常好。还有哪两位？勇敢点。（一女生举手）我觉得最起码要有一位男同学。如果一个男人都没有，这节课我就不想上了。（一男生举手）好，非常好。不着急，我先给你们分分工，这首诗一共多少句？

生：不知道。

师：有没有人知道？

生：九句。

师：说九句是可以的，但是不准确。

生：啊？

师：对，古诗的句数不是按句号而是按逗号。好的，我们三位同学一人默 6 句。默不出来可以看书，争取不看。其他同学默写任意 6 句可以，看着他们默写也可以，他们默不出你上来帮一帮也行。

（学生默写。）

师：默好了就先回位。我们下面来评点一下他们三个人的默写。我们先把三位同学的默写看作三幅书法作品来评价一下，你们觉得哪幅最好？

生：第一幅。

师：第一幅，如果我们要评二甲（上课的学校是南通市二甲中学）的话，他算一甲对不对？这幅作品，字写得很有功力，布局也比较合理。这两位同学呢，布局就有点局促。下面空得太大，安排不够合理。我们再按默写的要求来看。首先我问大家，三位同学有一个共同的错误，你们有没有看出来？

生：他们都没写标点符号。

师：这位同学语文素养很好。这就是语文，千万不要轻视标点。下面请这三位同学自己读，看看能不能读出错误来。第一位同学——

生："北风卷地白草折……"

师：有没有错的？

生：有。

师：哪一个？

生："裘"和"衾"。

师：自己去改一改好不好？"裘"是个形声字，下面是个衣，上面是要求的求。"衾"这个字怎么读？前鼻音，也是一个形声字，下面也是一个衣，上面是今天的今，今天的今就是前鼻音。其他有没有错啊？

生：没有。

师：好的，你回位吧。其他同学有没有发现错误？这名同学发现了。

生：我还发现他有个错误，"北风卷地白草折"的"白"，不是"百"，他多了一横。

师：嗯，多了一横，好的。这个字默错的同学特别多。白草，是白颜色的草，是北方特有的一种有韧性的一种草，到冬天它枯萎了就显出白色来，叫白草，而不是有很多的草。有没有发现其他错误？嗯，没有，看第二位同学的。

生："将军角弓不得控……"

师：有没有发现错的？

生：没有。

师：好，其他同学有没有发现错误？也没有，我也没有。他们这两名同学读的字音都特别的讲究，我觉得普通话都比我好。大家注意散读 sàn，不能读 sǎn。"将军角弓不得控""控"读"kòng"。"控"是什么意思啊？

生：拉开。

师：非常好，请坐。他在默的过程中我注意到一个细节，他一开始有一个字是空着的。大家有没有发现呢？（生：掣）对，是这个掣字。掣是什么意思啊？有一个成语叫——风驰电掣（部分同学）。掣，就是拉，上面是制度的制，下面是手。好，三位同学的默写非常不简单，一位都没有看书，也几乎没错。下面我们一起来欣赏这首诗。有的人认为，这首诗的内容就是围绕两个字展开的。你们能不能说说是围绕哪两个字？

生：送别。

生：友情。

师：其他同学有没有不同的意见？我们一起来读一读。好吗？

（学生读。）

师：好的，读完以后大家一起看是写"送别"两个字呢，还是写"友情"两个字呢？

生：咏春。

师：咏春，咏颂春天？嗯，这首诗中哪句是写春天呢？

生：忽如一夜春风来。

师：忽如一夜春风来，这是咏颂春天的吗？请坐。我说你像个男孩子，你是个男孩子吗？（生：不是）对，说"如春天"，就不是春天了。其他同学有没有不同意见？

生：是写边塞生活的。

师：是写边塞什么生活的？

生：军旅生活。

师：军旅生活，大范围是不错，但写军旅可以从不同的角度写。岑参他是从哪个方面写的呢？我们再读。

（学生读。）

师：我发现自己犯了一个错误，让学生读来读去，有一个关键的句子没让大家读。哪个句子呢？——是的，题目。把握诗的内容啊，抓住诗的题目挺关键的。对不对？大家能把题目背出来吗？

师生：白雪歌送武判官归京。

师：好的，现在来看看全诗主要围绕哪两个字呢？

生：边塞送别诗。

师：几个字？对，边塞送别诗。那全诗主要围绕哪两个字呢？

生：送别。

师：送别，那你是跟她一样的。全诗就写送别吗？

生：歌颂。

师："歌"在这里是诗歌的一种形式。歌谁呢？这首诗的关键还有哪个字啊？

生：雪。

师：还有一个呢？

生：送。

师：对。很多人都认为这首诗就是围绕"送"和"雪"展开的。如果这种说法有道理，你觉得前边部分主要是写"雪"还是写"送"？

生：雪。

师：从第一句到哪一句侧重写雪呢？

生：到"愁云惨淡"。

师：对。前面主要写雪，后面主要写送。前面的诗句让我们看到漫天的大雪，可写雪的句子中有没有写到送别呢？

生：没有。

师：一句都没有？

生：愁云惨淡万里凝。

师：对。为什么"愁"呢？离别之愁。说这首诗紧扣两个字，前半部分写雪后半部分写送，但也不是绝对的。愁中看到离别，后半部分写送，能不能看到雪啊？

生：能。去时雪满天山路。

师：这首诗紧扣两个字，先以雪为主，后以送为主，同时又把雪和送融合在一起。这是我们对诗的内容的理解，下面我们再从更高层次来欣赏这首诗。苏轼说王维的诗"诗中有画"，我觉得大多数古诗中都有画。同学们欣赏古诗，就是要能从诗中读出画来。现在请同学们说说你从哪一句能读出画来？请你描述这幅画面。

生：忽如一夜春风来，千树万树梨花开。

师：你描述一下你看到的那个画面。

生：好像一夜春风吹来，千树万树梨花盛开。

师：嗯，挺好的，请坐。可基本是翻译，画面感还不强。你是那一句啊？

生：将军角弓不得控，都护铁衣冷难着。

师：你看到的是什么样的画面？

生：边塞环境很冷，而且风雪很大，从这句话我看到了边塞将士的艰苦生活。

师：看到了边塞将士的艰苦生活。挺好，可主要是分析，有点虚。什么是画面感呢？——大家看教室后面有一幅画，上面有山有红色的树有水还有船，这是画面感。能不能展开具体的想象和描述？能不能看到边塞的山上站着一位什么样的将军，他手里拿着什么？

生：弓。

师：身上穿的是什么？

生：铁甲。

师：这将军和都护是什么关系？

生：将军是一个军中的将领。

师：都护呢？

生：都护就是他的手下。

师：这样理解已经很不容易了。

师：再看下一句，将军角弓拉开了，都护怎样啊？

生：都护穿着铁甲。

师：将军穿不穿铁甲？都护有没有弓呢？

生：也穿，也有。

师：对，非常好。这就叫互文。什么是互文呢，两句话合在一起表达一个完整的内容。在这个地方，将军就是都护，都护就是将军。将军穿铁衣，都护也要穿铁衣，将军拉弓，都护也要拉弓，将军的弓拉不开，都护的弓也拉不开。其他同学从哪些诗句中读出了画面？

生：山回路转不见君，雪上空留马行处。

师：描述一下。

生：山回路转不见了友人，雪山下，站在帐篷门口，望着雪上留下的一串串马蹄印。

师：嗯，非常好，画面感很强。请坐。其他同学呢？好，前面的同学。

生：纷纷暮雪下辕门，风掣红旗冻不翻。友人离去的时候下着纷纷大雪，大雪纷纷之中，红旗冻在冰冷的寒风里。

师：嗯，理解得非常好。还可以补充一下，更丰富一些。我们眼前的情境是一个什么样的地方呢？

生：是边塞。

师：对，在寒冷的北方边塞，远远地看到一个军营的辕门，辕门上的红旗已经冻得——

生：在空中无法飘动。

师：对，无法飘动。好的，其他同学？

生：散入珠帘湿罗幕，狐裘不暖锦衾薄。雪花从珠帘里飘进来，沾湿了罗幕，穿着狐裘大衣也不觉得暖，盖着用锦缎做的被子也觉得薄。

师：哎，很好。散落珠帘湿罗幕，雪花到底是从哪里飘到哪里？从珠帘里飘进来——

生：从外面飘到珠帘里。

师：对，这样才准确。可是用"飘"还不够好。（生：钻），对，大雪纷纷，雪花从外面钻进厚厚的帐篷里，更好。这珠帘和罗幕的关系也是互文关系。这珠帘啊是一种美化，那个帘子不一定是一条线穿很多珠珠的那种。用珠、锦，是对它的美化，起诗化作用，并不是写实。包括那个狐裘，是不是说每一个人都穿着狐裘啊，也不一定。还有哪位同学？

生：北风卷地白草折，胡天八月即飞雪。我看到了呼啸的北风吹过了大地，地上长满了白草，被风一吹就被折断了，然后灰蒙蒙的天空飘着的大雪就堆积到了地上。

师：想象力够丰富的哦。想象越来越具体、丰富。大家一起来补充一下。她说呼啸的北风吹过大地，你们修饰一下大地，什么样的大地？加个修饰语。

生：荒凉的。

生：广袤的。

师：还有没有其他的呢？

生：塞外荒漠的。

师：荒漠的，他用了一个荒，我觉得挺好的啊，边塞嘛，荒漠。广袤无垠强调广，除了广，我觉得还应突出这个荒。好的，其他同学还有没有哪一句读出画面感的？

生：中军置酒饮归客，胡琴琵琶与羌笛。中军在军帐中置酒送别武判官，弹着胡琴、琵琶，吹着羌笛来助兴。

师：嗯，挺好。这幅画面有两个主要人物，一个是送人的人，一个是被送的人，还要弹琵琶，还要弹胡琴，吹羌笛。是这两个人弹奏还是身后的人弹奏？

生：身后的人。

师：这个胡琴琵琶可不可以换成二胡竹笛？

生：不行。

师：怎么不行？

生：因为他们在边塞，怎么会有中国的乐器？

师：前面一句回答得很好，因为在边塞。但后面一句回答得不好，胡琴、琵琶也都是中国的乐器。——当然她说的也不错，当时的"中国"和现在的"中国"不是一个概念。胡琴琵琶和羌笛，都表现了边塞的特色，而且胡琴和羌笛的音调都比较苍凉，特别能渲染离别的愁绪。好的，大家描述了很多诗句。我们一起来想象这样两句诗：瀚海阑干百丈冰，愁云惨淡万里凝。大家想想这个画面是一个什么样的情境。瀚海是什么地方？

生：是沙漠，一片沙漠。

师：对，非常大的一片沙漠。沙漠上到处都是什么？

生：冰。

师：对。冰上还有纵横交错的冰痕。天上飘着什么样的云啊？

生：愁云。

师：愁云是主观的，你们想象一下天上的云应该是什么颜色？

生：白色。

生：灰色。

师：灰色好，有沉重感。对不对？我们回过头来看看啊，全诗中最具有画面感的是哪几句？

生：忽如一夜春风来，千树万树梨花开。

师：还有哪句？

生：山回路转不见君，雪上空留马行处。

师：非常好。有人说，白雪歌十八句诗，四句足矣，我觉得很有道理的。大家把这四句连起来再读一遍好不好？

（学生读。）

师：刚刚有同学想象过"忽如一夜春风来，千树万树梨花开"这个画面了，但是不够丰富、具体，因为是第一个描述很不容易。现在我们一起来完成。我们班同学有没有学过画画的？如果要用一幅画来表现这个意境、这个情境，这个画面主要的形象应该是什么？

生：树。

师：对，树。还有什么？

生：雪。

师：雪。"千树万树"怎么画？没办法，我们可以以少见多，以虚写实。雪怎么画呢？

生：在树上画五瓣的像雪花一样的花。

师：她说要在树上画像雪花一样五瓣的花，这样画好不好？——如果用语言描述，说无数棵的树上是一片一片五瓣的雪花。这样的描述好不好？

生：不好！

师：那你们会怎么描述？

生：我觉得不应该画五瓣的雪花，因为雪落在树上会融化。

师：那应该怎么办呢？

生：可以画一些树压着雪的情境。

师：你能想象这个情境吗？

生：能，但是画的时候……

生：白色的雪就像粉末状一样压在树上。

师：他的意思是雪是粉末状的。请坐。大家想一想，树上的雪是一片一片五瓣的呢，还是粉末状的呢？或者还是其他什么样子的呢？

生：应该在树枝上画上白白的一片。

师：嗯，一片，一大片。有没有同学有更好的说法？

生：应该是一团一团的。

师：一团一团的，对。我也想过，一团一团的，一片一片的，一瓣一瓣的，还有一大片粉末状的。其他同学有没有想象到？

生：我想通过树枝来体现雪。

师：那是什么样的雪呢？你是从侧面写雪，把树枝画得弯弯的，可是树上的雪怎么画呢？

生：一层一层的。

师：一层一层的，像云一样。有没有更丰富、更切合诗意的想象？

生：一堆一堆的。

师：太棒了！粉末状的，一片一片的，一瓣一瓣的，一团一团的，一堆一堆的。哪个最好？对，一堆一堆的。因为雪太多了，雪一下就冻起来了，而且还要像梨花，所以应该是一堆一堆的。现在我们这幅作品已经完成了（学生笑），如果用两句诗作为这幅画的题目，应该是什么？

生：忽如一夜春风来，千树万树梨花开。

师：如果用三个字作为这幅画的题目应该叫什么？叫什么？对，叫"白雪歌"。（学生笑）这是我们二甲中学九年级 2 班同学集体的作品。下面我们来看"山回路转"，如果我们要画表现"山回路转不见君，雪上空留马行处"的诗意画，你们觉得用上下的纵幅，还是横幅好？

生：竖着的好。

师：为什么呢？

生：我觉得竖着更有画面感。

师：横着的就没有画面感吗？

生：竖着可以表现山路迂回。

生：就是能够画出那种意境来。

师：有道理。这幅画要不要画人？

生：不要，画马蹄。

师：倒是很含蓄，但是怎样表现诗的主题呢？我们前面的一幅画叫白雪歌，这幅画叫什么好呢？

生：送武判官归京。

师：真聪明。紧扣这个主题，你们觉得要不要有人啊？

生：要。

师：要画人，画在哪里？是边上，还是中间？

生：不能在中间。

师：为什么？

生：人物在中间，他面前的空白就小。

师：对，应该靠着边，这样容易表现"雪上空留马行处"，而且和诗歌的豪迈磅礴的意境更吻合。这幅画呢还应该有个背景。什么样的背景？

生：山。

师：为什么要有山？

生：诗中有山。

生：边塞的特点。

师：很好。山上有什么？

生：草。

师：有草就是边塞嘛？

生：雪。

师：雪这里有了呀，有雪就是边塞吗？

生：沙漠。

师：沙漠就一定是边塞吗？

生：军营。

师：对。但军营要不要都画出来呢？不要。注意是在哪里送别的？在轮台东门，大概是城堡的东门。我觉得边塞的代表性东西不能缺，是什么呢？

生：辕门。

师：对。这个辕门不能少，而且辕门上或者辕门前还应该有一个东西，是什么？

生：旗子。

师：哎，"风掣红旗"嘛，"风掣红旗冻不翻"——"山回路转不见君"，这个君要不要出来？

生：要。

生：不要。

师：我觉得不能要。一出来就破坏了意境，因为是"不见君"，有马行处，就行了。对，马蹄印。让将军面对着弯弯扭扭时隐时现的马蹄印，思念他的朋友。看着朋友远去的马蹄印他肯定是站了很长时间，又牵挂又怀念又不舍，对不对。如果你是岑参，你送别朋友，看着朋友远去留下的马蹄印，你会想到什么呢？——现在我们回到刚才的问题，四句诗就够了，岑参为什么除了这四句外还写了那么多呢？

生：衬托。

生：更具体。

生：更丰富。

生：更生动。

师：写诗和写文章一样，所有内容都是为主题服务的。这首诗的主题是什么？写雪，写送别，表现边塞生活。所以，有了其他内容，可以把主题表现得更丰富突出。下面我们通过诵读来进一步深入体会作者的情感。有没有同学愿意来读一读，比一比，谁对作者送别之情理解得最到位。有没有？

没有？如果你们互相不愿意比，有没有哪位愿意和黄老师比一比？你们看，黄老师普通话不好，嗓子也不好，跟我比你们一定赢的可能性大。（一名同学举手）好，这位同学要和我比。（又一位同学举手）啊，两位要跟我比啊。你们俩先比一比好不好？

（一名学生读。）

师：你先和她比一比。

（一名学生读。）

师：好，请坐。大家觉得他们谁读得更好？

生：差不多，都好。

师：都好，好在哪里？你们挑出最好的一位同学然后跟我比。你认为哪位同学读得好？

生：第二位同学。

师：好在哪里？

生：她有节奏感。

师：嗯，有节奏感。读古诗要有节奏，我觉得第一位同学的音色特别好，字音特别准。我还是想跟男孩子比。有没有哪位男孩子愿意跟我比呢？好的，我先读。我读完了，你们哪个男生再来跟我比一比，好不好？如果你觉得我读得不好随时鼓掌，我就停下来不读了。好吧。

（教师读节奏低缓，感情悲凉。）

（教师读完，学生鼓掌。）

师：你们到最后才拍手我很伤心。——啊，我不知道你们拍手的内涵啊，为什么拍啊？读得好啊？

生：好。富有感情。

师：富有感情就一定好吗？不一定。关键是这感情对不对。黄老师刚刚读的感情对不对？

生：对。

师：有没有觉得不对的？

生：我。

师：为什么？

生：我觉得这首诗虽然是送别，但不伤感。

师：你的理解很准确。其实，伤感是有的，但并不悲凉。黄老师刚才不叫伤感，叫什么？

生：哭泣。

师：叫伤心（学生笑），叫悲凉，叫凄凉。这名同学说得多好啊，送别的情绪很丰富，有的是伤感，有的是痛苦。白雪歌送武判官到底是什么样的情感呢？黄老师刚才读得太凄凉了，而这首诗的情感是伤感而不凄凉，严寒中又有暖色，离别中充满豪迈。回头来看看，从哪里能看出暖色调来啊？

生：风掣红旗冻不翻。

师：你真了不起。掣，很有力，有豪迈之情。还有，这面红旗，暖色调，点缀出这幅画面的活力。"忽如一夜春风来，千树万树梨花开"这两句就更典型。对不对？比喻雪花的诗很多，李白也有，他说"燕山雪花大如席"，写雪花像睡觉的席子，也用的比喻，够夸张吧，但就是突出雪花的大。但岑参用春天写冬天，用江南写塞北，用梨花写雪花，充满了暖意。更重要的，理解古诗除了从文本去分析，还要了解背景。岑参是哪个朝代的人？

生：唐朝。

师：对，他是盛唐时代的诗人。唐代是我们中国历史上很强盛的一个朝代，盛唐又是最强盛的时期。读书人、知识分子很多不甘心读书，都想干什么？

生：当官。

师：官迷心窍不可爱。——很多知识分子都很想去边塞，去沙场，去建功立业。杨炯就说："宁为百夫长，胜作一书生。"岑参也是主动要求到边塞去任职，寻找建功立业的机会，所以这首诗从整体上来讲是豪迈的。

有没有哪位男同学能把豪迈读出来？有没有？没有，那我们就集体读一读。我们把刚刚几位同学读的情况回顾一下。第一位同学字音读得特别准，第二名同学注意了节奏，黄老师的情感虽然把握得不是太好，但是注意了古诗的韵味。希望同学们注意这个几点，还要读出豪迈来。

（师生一起读。）

师：同学们，让我们带着这份古典的送别友情和对白雪的赞美结束今天的这节课。谢谢同学们。

五、《葡萄月令》教学实录

师：我们今天学习汪曾祺的《葡萄月令》，课前把课文看过三遍的同学请举手（没有同学举手）；看过两遍的同学请举手（没有同学举手）；看过一遍的同学请举手（少数同学举手）；一遍也没看的同学请举手（半数以上的同学举手）。向你们的坦诚表示敬意。没有预习是正常的，很多同学学语文是不预习的。其实不预习也不是大错。我们上课一起好好学，一样能把课文学好。

师：据说，汪曾祺先生写了这篇散文以后，非常得意。后来，人们一般也把它当作汪曾祺的代表作。（板书"代表作"）可是它能"代表"什么呢？这是一个有意思的问题。很多人认为它首先能代表的是汪曾祺的"汪氏语体"。（板书）汪曾祺的散文和一般人不一样，这不一样首先是体现在语言上，究竟是什么语体？请同学选课文中的一小段，通过你的诵读，读出"汪氏语体"的特点。

（生1朗读课文中描写"五月，浇水"的选段，语气平淡，语速中等。）

师：大家认为他读得怎么样？认为读得好的请举手。（多数同学举手）这么多同学认为读得好，请一名同学说说好在哪里？

生：他读出了汪曾祺先生语言的特点，就是平淡、朴实、自然。

师：很好。这篇文章其实不好读，那种情感比较外显的文章，是好读的，而这样一种情感比较内敛的文章很难读。因为它不能用语音的技巧，一用，就破坏了文章。就如我们这位同学归纳的，这篇文章的语言特点是平淡、朴实，读这样的文章，最高的技巧就是不用技巧。刚刚那位同学读得非常好，他读得很陶醉。我建议，还可以再读得慢一点，节奏还可以再舒缓一点，这种平淡的味道可能更好。

师：品味一篇文章的语言更重要的是从语言本身入手。有人说这篇文章语言的特点就体现在好几个"多"上。请同学们仔细阅读文本，看看能找到语言的几个

"多"？（板书）找到越多的"多"，那就读得越细、越深入。大家发现几个"多"了？找到一个就说一说。

（学生阅读课文，小声讨论。）

师： 找到"多"的举手。

（有学生举手找到一个，有学生找到三个）

生： 首先找到很多描写时间的词。

师： 这些表现时间的词有何作用？

生： 成为全文的线索。

师： 这篇文章行文是什么线索？

生： 他种下了葡萄，从1～12月，是时间过程，葡萄的生长过程。

师： 这个"多"很好地体现了文章的结构特点。再找找语言方面的"多"。

生： 文中写色彩的词语多，还有很多的语音助词。

师： 举个例子看看。

生： 比如说，"树枝软了""树绿了""树醒了"。

师： 这名同学找得很不错，其他同学有没有找到？

生： 描写多，抒情多。

师： 抒情有直接有间接，那么直接抒情多，还是间接抒情多？

生： 直接抒情多。

师： 哪些句子是直接抒情的？（学生未能举例）找了半天还没找到，说明（直接抒情）多不多？

生： 不多。

师： 不要轻易下结论，也不要因为找不到而着急。让黄老师和你们一起找好吗？从句子长短来看，长句多还是短句多？

生（齐）： 短句多。

师： 再从修辞的角度看，哪些修辞多？

生（齐）： 拟人多，比喻多。

师： 整篇文章来看，用修辞的句子多，还是不用的多？

生（齐）： 不用比喻的多。

师： 不用比喻的语言是什么语言呢？

生：白描、平实。

师：对，所以虽然文学性的语言不少，但总体来讲，口语化的语言比较多。（板书："口语多"）可见，文章的"淡"，主要就体现在口语多上。如果这篇文章就是淡，就是口语化，它就算不得是散文语言的极品。这篇散文是淡，但是淡得好，那什么样的语言淡得好呢？

生（齐）：淡而有味。

师：这篇文章的淡而有味的"味"体现在哪里呢？它运用了口语化的语言，同时又有文学的色彩，这非常难，一般人写不好。要把口语的语言和文学的语言融合得天衣无缝，这非常非常难。它的句式是短的多，但有没有长句啊？

生（齐）：有。

师：长句和短句又结合得这么好，这也增加了语言的味道。当然，更重要的味道就像吃葡萄一样，我们还要慢慢地欣赏。因为语言的"味"不仅仅在语言本身。

师：除了语言，这篇文章在写法上，也是汪氏散文的代表（板书）。那么这篇文章的写法有什么特点？

生：这篇散文是以时间为序来安排结构的。

师：也就是说写法比较简单（板书）。这简单的写法能成为精品，有艺术的规律在其中，简单却能体现其艺术的匠心。请同学们围绕这一点谈一谈，它"简单"中的匠心体现在哪里？

（学生讨论）

生：还写到别的树，丰富了文章的内容；色彩也很丰富，展现了非常美丽的画面；因为用了口语化的语言，所以在阅读的时候很有亲切感；很多地方语言很幽默、风趣；拟人和比喻让人觉得很有美感，而且很幽默。

师：除了写到桃花梨花，还有一些其他的内容。比如，四月引用了《图经》。——散文中引用文献，是很难的。运用口语，一难；把口语和文学语言融合在一起，二难；又把学术文献的语言融在里面，三难。融得天衣无缝，一般人做不到。——我们再从写法来看。本来这篇文章是个简单的结构，以时间为序，而又写了桃花等，在内容丰富的同时，写法上又富于变化。散文的特点是什么？

生（齐）：形散而神不散。

师：所以写散文要把它撒开去，撒开去了文章就显得摇曳而有变化。另外，在结构

　　上，12 个月是不是平均用力？

生（齐）：不是。

师生：有详——有略，有长——有短。

师：大家看看，哪些段落写得长，哪些段落写得短。

生：5 月，还有 8 月。

师：为什么有的段落长，有的段落短？长的段落写得长的原因是什么？首先，这几个月从葡萄生长来讲——最重要（学生齐答）。还有什么深层的原因？

生：这几个月葡萄长得好。

师：这个"好"是怎么个"好"，能不能说得具体一些？

生：天气好。（学生笑。）

师：你看，这也暴露出了写作中的问题，对吗？写文章能不能这样写啊？天气好就多写一点？（学生笑）这几个月除了对葡萄的生长最重要以外，还有深层的原因。是因为这几个月葡萄园有什么特点？

生（部分）：生命力、生机。

师：对，具有生机，充满了生命的活力，最容易引起作者内心的共鸣，所以作者才详写。

师：下面我给同学们一个更有难度的任务。假如让你把汪曾祺的文章缩写成一篇短文，你能缩写到多少字，而且内容比较全，忠实于原文。看谁缩写得最快，缩写得最短，内容最全。在草稿纸上写一写也可以，在书上圈一圈也可以。一个人完成也可以，两三名同学商量也可以。

　　（学生讨论、活动，教师巡视、指导。）

师（约 3 分钟后）：缩写的字数在 50 字以内的同学请举手。（一名学生举手）就请你来说说。大家看是不是符合内容不缺少的要求。

生：1 月，葡萄未出窖；2 月，葡萄吐芽；3 月，葡萄上架；4 月，为葡萄浇水施肥；5～7 月，喷药修枝；8 月，葡萄成熟；9～12 月，葡萄下架入窖。

师：嗯，不错。大家一起来评改一下。他的内容全不全？

生（齐）：全。

师：的确全了，有没有比他写得更短的？一个都没有？我就认为他的内容还可以再短。那该怎么做？大家想一想。

（学生七嘴八舌。）

师：需要每个月都写"葡萄"吗？

生（笑）：不用。

师：1月葡萄怎么样，2月葡萄怎么样，12个月就多了24个字。（学生笑）其实我
们只要把葡萄移到最前面去就行了。（示范）葡萄1月在窖，2月出窖，3月上
架，4月、5月、6月浇水、喷药、打梢、掐须，5月中下旬开花，7月膨大，8
月着色，9～10月自然生长，11月下架，11～12月葡萄入窖。

师：假如把我和这名同学缩写的内容加一个题目，能不能用《葡萄月令》？好不好？

生（齐）：不好。

师："月令"是什么意思？"月令"有两个意思：一是气候，二是物候。这里主要指
气候还是物候？

生（齐）：物候。

师：什么叫物候呢？物候就是植物生长的周期特点以及与气候的关系。

（学生记笔记。）

师：不要记。上课记笔记是最不重要的。这个记下去有什么用？给你们的孙子看？
（学生笑）那重要的是什么？听比记重要，说比听重要，想比说重要。所以我们
要多想一点，多说一点。

师：尽管"月令"解释为"气候、物候"，但是用了月令两个字，从语感上看，有了
"月令"我们就有一种什么感觉？

生（小声说）：美感。

师：太好了。这就是良好的语言素养。你去查了字典就没有美感了，你不查反而有
美感。刚才我和那位同学压缩的几十个字，美感还有没有？

生（齐）：没有了。

师：我们也想一个没有美感的题目。

生（部分）："四季葡萄""葡萄的生长周期"。

师：如果题目就叫《葡萄的生长周期》，这篇文章成什么文体了？

生（齐）：说明文。

师：那我们现在读的《葡萄月令》是什么文章？

生（齐）：散文。

师：（板书：说明文、散文）汪氏散文是说明文的内容，散文的意境，诗的语言。这就是汪曾祺的散文。《白杨礼赞》比它好写多了，《背影》你和我都能写得出来。这种文章，一般人写不出来。所以，我们才称之为"散文中的散文，散文中的极品"。大家再想一想，什么样的人才能写出这样的文章呢？什么样的人才能写出这样的《葡萄月令》呢？要写《葡萄月令》这样的文章，必须具备几个条件。第一个条件是什么？

生（部分）：诗人。

师：诗人就能写出《葡萄月令》了吗？（板书：诗人）

生：熟悉葡萄的人。

师：对，第一个条件是熟悉葡萄的人。那在汪曾祺之前那么多人种葡萄怎么没写出《葡萄月令》呢？

生（部分）：还有丰富的内心。

生（部分）：懂一点文学的人。

师：对。还要懂一点文学的人。可是当时懂文学而且和汪曾祺一起种葡萄的人中有人就跳湖了。所以还有一个条件，是什么？

生（齐）：乐观的、热爱生活的人。

师：对，还是一个热爱生活，热爱生命的人。（板书：热爱生活）在这么多条件中，最重要的一条是什么？

生（齐）：最后一条，热爱生活。

师：其实我们这样的了解还是不够深入。下面我来读一段话，是汪曾祺女儿写的。我读一遍，看你能记住几个关键词。不是记得越多越好，而是记得越关键越好。然后想，汪曾祺是个什么样的人。

（教师朗读汪曾祺女儿汪明的文章选段：不管别人怎么评价，我们知道，父亲自己对于《葡萄月令》的偏爱是不言而喻的。当年因为当了"右派"，他被下放到张家口地区的那个农科所劳动改造。在别人看来繁重单调的活，竟被他干得有滋有味、有形有款。一切草木在他眼里都充满了生命的颜色，让他在浪漫的感受中独享精神的满足。以至于在后来的文章中，他常常会用诗样的语句和画样的笔触来描绘这段平实、朴素、洁净的人生景色。果园是父亲干农活时最喜爱的地方，葡萄是长在他心里最柔软处的果子，甚至那件为葡萄喷"波尔多液"

而染成了淡蓝色的衬衫在文章中都有了艺术意味，而父亲的纯真温情和对生命的感动也像"波尔多液"一样盈盈地附着在葡萄上。）

师：让我们看看同学们都记了几个词。就记一个词的同学请举手（没有）。记 3～5 个词的同学举手（有一部分同学）。记 5 个以上的举手（很多）。你们记笔记的功夫很厉害。（学生笑）我们看看记的是不是最重要的。哪位同学主动来说说看？

生：我记得比较多。一个是"偏爱"，这是对葡萄园的感情；第二个是当时的身份，"右派"；还有"劳动改造"是他为什么到这个地方去；"单调"是别人的生活；而他（汪曾祺）是觉得生活"有滋有味、有型有款"的；还有"生命的颜色"，这也是对葡萄的感情；还有"平实朴素"是这篇文章语言的风格；还有"纯真、温情"是汪曾祺先生这个人的特点。

师：我觉得你记得够全了。如果让你删掉一个，你删哪一个？

（学生在下面小声讨论。）

生：删"单调"。

师：那"偏爱"你为什么舍不得删呢？你也"偏爱"吗？（学生笑）这一段的关键点其实有两个，一个是当时他的处境很不好，同时告诉我们另外一个信息，在这个非常不好的处境当中，他显得很乐观。这是一种什么样的人？用一个词形容。

生（齐）：乐观。

师：有没有更好的词？

生（部分）：豁达。

师：这个时候的汪曾祺，有没有让你想到一个类似的人？

生（部分）：苏轼。

师：对，苏轼。苏轼的人生境界跟汪曾祺的人生境界的确有相通之处，如果用一个词概括可以用什么词？

生：超脱。

生：悲惨。（学生笑。）

师：听到你这个答案，我觉得很震撼。（学生笑）他的处境是有点悲惨，但是悲惨的生活他过得有滋有味，就不悲惨了。对吧。

生：有爱。

师：也对，爱是永远不能没有的。假如让你们从黑板上写的词语中找一个词来概括汪曾祺的人生境界，可以选哪个词？

生（齐）：淡而有味。

师：汪曾祺之所以这么乐观，在这样的生活中还能充满爱，确实是他的恬淡的人生态度决定的。（板书：恬淡）所以只有这样的汪曾祺才能写出这样的葡萄来，只有这样的汪曾祺才能写出这样的汪氏散文来。有人读了《葡萄月令》，用一个比喻来形容汪曾祺与葡萄的关系，比得非常好。如果让你来比，你会怎么比呢？我们把问题简化一下，也就是在汪曾祺的心目中葡萄是什么？

生（部分）：孩子。

师：有何凭据？从文中找凭据。

生：四月份，给葡萄浇水，"不一会，它就从根吸到梢，简直是小孩嘬奶似的拼命往上嘬"。

师：这是把葡萄当孩子了。有其他依据吗？

（学生小声讨论）

生："九月的果园，像一个生过孩子的少妇，幸福、平静、慵懒。"

师：这怎么说明葡萄是孩子呢？（学生笑）不要害怕别人质问。好多同学都是这样，有好的想法，看到老师眼睛一瞪就以为自己错了。还有的同学就看老师的眼色判断对不对。这都是不好的习惯。现在请同意这位同学意见的同学举手。（几个学生举手）我认为这足以说明这个问题。葡萄园把每个葡萄看成它的孩子，那葡萄园就是孩子的妈妈。那为什么说葡萄又是汪曾祺的孩子呢？很简单，我们想一下，如果葡萄园是妈妈，爸爸是谁啊？（学生笑）

生（笑）：汪曾祺。

师：对！（学生笑，鼓掌）有没有其他依据？我们再来看文章最后一小节是怎么说的——"老鼠爱往这里面钻，它倒是暖和了，咱们的葡萄可就受了冷了。"请注意，"咱们"能不能是一个人？不能，至少两个人。那这里的"咱们"除了作者还包含谁？

生（齐）：果园。

师：这样的依据在文中还有很多，同学们可以课后去找。葡萄在汪曾祺的眼中就是他的一个孩子。由此可以推出结论，汪曾祺是一个什么样的人？

生（部分）：汪曾祺就是一棵葡萄树。

师：非常好。葡萄的爸爸不就是葡萄吗？（学生笑）今天我们这节课一起欣赏了汪曾祺为我们提供的一串葡萄，葡萄一样的语言，葡萄一样的散文，葡萄一样的心，葡萄一样的人。读散文，读现代散文，要读出人物的性情。怎么读出人物的性情呢？从语言入手，走进作者的心中。

好的。今天我们这节课就上到这里。谢谢同学们。

六、《阿房宫赋》教学实录

师：上课！今天我们一起学习第三个专题第一个板块的第二篇课文《阿房宫赋》。同学们在课前预习课文时，提了很多问题。但是大家提的问题我们在课堂上不可能一一解决，实际上也没有必要一个一个地解决。因为很多问题，只要把注释用心地琢磨一下，把上下文结合起来想一想，就能够自己解决。在这里，我们一起研究几个具有普遍性的问题。

比如课文第一小节，有同学问最后一句话"一日之内，一宫之间，而气候不齐"这句话应该怎么理解。这句话课文没有加注，实际上大家用心想一想上文的意思，还是能够理解的。有没有哪位同学能够为提这个问题的同学做一个回答？

生：一日之内，一宫之间，地方不同而气候不同，是强调宫很大。

师：哦，是强调宫很大，很好。其他同学有没有不同理解的？

生：我觉得这句话从下文来看，"妃嫔媵嫱，王子皇孙"，应该是说秦始皇对一些妃嫔的偏爱或者是冷漠……

师：哦，两位同学的理解不一样。一名同学从实处来讲，是说阿房宫太大了，就像经历了四个季节。一名同学是从主观上讲，宫廷里不同的宫女受到不同的境遇而感受不一样。都有道理，但我更倾向于后一种说法。因为你看上文，"歌台暖响，舞殿冷袖"，这个"暖"和"冷"，主要是主观的，写感受的。大家看，把两名同学的理解一结合，这个问题解决得多好啊。

有很多同学问第三小节"一旦不能有，输来其间，鼎铛玉石，金块珠砾"这个句子怎么理解。我们把这个问题一分为二，有哪位同学能根据对全文的理解，说说"一旦不能有，输来其间"怎么理解？这个句子有难度，有没有人愿意尝试？请这名同学——

生：这句话是说"如果一天没有的话，就再把它抢过来"。

师：哦，是"如果一天没有的话，就再把它抢过来"，（学生笑）很好，这是一种说法。理解这个句子的关键在于主语，大家想一想，根据上文来看，这主语是谁呢？

生：六国。

师：对，是六国。这个"一旦"，你体会下来和我们今天说的"一旦"是同还是不同？倾向于"不同"的举手。不要讲理由，凭感觉。有觉得不同的吗？

师：你（举手者）说说看，不同在什么地方？说得出来吗？（学生摇头）哦，说不出来。我说过，不一定要说理由的。从具体的背景看，从上文看，六国已经亡了。六国亡了，珍宝来了，王子皇孙——公主们也都来了，应该说这"一旦"和我们今天的用法比较接近——六国一旦不能再享有这些东西；"输来其间"呢？那名同学说"就再把它抢过来"，当我们认同主语是"六国"的时候，还同意这种理解的同学请举手。（无人举手）连那位同学自己都不同意自己的意见啦？哦，这说明只要一揣摩，就知道不对了。"输来其间"，是说宝物都被秦国运到阿房宫里来了。

后面一句"鼎铛玉石，金块珠砾"是一直有分歧、有争议的句子。"鼎铛"，（板书：鼎铛）有很多书上认为是意动。同学们自己学习的时候，你也认为这是意动用法的，举手给我看看，有没有？（部分同学举手）哦，请放下。认为不是意动的，也请举手。

生：我觉得是。

师：是意动？

生：是意动。

师：当然，这也是一个说法，可我不认为是意动。为什么呢？同学们想一个你们以前学过的比较典型的意动用法的句子。

生：《邹忌讽齐王纳谏》，"吾妻之私我者，美我也"。

师："吾妻之私我者，美我也"。是"私我"还是"美我"？

生：哦，是"吾妻之美我者，私我也"。（生笑）

教学《阿房宫赋》

师：是"美我"。（板书美我）什么叫"美我"啊？把我看作美丽的，认为我是美丽的。那么"鼎铛"是什么意思？看注释是怎么说的，是把宝鼎当铛。再想一想，它是意动吗？如果是，哪一个词是意动？还有同学认为是意动的吗？（没有同学举手）没有了？同学们课后根据注释再琢磨琢磨，有不同意见，我们再讨论。

好，这是比较难的几个句子。后面还有一个句子"一人之心，千万人之心也"，我想我们班同学会很快翻译出来。有哪位同学愿意翻译一下？有同学能翻译出来吗？（无人举手）这出乎我的意料。你说说看（指名）。

生：一个人的想法，同时也是千万人的想法。

师：这"一人"是指谁啊？

生：秦始皇。

师：对，是指秦始皇。后面"千万人"指谁？

生：广大人民。

师：对，是广大人民。本来呢就应该用"民"，为了避李世民讳，避讳，所以用"人"。你秦始皇自己如此奢侈，贪图享受，同样表现了每一个人的心理啊。你一个人奢侈，普通人民也会珍惜自己的财富的啊。就是这样一个道理。

"戍卒叫，函谷举，楚人一炬，可怜焦土"，"可怜焦土"四个字呢，书上也没有注释，要翻译的确有困难。我还是想听听，有哪名同学能把自己琢磨的想法说一说？这个句子呢，前面主语已经有了，"戍卒叫，函谷举，楚人一炬"，书上也都有注释，大家揣摩一下，这"可怜焦土"是指谁？

生：阿房宫。

师：阿房宫。那么"焦土"和前面什么内容有关系啊？

生：楚人一炬。

师：对，那么这个句子就比较好翻译了。有两种理解，一种认为这个"焦土"是名词动化，是"化作焦土"；还有一种说法是"焦土"前面省略了一个动词。这两种说法都有依据。大家觉得哪一种更好？

生：第一种。

师：是第一种？我也觉得是第一种说法好。这样更切合原文的特点。非常简洁，非常有力。

还有些问题，我们会在后面的学习过程中解决，也有些问题需要同学们在课后参照我们课堂上的学习方法自己解决。

同学们，我读《阿房宫赋》，反复读反复读，越读越短，读到最后呢，这篇文章只剩下几个句子，我大胆地把它缩成这样一段话：

（投影显示）阿房之宫，其形可谓（　）矣，其制可谓（　）矣，宫中之女可谓（　）矣，宫中之宝可谓（　）矣，其费可谓（　）矣，其奢可谓（　）矣。其亡亦可谓（　）矣！嗟乎！后人哀之而不鉴之，亦可（　）矣！

这就是我读《阿房宫赋》读到最后剩下的几个句子——后来只剩下几个字——我们后面再说。现在请同学们根据你对课文的了解，想一想在这些括号里填上什么样的词比较合适，看看你们想法和我是不是一致。

师（诵读）：阿房之宫，其形可谓某矣，其制可谓某矣，宫中之女可谓某矣，宫中之宝可谓某矣，其费可谓某矣，其奢可谓某矣。其亡亦可谓某矣！嗟乎！后人哀之而不鉴之，亦可某矣！（学生笑。）

根据你对课文的理解，你能填出哪一个就填哪一个。最好填的，我觉得是宫中之女可谓……

生：美矣。

师：大家想到的是"美"，（学生笑）但是否是写宫女的美呢？——宫中之宝可谓……

生：多矣。

师：多矣。其费可谓……

生：巨矣，奢矣。

师：巨矣，巨大的巨。这个"费"就是耗费。其奢可谓……

生：侈矣。（笑）

师：大家填的这个词应该修饰"奢"，"奢侈"二字意思相近，我们常常说"这个人简直奢侈到了……"

生：极点。

师：对，其奢可谓极矣。其亡亦可谓……

生：哀矣，必矣。

师：哀矣，必矣，都有道理，但是我填的不是这两个词，我填的是《六国论》里刚学的一个字，有哪位同学想出来了？（有的学生答"速"）对了，速。你想，秦始皇自己筑阿房宫，还没筑好，秦已经亡了。其亡亦可谓速矣。后人哀之而不鉴之，可谓……

生：哀矣。

师：哀矣。但是呢，哀之而不鉴之，可谓哀，从行文来讲……

生：悲矣。

师：对，悲矣。大家总体上和我理解是一样的。我压缩的是这样一段话（投影显示）。

生：阿房之宫，其形可谓雄矣，其制可谓大矣，宫中之女可谓众矣，宫中之宝可谓多矣，其费可谓靡矣，其奢可谓极矣。其亡亦可谓速矣！嗟乎！后人哀之而不鉴之，亦可悲矣！

同学们把我缩写的《阿房宫赋》一起读一遍，好吗？

（学生齐读。）

师：读得很好。"制"是什么意思？

生：规模。

师：哪里有"制"作"规模"讲，哪里有？

师生：《岳阳楼记》，"增其旧制，刻唐贤今人诗赋于其上"。

师：现在同学们根据要求，再读课文，画出相关的句子。第一组同学看看课文中哪些句子写阿房宫其形的雄伟壮丽，规模的庞大；第二组看看哪些句子具体地写出宫中之女的众，宫中之宝的多；第三组找一找"其费可谓靡矣"；最后一个组找"其奢可谓极矣"体现在哪里。如果自己的任务完成得很快，可以把所有这些和课文中相对应的句子想一想。有些同学比较慢，也可以集中找一两处。

（学生看书。）

师：好，有没有找好？下面我们来交流交流。先请第一组说说课文中哪些内容、哪些句子描写了阿房宫其形的雄伟壮丽，规模的极为庞大。（指名）你找到的是哪里？

生：我找的是第一小节。

师：你把句子读一读，好吗？

生："覆压三百余里，隔离天日"，是写规模庞大；"二川溶溶，流入宫墙，五步一楼，十步一阁"，是写阿房宫很雄伟；然后"盘盘焉，囷囷焉，蜂房水涡，矗不知乎几千万落"，写规模很大；"一日之内，一宫之间，而气候不齐"，也是写规模很大。

师：好的。这位同学抓住课文第一部分，既读了有关句子，还作了简要分析。我们再看看后面。哪些句子写宫中之女的众，宫中之宝的多，第二组同学哪位同学来说说？（指名）你找到了？

生：第二节，"妃嫔媵嫱"一直到"焚椒兰也"，都是写宫女的"众"。

师：你能简要分析一下，作者是怎样写出宫女的"众"？

生：他是从侧面来写的，如"渭流涨腻，弃脂水也"。

师：对。在这里有同学提出一个问题，不知你能不能解答。"绿云扰扰，梳晓鬟也"，这个"绿云扰扰"是指什么东西？你有没有想过这个问题？（生摇头）没有？好，请坐。其他同学有没有想过"绿云扰扰，梳晓鬟也"是写什么？

生：头发。

师：对，是头发，这也表现了宫女的多。刚才那位同学说，主要是从侧面间接地写，其实作者用了多种方法。夸张、排比、比喻，都有。"绿"在这里可以理解为黑，我们在日常生活里有没有注意到，有人说"他眼睛黑得发绿"，也有人说"这衣服的颜色绿得发黑"，说明这黑色和绿色到了一定程度以后，相互之间是难以区分的，所以这里其实就是说"黑云"，"扰扰"是说飘飘的样子，说明宫女的确很多。那么写"宫中之宝可谓多"的在哪里？哪位同学说说？

生："燕、赵之收藏，韩、魏之经营，齐、楚之精英，几世几年，剽掠其人，倚叠如山，一旦不能有，输来其间"，表现了宫中宝物的多。

师：好。这里想请你解决一个问题，有同学问"韩魏之经营"的"经营"是什么意思，你能回答吗？

生：都是指金玉珠宝等物。

师：好，请坐。我们这里要注意一个问题，就是文言文理解的方法。理解这个"经营"，可以从哪些词语中寻得启发和门径，就是可以从哪些词语入手？

生：收藏，精英。

师：对。这3个句子虽然从修辞来讲，不能算是互文。比如，"朝歌夜弦"就是典型的互文，你不能说早上就唱歌，晚上就弹乐器，应该是早晚唱歌、弹乐器，这叫互文，互文不"合而见义"，就不能"解其义"。但是像这一种排列的句子，可以互相参照，是一种反复，同时又回避词语单调简单的重复。所以"经营""精英"，都是六国费尽心思从其他国家争抢、抢夺来的宝物。

第三组同学说说"其费可谓靡矣"？

生："鼎铛玉石，金块珠砾，弃置逦迤，秦人视之亦不甚惜"。

师：哦，这是耗费的奢靡。有没有不同理解？

生：蜀山兀，阿房出。

师："蜀山兀，阿房出"，就是说把蜀山的东西都砍光了。好的，请坐。其他同学有没有补充理解的？

生：从"使负栋之柱"到"多于市人之言语"。

师：好的。有同学问"瓦缝参差，多于周身之帛缕"，这个句子书上没有注释，他不懂，你能否解释一下？

生：参差的瓦缝比身上的帛缕还多。

师：好。这个"帛"是布，"缕"是什么？

生：丝。

师：对。这告诉我们房子上一片一片的瓦形成的瓦缝比我们身上穿的衣服上一缕一缕的丝还要多。特别要注意作者仍然是用夸张、比较、衬托的手法，来突出它耗费之靡。好，请最后一组同学说说"其奢可谓极矣"体现在哪里？

生：我认为应该是"鼎铛玉石，金块珠砾，弃掷逦迤，秦人视之，亦不甚惜"。

师：对，这是非常典型的句子。把宝鼎当作破锅，把金玉当作沙砾，可见其奢靡的程度。其实《阿房宫赋》通篇都在表现秦始皇、秦王朝的……

生：奢侈。

师：对，奢侈。我们前面学过一篇《赤壁赋》，《赤壁赋》说不上是一篇典型的赋。我和你们说过，苏轼对散文的重大贡献，是对赋的拓展，是"以文写赋"。《阿房宫赋》可以说是典型的赋文，有人称之为"千古第一赋"，它典型地表现了赋的内容和特征。"赋"的形式特征是什么呢？有同学知道吗？"赋"特别重视……

生：铺陈。

师：对，铺陈排比。它能从多角度反复描写同一个对象。我一个字，他写一大排句子，对吧？我几个句子，他用通篇来表现。这就是铺陈。铺陈的作用大家体会出来了吗？

生：更能突出表现描写的对象，语言有气势。

师：哦，主要有两点。一是更突出事物的特点，还有一点是语言有气势。怎样使语言有气势啊？对，是将大量的排比、比喻和夸张组合到一起，表现了语言的气势，语言具有了超乎寻常的表现力和魅力，征服了我们。下面我想通过诵读，请大家整体感受一下语言的美，语言的气势和文章所表现的阿房宫的特点。

（教师配乐诵读全文。）

刚才老师诵读了全文，为了加强效果，配上了古典的音乐。现在同学们可以先自由诵读一下，有谁愿意尝试一下，选择一两个句子、一两个片段，能够在诵读中表现赋的特点。有哪位同学主动试一下？（指名）你读一下第二小节。

（读第二小节。）

师：总的来说不错，就是意味的表现稍微欠缺了一点。比如，"而望幸焉"这里，可以稍微慢些，表现期盼、等了好久都等不到皇上的心理。当然读好这一段，关键在于虚词的处理，你们知道是哪一个？

生：也。

师：对，大家数一数，这里一共有几个"也"？

生：六个。

师：那你们体会一下这六个"也"表达的效果是否一样？有哪一个"也"和其他"也"作用是不同的？有没有发现？

生：最后一个。

师：对。前面五个"也"是表判断，而最后一个"也"更多的是强调。前面5个句子并列关系更为紧密，而最后一个句子要相对疏离一些，所以大家读的时候，最后"辘辘远听，杳不知其所之也"，车远远地来了，宫女心中就充满了希望，"要到我这里来了"，车又慢慢地远走了，心中的失望随着车声的远去而增强。皇帝看不见了，车声听不到了，我们要读出一个效果来，让我们觉得宫女仍然在翘首盼望。下面同学们集体把这一段再读一下。

师："杳"字还是读得太急了，同学们课后再仔细琢磨一下。"辘辘远听，杳——不知其所之也"，不要太急。

课前有同学提了一个问题，说是"本文的中心段，也就是作者要表达的意思是哪一段"；还有同学问得更具体，"本文点明主旨的句子是不是最后一句？"这些同学都在思考，你们看是不是最后一段？

生：是。

师：是不是最后一句？看来大家有不同理解。其实，我觉得不一定要落实到具体的某一句，这一段都是作者在表达他的思想。

本文和《六国论》不一样，它不是一篇史论，但作者仍然表达了他对历史的感悟、见解，在告诫我们这些后人。大家想一想这一段中的"后人"是指什么样的后人？"使六国各爱其人，则足以拒秦；使秦复爱六国之人，则递三世可至万世而为君，谁得而族灭也？"谁能够消灭他们呢？"族灭"就是"灭族"。"秦人不暇自哀，而后人哀之；后人哀之而不鉴之，亦使后人而复哀后人也。"大家注意，这里四个"后人"的内涵、所指的对象是否一致？

生：不一致。

师：怎么不一致呢？哪名同学分析一下？（指名）你说说对这几个"后人"的理解。

生：第一和第二个"后人"，是一个意思，相对于秦人的后人；第三个"后人"是相对于前面两个后人的再一个"后人"，是后人的后人。

师：是后人的后人。假如说，我们解读文章的时候，注意文章的背景，如果从杜牧写作的年代、时期来看，他写于唐，唐敬宗大造宫室，不问政事，所以这个"后人"，我们可以把它理解为"唐以后的后人"。最后一个"后人"是第三个"后人"的意思呢，还是前面两个"后人"的意思呢？

生：和前面两个一样。

师：对。四个"后人"两层意思，第一个、第二个、第四个，是指秦以后的人，第三个是指唐以后的人，是这样的吧？其实，这4个"后人"两个意思，又指一个共同的对象，是什么？

生：国君。

师：对，主要是指君主、皇帝。黄老师在读这篇文章的时候，想法也很多，读到最后一段的时候，我忽然有感而发，把杜牧的最后一段改写了一下。也许是狗尾续貂——可我改写了以后蛮得意的，现在呢，"敝帚不自珍"，让大家比较一下，作者写的和我写的哪一个好，好在哪里。你不要觉得杜牧写得好，黄老师也不差的哦。（学生笑）现在同学们集体把这段话读一下，然后品评一下，看看哪个好。

（投影显示）观古今之成败，成，人也，非天也；败，亦人也，非天也。成败得失，皆由人也，非关天也。得失之故，归之于天，亦惑矣！

下面我们齐读这一段，我读到"嗟乎"，你们就接着读下去。灭六国者，六国也，非秦也。族秦者，秦也，非天下也。嗟乎！——

（学生全体朗读。）

师：大家读得很好，说明大家对这段话理解得很到位。下面同学们自由发挥，谈自己的评价，不要碍我面子。哪名同学先说说？（指名）你喜欢哪一个？

生：我觉得都有长处。（学生笑。）

师："都有长处"，还有半句话，言外之意，你们能补充出来？

生：都有短处。

师：你说说看我们的长短。

生：原文前面一半写到"谁得而族灭也"，是单指秦国破灭这件事情，而您写的范围更大一点，所以前面一半您写得好。到后面，他的思维又上升到了更高的一个层次，而您最后"得失之故，归之于天"，只是对前面再来一个总说，而他写的思想更上了一个层次。

师：这名同学从语言、思想内容等角度进行了评说。我听得出来，她更喜欢杜牧的。（学生笑）尽管她在比较的时候，说我也有好的，从时空来讲，更有时空感；另外从语言形式说，杜牧的文章思想上在不断加深，而我写的最后一句只是前面观点的重复而已。其他同学有没有不同意见了？

生：我觉得杜牧写得好。（学生笑。）

师：不要紧，你说杜牧好在什么地方？

生：因为这篇文章前面写的都是阿房宫和秦始皇的奢侈，目的是要使后人以史为鉴，而你写的是关于成功和失败的。

师：就是和前面的描写关系不是太紧密？哦，她是从文章的章法进行比较的。你能不能发现一点我好的地方？（学生笑。）

生：你这段话的观点是正确的。（学生笑。）

师：我这段话的观点是正确的，就是放在这篇文章里不好？（学生笑）好，请坐。有没有不同意见的？大家肯定还有很多想法，现在不能一一讨论了。刚才两名同学比较得还是不错的，但是我觉得你们对我不是很公平。（学生笑）为什么呢？我就觉得杜牧从秦的灭亡、秦的奢，来告诫历代君主、以后的君主要引以为戒，但是我觉得这局限了历史思考的意义。我做君主吗？我不做。我们在座的同学将来会做君主吗？可能性也不大，是吧？所以我们这些普通的人读《阿房宫赋》，就不能从中汲取一点什么吗？

刚才一名同学说我写的内容和前文不太一贯，我觉得还可以啊。（学生笑）他说，"灭六国者，六国也，非秦也"，六国的灭亡是自己导致的，"族秦者，秦也，非天下也"，也是秦自己导致的，对不对？所以我说，嗟乎！普通的人虽不能占有一国，成功是我们都要追求的。所以说我的观点更广泛一点。不过有一点倒是真的，就是从全文结构来看，从语言形式来看，杜牧肯定是比我好。一千年以后肯定有人记得杜牧，一千年以后肯定没有人记得我黄某。（学生笑。）

这时候我就想到一开始我说的，这篇文章我读到后来就成了几个字，其实用三个字就能把全文的内容和结构都表现出来了。

现在同学们回想全文内容，或看黄老师缩写的这段话，（投影显示）在这段话里挑三个字，概括全文内容。《阿房宫赋》洋洋千言，其实三个字足矣。大家想想，哪三个字呢？"阿房之宫，其形可谓雄矣，其制可谓大矣，宫中之女可谓众矣，宫中之宝可谓多矣，其费可谓靡矣，其奢可谓极矣。其亡亦可谓速矣！嗟乎！后人哀之而不鉴之，亦可悲矣！"谁愿意说说？

生：奢、亡、鉴。

师：对。我读到最后，只剩下这三个字。课后，同学们好好背一背这篇千古第一赋，同时让我们永远记住这三个字。奢必亡，这是国君要借鉴的，也是我们这些普普通通的人所要借鉴的。

好，今天就到这里，下课！

七、《蜀道难》教学实录

师：（板书写课题）今天我们学习李白的《蜀道难》。有没有想到今天这个课题为什么要竖着写呢？

生（小声）：山高啊。

师：现在不多说，等一会你们就明白。课前要求大家熟读课文，最好能背诵。课文能背诵了吗？能背诵了的请举手。（大部分学生举手）好的。不能背诵的继续背，能背诵的要能默写。现在请一起背诵，不能背诵的就看课本。

（学生背诵，比较整齐）

师：背得不错。一直没有犹疑，说明同学们背得很熟。但是，有几个句子同学们背得很快，我听得不太清楚。我们一起落实几个字的字音。第一个是"蚕丛及鱼凫"的"凫"怎么读啊？

生：fú。

师：嗯，不错。第二个是"飞湍瀑流争喧豗，砯崖转石万壑雷。""砯"字怎么读？

生："砯（pīng）崖转石万壑雷"。

师：什么"崖"？

生：砯（pīng）崖，课本上有注音。

师：啊，我倒还没有在意。过去我们一直读成"砯（pēng）崖转石"。没关系。你读你们的"砯（pīng）崖"，我可能还会读成"砯（pēng）崖"。还有一个句子，你们读得也不好。就是后面一个句子：其险——

生：其险/也如此——

师：不要读了，已经错了。"也"字，靠前，还是靠后？

生：靠前。

师：不但要靠前，还要拉长一点。诗歌一般不用虚字，李白的诗歌中用"也"字，跨越了诗文的界限，也可以说是以文写诗。李白写诗不守规矩，这也就是李白所以成为李白的一个原因。好，继续读。

生：其险也／如此。

师：（教师示范）"其险也／如此"，"也"要读得稍长，可以突出"险"。
据说，李白拜谒贺知章，就呈上这首诗。贺知章读完之后，说"真乃谪仙人也"。什么是"谪仙人"啊？

生：就是被贬谪的仙人。

师：所以，李白被称为诗仙。贺知章的意思是，《蜀道难》是神仙才能写出的诗啊。"此曲只应天上有，人间能有几回闻？"神仙有什么特点？

生：不受束缚，比较自由。

生：想象丰富，奇特。

师：有道理，这是神仙的特点，下面我们就进入神仙的诗歌境界，感受诗仙的魅力。诗歌讲究诵读。我们先来读前三个字。可以说，这首诗如果把前三个字读好了，这首诗就不用学了。谁来试试？没有人举手？那我们请5名同学读一读，比一比，看怎样读更好。从这位同学开始，我们请5名男生——

生：噫吁嚱！

生：噫吁嚱！

生：噫吁嚱！

生：（读不出来。）

生：噫吁嚱！

师：我修正一下要求——老师发现，不把后面的内容带上，不好读，对不对？（学生：对）那好，把后面的一句连起来一起读，让感情充分表达出来。

（5名学生继续读。）

生：噫吁嚱！危乎高哉！

生：噫吁嚱！危乎高哉！

生：噫吁嚱！危乎高哉！

生：噫吁嚱！危乎高哉！

生：噫吁嚱！危乎高哉！

（5 名同学读得各不相同。）

师：这 5 名同学读得都不相同。姑且不评论谁读得最好。你们想一想这个句子会有多少种读法？

（学生没有反应。）

师：同学们，排列组合有没有学？

生：还没有呢。

师：你们想一想，读这个诗句，不同主要在哪里？

生：重音。

师：对，重音。还有——

生：延长。

师：延长，还有停顿。

那么，重音有几种可能？延长有几种可能？停顿有几种可能？组合一下有多少种读法呢？等会儿，你们把这个题目给你们的数学教师做一做，看他能不能做出来。当然那样做，是数学的方法。我们现在用语文的方法。刚才几位同学读出了几种读法。现在，黄老师再读几种，大家看怎样读更好。

师：（教师比较诵读。）

噫吁嚱！危乎高哉！（重音在"噫"和"危"，"吁""嚱"延长。）

噫吁嚱！危乎高哉！（重音在"吁"和"危"，"吁""嚱"延长。）

噫吁嚱！危乎高哉！（重音在"嚱"和"高"，"吁""乎"延长。）

噫吁嚱！危乎高哉！（重音在"噫嚱"和"高"，"嚱""乎"延长。）

噫吁嚱！危乎高哉！（重音在"吁"和"危"，"嚱""乎"延长。）

……

通过讨论明确：读法可以有不同，但基本要求如下。

"噫"要重读，给人异峰突起的突兀感，"吁"不宜重读，否则会冲淡前一个字的重读，"嚱"也不宜重读而必须延长，加强感叹，重读了不自然，也破坏了感叹的色彩，"危"必重读，和"噫"呼应，形成起伏，"高"可重可轻，"乎"宜轻读，有感叹味，并形成起伏，"哉"可稍微延长，有吟诵的余味。

师：刚才我们讨论应该怎么样读比较好。但同学又不必过于拘泥，关键是理解，读出自己的理解。现在请同学们继续读一读。

（学生自由读。）

师：除了这三个词三个字，或者说除了读好这 7 个字，全诗还有一句话也很关键。读好它，对全诗就有了更好更深入的理解。哪个句子？

生：蜀道之难，难于上青天。

师：这个句子在诗中反复出现。一共几次？

生：三次。

师：出现了三次。三次能不能一样读？

生：不能。

师：肯定不能。请你们把这三句都画出来。

（学生画这三句。）

师：请两位同学比读一下。有没有主动要求读的？

（学生没有反应。）

师：没有？没有，我就指明了。张颢，该你出场了。另一个请龚思恩。

生（张颢）：能不能多读一些句子？

师：可以。根据需要提前读一两个句子都可以，不要太多，太多这三个句子就不突出了。

（两位同学比读。）

生：（第一个学生）

"噫吁嚱！危乎高哉！蜀道之难，难于上青天。"

"蜀道之难，难于上青天！使人听此凋朱颜。"

"蜀道之难，难于上青天，侧身西望长咨嗟。"

（三句略有不同，但都比较高亢、响亮、雄浑。）

生：（第二个学生）

"噫吁嚱！危乎高哉！蜀道之难，难于上青天。"（豪迈，雄浑）

"蜀道之难，难于上青天！使人听此凋朱颜。"（低沉）

"蜀道之难，难于上青天，侧身西望长咨嗟。"（充满感叹）

（学生自发鼓掌。）

师：第一位同学读得比较响亮、豪放，第二位同学的情感把握更细腻一些，把三句的变化读出来了。这三句的读法很有讲究。第一句要读得豪迈，雄浑，第二句要读得低沉，第三句要读出感叹。大家也不妨读一读。

（学生自由读）

师：大家想一想，这三句在诗歌中有什么作用呢？

生：把文章串起来。

师：这是结构上的作用。结构上，除了把诗歌串起来，还能把诗歌的层次向前推进。

生：内容上，能够把情感的变化表现出来。

师：这个情感的变化，很重要，就是诗歌的脉络。理解这三个句子的作用，要从内容、形式和情感的不同角度考虑。

有人说，读《蜀道难》，理解了这几个句子，就足够了，这是很有道理的。可是除了这三句，诗歌还有很多内容。其他内容又写了什么呢？与这三句有什么关系呢？

带着这个问题，我们合作朗诵一下诗歌。我读反复的这三句，你们读其他部分。

（师生合作朗诵。）

师：想一想，其他内容写了什么？与这三句有什么关系呢？好的，我们分组完成。一、二小组研读"噫吁嚱！危乎高哉！蜀道之难，难于上青天"和"蜀道之难，难于上青天！使人听此凋朱颜"之间的内容，三、四小组研读"蜀道之难，难于上青天！使人听此凋朱颜"和"蜀道之难，难于上青天，侧身西望长咨嗟"之间的内容。

你们可以就近讨论，也可以自由组合为小组讨论。

（学生阅读，讨论。）

师：我们来交流一下。先请一、二小组的同学交流。

生：写了蜀道的形成。

师：教师板书，也就是蜀道的由来。为什么要写蜀道的由来？

生：地形险要。

生：写人行走在蜀道中。

师：压缩一下，就是蜀道旅途，写行走在蜀道中的感受。这有什么意图？

生：可以表现蜀道之难。

师：这是衬托和烘托。写"黄鹤之上不得过""猿猱欲度愁攀援"，衬托蜀道之高，写鸟的悲号，写子规啼叫，是烘托。

生：还有一个神话传说。

师：为什么要写这个神话？

生：可以写出险峻，神奇。

师：对。"上有……下有……"写蜀道太高了。——再请三、四组的同学交流。

生：写山峰，写树，写水，写悬崖。

师：写这些有什么作用？也是用了什么方法？

生：也是烘托，衬托。

师：主要是烘托还是衬托？

生：烘托。

师：还写什么？

　　（学生迟疑。）

师：（读）"剑阁峥嵘而崔嵬，一夫当关，万夫莫开。所守或匪亲，化为豺与狼……"

生：写人。

师：写什么人？

生：写守蜀道的人。

师：（板书）对，写守蜀道的人。现在想一想，写这些内容与三次反复的句子是什么关系呢？

　　（学生思考。）

师：诗和文章一样，常常有关键句。如果有，这首诗的关键句很显然是？

生（齐）："蜀道之难，难于上青天。"

师：对。诗不仅有关键句，关键句中还常常有关键词、关键字，人们称之为——诗眼。如果这首诗有诗眼，诗眼是哪个字？

生（齐）："难"。

师：那么，蜀道"难"在哪里？

生：难在蜀道之路的艰险，还难在守道之人的凶残。

师：还有呢？不妨按照诗歌的思路说。

生：开道就难。

生：行走难。

生：山很高。

生：很险。

师：比较全了。我们先小结一下刚才的问题，其他内容与"蜀道之难，难于上青天"这个关键句什么关系？

生：其他句子都是围绕这个句子展开，都是写难，从不同角度写蜀道难。

师：对，这就具体写出了"蜀道之难"。现在我们就把诗歌的思路理清楚了。现在我们归纳一下，是从哪几个方面写难的？用哪些方法写难？

生：一个是本身的，内在的，直接的。一个是外在的原因，导致了蜀道之难。

生：第一是写蜀道的高和险，第二是写蜀道上行道之人的艰难，第三是通过想象，写蜀道之难的外在原因。

师：说"外在的"不太准确。

生：还有渲染气氛，写出蜀道之难。

师：作者从蜀道的由来，行走蜀道的感受，蜀道地势之高、地形之险、守道之人等多方面写蜀道之难，这中间有的从正面直接写它的"难"，也有的是从侧面写它的"难"；综合运用了想象、衬托、烘托等多种方法。大家想一想，李白为什么要把蜀道写得那么难？或者说李白写蜀道之难有什么用意？

生：我觉得是李白通过蜀道之难，说明人生之路的艰难。

生：我觉得是李白政治上的艰难。

师：（教师板书：人生之路　政治多险）同学们说得都很有道理。

关于李白《蜀道难》的主旨的理解有多种说法，主要有这样几种。（补充板书）

第一是人生的感喟。

第二是政治上的艰险。

第三是送友人入蜀。

第四是关心故人（杜甫）。

第五是劝明皇不要入蜀。

第六是讽刺军阀。

同学们能否从诗歌中分别找到这些理解的根据？

生：最后一句是表达政治上的艰险。"蜀道之难，难于上青天，侧身西望长咨嗟。"

生：送友人的依据是，"问君西游何时还？"

生：挂念老杜是，"锦城虽云乐，不如早还乡。"

生：劝明皇不要去蜀是，"其险也如此，嗟尔远道之人，胡为乎来哉？"

师：这里的"险"，除了蜀道自身的高险之外，还有"所守或匪亲，化为狼与豺"之险。——当然，这样的对应是比较简单的方法。只能说明不同见解各有道理。你们觉得哪一种更好？

生：我觉得人生感慨，可能更好一些。

生：我觉得仕途感慨好。

师：关于本诗的主旨，的确是见仁见智。我个人比较倾向于第一种和第三种。辛弃疾的很多词，既是送友人，又在感慨人生。其他的各种观点，当然各有道理。也有人通过考证证明其中一些观点经不起推敲。比如，关心故人杜甫的说法，有人考证当时杜甫已经不在四川了；劝明皇不要入川的说法，有人考证当时安史之乱早就平息了。当然解读诗歌未必就要用考证的方法。

有人说，诗歌是语言的艺术；也有人说，诗歌是排列的艺术。不过，排列对诗歌的确很重要。不同的排列，效果不一样。比如这首诗，有人把"噫吁嚱"独立排行。也有人把，"噫吁嚱，危乎高哉"排在一行。除了句子的排行之外，有时候断句，也影响排行。比如，"又闻子规啼夜月，愁空山。"有的版本就断为五五句"又闻子规啼，夜月愁空山"。你们觉得哪一种更好？

生：书上的好。

师：对，我也认为课本上的七三断比五五断要好。这样有一种参差的美，还能把空山的空旷，人的孤独和惆怅表达出来。现在，我们尝试一下，如果让你来排行，你如何排？然后，按照你自己的排法诵读。

（学生思考排行，并自由诵读。）

师：好。现在请同学们自由读全诗。我在黑板上画出图谱。画出的图谱，表达我对排行的理解。

（学生按照自己的排法，诵读全文；教师在黑板上画出图谱。）

师：我为什么要强调这种图谱和这样的分行？

生：形式上给人高峻的感觉。

师：（教师描画出排行的边缘线，成山势险峻的蜀道状）的确是这样，这样的排行在形式上给人强烈的震撼感。李白这首诗，是什么体裁？是不是近体？是律诗还是绝句？

生：是乐府诗。

师：对，乐府。乐府的句式，长短比较自由。句式的长短，也是表达情感的重要手段。李白的乐府，句式更是多变。不拘形式，不守规矩，需要则长，需要则短，三个字，五个字，七个字，随手写来。这样的句式和形式有什么效果？

生：形象而有力地表现蜀道之难。

生：还有感情上的起伏和变化。

师：很好，通过诗句的长短，表现出感情上的起伏和变化。他奔放的情感和飘逸的诗风，他如神仙一样的奇特的想象和联想，都和这样的语言形式，形成内在的统一。

生：我觉得这还是李白作为诗仙的一种语言的艺术。

师：非常好，我们欣赏这首诗，就可以从这三个方面去把握——形象、感情、语言。今天的课就上到这里，课后同学们还要多读，多品味。

八、"写出人物的特点"教学实录

师：同学们，我们开始上课。我想问一问，有没有同学认识我？——不认识，一个都不认识我吗？那我介绍一下，我叫黄厚江。草头黄，忠厚的厚，长江的江。现在请大家用黄厚江三个字分别组词，看看你们能组多少词，我想了解一下同学们掌握的词汇是不是丰富。

生：黄河。

师：黄河，挺好的。

生：黄酒。

生：黄色。

生：黄土。

师：其实，某种意义上说，我们大家都姓黄。知道为什么吗？能想到那个词吗？

生：炎黄子孙。

师：对。我们都是炎黄子孙。下面用厚组词。

生：厚积薄发。

师：出口不凡哪。大家读书要厚积薄发。

生：深厚。

生：厚道。

生：厚重。

师：厚重。大家肚子里的词语很丰富。再用江组词。

生：长江。

师：长江，挺好。

生：丽江。

师：丽江，还有吗？

生：大江。

师：长江，丽江，大江，是不是还有松花江？能不能换一个思路？

生：濒江临海。

师：濒江临海。嗯，有点学问。对，濒江临海什么意思啊？

生：就是濒临大海和长江的意思。

师：很多诗句里有江，能说几句吗？

教学"写出人物的特点"

生：孤舟蓑笠翁，独钓寒江雪。

生：大江东去，浪淘尽千古风流人物。

生：曲终人不见，江上数峰青。

师：非常好。刚才是用黄老师名字的三个字组词。下面要求高一点，你们能看出我
这个人有什么特点？

生：慈祥。

师：慈祥，好啊。——这位女同学你讲讲。

生：忠厚，善良。

师：忠厚，善良，我觉得自己的确善良，因为善良应该是人应有的特点。

生：聪明。

师：你能看出我聪明，说明你也很聪明了。

生：和蔼。

师：和蔼。还有不同的举举手。

生：谦虚，朴实。

生：开朗。

师：开朗，性格比较开朗。

生：有孩子的特点。

师：有童心。很多同学说我有这个特点。

生：幽默风趣。

师：我觉得我们班的同学记叙文一定写得好。因为你们词语丰富，观察敏锐，几分
钟就能捕捉到人的特点，非常不容易。但要写出一个人的特点，还要有具体材
料。现在请大家拿一张纸，拿一支笔，写一段话表现我的一个特点。只给5分
钟，看看谁写得最多最好。大家注意，想一想，写一个人的特点，一般可以从
哪些方面入手。

好的，我们现在开始交流。哪位愿意展示自己的习作？

生：黄老师是一个很有童心的人。说话时带有一点小幽默，语言风趣，非常容易交
流，和孩子们打成一片，而且他的脸上时常带着一丝浅浅的微笑，就觉得非常
友好可亲，忍不住就会和他去交朋友。

师：请问这位同学，你觉得他写得怎么样。

生：很好。

师：写出了什么特点？

生：童心。

师：对。哪一句最好？

生：他的脸上时常带着一丝浅浅的微笑。

师：对，两位同学，一位写得好，一位评点得也很好。紧紧围绕着童心，都是具体的描写，很好。当然，还可以更充实一点。这位同学你自己读，好吧。

生：他是一位幽默风趣的老师。眉宇间透着慈祥与和蔼，在与学生交谈时，举手投足间闪现着一股孩子气，岁月的沧桑使皱纹不经意间爬上了他的眼角，但掩盖不了他那颗炙热的童心，他就是我们敬爱的黄老师。

师：好，这位同学很有文采，也写得很好，但是也有不足。有没有同学对他提出修改的建议？没有？我再读一遍，我们一起讨论。

　　他是位幽默风趣的老师，眉宇间透着慈祥与和蔼，在与学生交谈时，举手投足间闪现着一股孩子气，岁月的沧桑使皱纹不经意间爬上了他的眼角，但掩盖不了他的一颗炙热的童心。

　　我们首先看，这段文字主要写我什么特点？

生：有童心。

师：也是有童心？有哪些具体内容可以表现童心呢？

生：眉宇间透着慈祥与和蔼，在与学生交谈时，举手投足间闪现着一股孩子气。

师：的确如此。这句话，尤其是后面一句"在与学生交谈时，举手投足间闪现着一股孩子气"很能表现童心的特点。但"眉宇间透着慈祥与和蔼"和童心关系不紧密。还有哪些句子和童心的特点关系不紧密？

生："他是位幽默风趣的老师。"

生："岁月的沧桑使皱纹不经意间爬上了他的眼角。"

师：这些句子，或者联系不紧，或者特点表现得不具体。大家能不能帮助他修改一下？

生：眉宇间透着慈祥与和蔼，又闪烁着孩子的顽皮。

师：非常好。

生：被很多皱纹包围的眼睛中，有着孩子的光彩和单纯。

师：改得真好。有没有同学集中写幽默的特点呢？有没有？好的，这位同学。

生：黄老师眼睛虽小，但是炯炯有神，总是笑眯眯的，给人以慈祥的样子，言语中也不乏幽默，反映出了他的博学与睿智，他像爷爷般给人以亲切感。

师：好的。他写得怎么样？

生：我觉得他的语言不错，也写了很多的特点，但是不能突出地表现幽默。

师：评价得非常好。这名同学用了很多褒义词，但是大家要注意他有两个问题。"黄老师眼睛虽小，但是炯炯有神"，这表明了什么？"他总是笑眯眯的，给人以慈祥的姿态，言语中也不乏幽默，反映了他的博学与睿智，他像爷爷般给人以亲切感。"这几句话又是写什么特点？

大家一定要记住，特点写多了等于没有特点。写人的文章一定要突出特点。有没有同学写其他特点？比如，写聪明的，有没有？你写的是什么特点？

生：我没有写聪明。

师：那你写的什么？

生：我写的慈祥。

师：好的，念出来给大家听听。

生：黄老师慈祥地望着我们，脸上的皱纹像一朵绽开了的野花，他用亲切而柔和的嗓音鼓励着同学发言，声音虽然沙沙的，但却像爷爷粗糙的大手抚摸你的心田，让人一下子放松下来，有一名同学回答不出问题，他便微笑着安慰他，眼睛像闪亮的星星和蔼地闪烁着。

师：她写得怎么样？

生：写得很好。

师：写得最好的是哪句？

生：她把老师的声音比作爷爷的大手抚摸着心田。

师：对，这句的确写得非常好。

生：突出黄老师慈祥的声音。

师：很好，她主要通过声音、肖像，抓住眼睛的细节，写慈祥。有没有写我聪明的？

生：没有。

师：现在规定就写聪明的特点。怎么写？

生：我觉得你的手挺秀气的，像是读书人的手。

师： 秀气的手，可以看出是读书人。但秀气的手能不能表现人的聪明？很勉强。

生： 深邃的目光让我们很容易联想到鲁迅先生。

师： 请坐请坐，你夸奖我，我很感谢。但是有一个问题，鲁迅先生是聪明的代表吗？鲁迅当然是聪明人，但是鲁迅在我们大家心目中并不是聪明的代表，还不如说看到黄老师就想到陈景润。但也不好，不具体。请写出具体表现黄老师聪明的地方。

生： 有个词语叫聪明绝顶。

师： 有道理。但仍然比较概括，没有具体的描写。应该在对头发进行具体的描写中让人看到聪明。

生： 通过黄老师的言谈和眼神透露出聪明。

师： 言谈和举止，什么样的言谈透露聪明？

生： 就是机智的话语。

师： 机智的话语。非常好。机智，我也认可。能不能再具体一点？像——

生： 简单的词语从您嘴巴里蹦出来，像有生命一样在跳动。

师： 有意思。"像有生命一样在跳动"是聪明的表现吗？

生： 让人爱听，耐人寻味。

生： 使人很有启发。

师： 语言中写出聪明，不容易。其实最容易得还是写肖像。大家看我的肖像，哪些地方可以看出聪明？

生： 光脑袋。

师： 有点道理。有人说，聪明的脑袋不长毛。当然也有人说，光脑袋是因为不够肥沃。

生： 额头，特别突出。

师： 大家观察得不错。概括一下，写一个人的特点，比较容易的办法是从哪些方面入手？

生： 肖像。

生： 语言。

师： 但是单单写其肖像，写语言，要写得丰满很难。如果要把一个人的特点写得很丰满写得比较深入，除了写肖像写语言等，还要怎么办？

生：通过具体的事件。

师：对，写具体的事件。上课到现在，大家了解了我的哪些事件？又可以写出什么特点？

生：自我介绍很有特点。

师：什么特点。

生：让我们组词。

师：表现什么特点？

生：知识很渊博。

师：那几个词就能说渊博？再说还是你们组的词语啊？

生：很机智，上课有特点。

师：这还有点道理。还有吗？

生：和同学交流不一样。

师：表现在哪里？

生：从不批评。

师：不批评就好吗？我是都说你们好吗？

生：不是。但是很委婉，很含蓄。

师：是说我说话不明白吗？

生：不是。是尊重学生，循循善诱，善于启发。

师：你真会夸人。还有其他事件吗？

生：（沉默）

师：我们刚刚认识，你们了解我的事件的确不多。大家想一想，如果写一个人，对他的事件了解不多。怎么办呢？

生：询问。

师：非常有道理。如果对所写的人了解的事件材料不多，可以询问，可以调查了解。可以问本人，也可以问别人。大家想不想听我说说我的故事？

生：想。

师：我知道你们想。那么黄老师说几个自己的故事，你们认真听，看看哪些事件对你写的特点有用，或者哪个事件能表现哪个特点。明白我的意思吗？

生：明白。

师：如果要说优点，我觉得自己做事情比较专心。只要读书写作，有人叫我都听不到。几十年来心都用在语文教学上，备课，上课，编教材，写论文，每天都要熬夜，30 年几乎没有在夜里十二点之前休息过。从不打牌，从不玩游戏。不管多累，一进课堂就兴奋，就陶醉。二是和同学们的关系特别好。成绩好的我喜欢，成绩不好的我也喜欢，特别调皮甚至行为不够规范的学生也喜欢。有一届，有几个学生特别调皮，夏天上课，把衣服敞开，露出发达的胸肌，吓得女教师不敢上课。但他们的老大规定，老黄上课不许闹。每一届的同学都要给我起别名，有的叫我老黄，有的叫黄老，有的叫我逗逗，有的叫我江江，有的叫我老顽童，最近的一届叫我豆浆。

　　要说我的缺点，最主要的就是特别粗心。中午吃饭，女儿说菜凉了，爸爸用微波炉热一热。可是后来到微波炉中找不到菜了。哪里去了？菜被我放到冰箱里去了。晚上回家，钥匙常常打不开家里的门。门一开，邻居家的女主人出来了。我家住在 4 楼，开的是 5 楼的门。到此为止，你们有没有发现可用的材料？这位同学说一说。

生：你热爱语文，可以看出你聪明。

师：热爱语文就是聪明？有点勉强，其他同学有没有发现？

生：同学们给你起的外号，都可以表现他们喜欢你，说明你喜欢孩子，课上得好。

师：有点道理。能表现刚才大家归纳的我的哪个特点？

生：有童心。

师：有道理。其他材料能表现什么特点呢？

生：我觉得最调皮的学生你上课也不闹，说明你聪明。

师：这怎么理解？

生：他们那么调皮，根本不想学习，可是你能让他们听语文课，说明你很有办法。

师：我一开始觉得勉强，你这么一说，还真有点道理。

生：还有，你能够让这样的学生都敬佩你，听你的，说明你教育学生一定有自己的办法，这也表现你的睿智和聪明。

师：你真不简单，说得头头是道，看到了我自己都没有看到的东西。大家还要注意。同一个材料也可以写出不同的特点来。比如，写肖像，写细节，可以写我的眼睛。能不能由我的眼睛写出不同的特点来？大家试试。

生：能。

师：能写哪些特点？

生：慈祥。

师：除了写慈祥，还能写什么？

生：童心。

师：大家能不能尝试一下。有没有同学想到？

生：黄老师小小的眼睛是那么和蔼，目光让人觉得那么温暖，就像我爷爷的目光。

师：我其实没有你描写的那么老。但你写得真好。这是写慈祥，有没有人能写一句表现童心特点的？

生：黄老师的眼睛非常小，但特别灵活，眼珠转来转去，就像是孩子的目光，那么单纯。

师：有点意思，但也有点夸张。我想问问大家，如果写一个人的特点，掌握的材料不够用了，怎么办？

生：可以想象。

师：还能想象？能想象出具体的事情？

生：比如，没有发生在这个人物身上，但是发生在别人身上的事情也可以写。

师：借用别人的事情，来写人物的特点？

生：是的。

师：比如，要写我的和蔼，可以写别人什么样的事情呢？

生：写别人严厉的事情。

师：我明白你的意思了。这不是想象，这是衬托。要写一个教师和蔼，可以写其他教师的严厉。对不对？

生：是的。可以对比。

师：很有道理。你写几句对比内容看看。

生：我们的班主任成天板着脸，大家一看见就害怕，只要听到他的脚步声，教室里就鸦雀无声。可和蔼的黄老师一进教室，大家就围在他身边，和他开心地说东说西，教室里充满笑声。

师：你胆子真大，当心你们班主任在听课。当然这是文学手法不可当真。不过，真写得不错。运用衬托的手法，丰富了角度，也可以把人物写得更丰满。但侧面的表现不能太多。如果材料还不够，有没有其他办法呢？

生：有人说作文是三分真七分假。

师：三分真七分假，倒过来正好，七分真三分假吧。假的哪儿来呢？

生：可以自己想一些素材。

师：用什么办法想素材呢？可不能随便编造，当然如果想象合理也是可以的。但想象也要有基础。黄老师教你一招好吧。有一个选材方法叫假借，不知你说的是不是这个意思。明明这个事情是发生在他人身上，现在我们为了写这个人的特点，可以把这个事情假借到这个人物身上来。大家读过《三国演义》吗？《三国演义》中有一个张飞痛打邮差的情节。但据专家考证，痛打邮差的事情不是张飞干的，恰恰是刘备干的。但刘备的特点是仁厚的，这个事情不能让他打，一打刘备就不仁厚了。为了突出张飞的粗野，罗贯中就把这个事件安排在张飞的身上，很符合他的特点。

现在我们小结一下，今天我们上了一节什么课？

生：作文课。

师：什么作文课？

生：写人的作文课？

师：怎样才能写出一个人的特点？

生：写肖像，写语言，写行为。

生：写表现特点的具体事件。

生：还可以从侧面写。

生：还可以借用别人的事件写。

师：大家记得很全。好的，布置作业，请以"认识黄厚江"为题，写一篇记叙文，要写出人物的特点。

九、"写出特别之处背后的故事"教学实录

师：今天我们一起来学习记叙文的写作。在初中阶段我们一定要学习写好记叙文。写好记叙文，很重要的一点是要能写出事物或事情的特别之处。（板书：特别之处）

请大家先来看一位作家写的一篇文章的开头。

（PPT 显示）

今年沈阳的雪下得大，埋没膝盖，到处有胖乎乎的雪人。

下班时，路过院里的雪人，我发现一个奇怪的迹象：雪人的额下似有一张纸片。我这人好奇心重，仔细看，像是贺卡，插在雪人怀里。

抽出来，果然是贺卡，画面是一个满脸雀斑的男孩，穿着成人的牛仔装，在抹鼻涕。里面有字，歪歪扭扭，是小孩写的。

请一位同学读一下，其他同学思考文中的雪人有什么特别之处。

（学生紧张，无人回应）

师（激励）：一个人的优秀，从主动开始。

（一名学生主动举手读文章。）

师：这位同学很好，很主动，读得也很好。大家看看文段中的雪人有什么特别之处啊？

生：雪人特别之处就是额下有张贺卡。

师：是的，雪人有贺卡就是其与众不同的特别之处，特别之处就要关注它。作者能看出这张贺卡的特别之处，是因为作者有什么特点啊？

生：作者有好奇心。

师：是的，正是因为作者有好奇心才能写出特别之处来。而特别之处后面的故事正是写作记叙文的关键所在。请同学们想想，作者看到雪人额下的贺卡后，接着会发生什么故事？

生：会看看贺卡写的什么。

师：是的，我们同学都有好奇心，作家也想知道贺卡的内容。好奇心是写好文章很重要的条件。文章接下去会怎么写？

生：会写贺卡的内容。

师：这会是谁写的贺卡呢？

生：一个小孩子。

师：是的。一个小孩子，准确地说，应该是一个小学生写了这张贺卡，写贺卡给雪人，这个人肯定是特别的。写给雪人的贺卡，贺卡一定也很特别。——这样贺卡的背后就有了故事。（板书：故事）

同学们，假如你是写这张贺卡的人，你会写些什么呢？首先我们要明确写作者的身份。

生：小学生。

师：能够给雪人写贺卡的这位小学生有什么特点呢？

生：比较幼稚。

生：充满童真。

师：哪个更好？

生：充满童真。

师：贺卡接收者是谁啊？也就是说小学生是给谁写的贺卡？

生：雪人。

师：很好。下面就请同学们写写这张贺卡。

（学生写贺卡。）

师：（看学生写作的时间较长，提醒贺卡要简短）哪位同学来和大家分享一下自己写的贺卡？

生："雪人，你不怕冷吗？我自己都有些感冒了，希望你不要流鼻涕哟。"

师：写出了关心雪人的情感，也写出了自己的状况。

生："致亲爱的雪人：你好吗？我好不容易才与你见面，怕你冷，我给你围上了自己最心爱的围巾。希望你能永远陪着我。"

师："致"需要吗？你直接给爸爸妈妈写信还要"致亲爱的爸爸妈妈"吗？直接写"亲爱的雪人"更简洁。这位同学关爱雪人，把小孩与雪人的情感表现得较深。其中的"好不容易才与你见面"，给雪人"围上心爱的围巾"，能不能从原文找到依据呢？

生：找不到根据。

师：写作要符合相应的语境，最好还是不要无中生有，让读者觉得一头雾水。后面的"希望你能永远陪着我"很有感觉，但能不能修改一下呢？

生：我觉得可以改成"你和我做个好朋友吧"。

师：很好。下面我们来看看作者写的内容，看看哪位同学写的内容跟他的最为接近。

（PPT 显示）

　　雪人：你又白又胖，橘子皮嘴唇真好看。你一定不怕冷，半夜里自己害怕吗? 饿了就吃雪吧。咱俩做个好朋友!

祝愿: 新年快乐　心想事成!

沈阳岐山三校二年级4班　李小屹

师: 这位同学的有些内容还是十分接近的。作家抓住贺卡这一特别之处,下面的故事如何发展呢? 如果你是这位作者,你看到这张贺卡接下来会怎么做?

生: 回贺卡。

师: 怎么回?

生: 我会以雪人的口吻来回贺卡。

师: 很好。下面看看作者是怎么往下写的。

(PPT 显示)

我寄出也接收过一些贺卡,这张却让人心动。我有点嫉妒雪人,能收到李小屹这么诚挚的关爱。

我把贺卡放回雪人的襟怀,只露一点小角。回到家,放不下这件事,给李小屹写了一张贺卡,以雪人的名义。我不知这样做对不对,希望不致伤害孩子的感情。

师: 下面就请同学们以雪人的口吻给李小屹回贺卡。

(学生写贺卡。)

生: 你好! 你的贺卡的内容让我很感动,我很愿意和你做好朋友。希望能陪伴你度过整个冬天,如果你能天天来看我就更好了。

师: 这位同学写得好不好?

生: 他用了非常亲切的口吻在写,很好。

师: 嗯,口吻很亲切,而且也与前面的贺卡内容切合。有没有同学写得跟他一样好的啊?

生: 我很高兴与你成为朋友,你不要担心,我晚上会去梦中找你的。

师: 写得很好。两位同学都表达了希望与雪人成为好朋友的愿望,把无生命的雪人当成有感情的人就能写出感情。下面我们来看看作家是怎么写的。

(PPT 显示)

李小屹: 真高兴得到你的贺卡,在无数个冬天里面,从来都没人送给我贺卡。你是我的好朋友!

　　祝愿：获得双百　　永远快乐！

岐山中路 10 号三单元门前　雪人

师：作家贺卡里的精彩之处是突出了"从来没有人给我送贺卡"的这种温暖，我们同学写的"我会晚上到梦中去找你"，也很妙，更加细腻生动，想象更新颖独特。故事能不能就到此结束呢？

生：不能。

师：对的，文章到此结束就显得过于单薄了。那后面的情节又会怎样进行呢？

生：我认为要写那位小朋友到雪人这边来了。

师：那位小朋友会不会到雪人这边来呢？

　　（学生有的说会，有的说不会。）

师：是的。来不来各有道理。我们来看作者怎么写的。

　　（PPT 显示）

　　　我寄了出去，几天里，我时不时看一眼雪人，李小屹是否会来？认识一下也很好。第三天，我看见雪人肩膀又插上了一张贺卡，忙抽出来读。

师：如果你们是这个小朋友，你给雪人写了一张贺卡，雪人又给你写了一张贺卡，你信不信？

生：不相信，他会认为肯定是有鬼了。

师：这就是你和文中李小屹的不同。从文中我们可以看出李小屹是一个怎样的孩子。

生：充满童真。

师：所以雪人写的贺卡，他相信，还是不相信？

生：相信。

师：宁可相信神话，不要相信有鬼。世上只有美丽的神话、浪漫的童话，没有鬼。一个孩子有童心，才会幸福；一个成年人有童心，会更加幸福。李小屹既然相信雪人写的贺卡，那他接下来会怎么做呢？

生：再给雪人写一张贺卡。

师：好的。下面就请同学们以雪人的身份给李小屹再回一张贺卡。注意要抓住特别之处去写故事，而且是按照人与人交往的逻辑去写故事。

　　（学生写贺卡。）

生：雪人，你好！我很好奇，你是怎么写字的呢？请你偷偷地告诉我吧，我会保密的。

师：很有感情，要"偷偷"地告诉，还要保密，很有人情味。还有哪名同学来读读
　　你写的？

生：雪人，很开心你能给我回信！这个冬天有你的陪伴，我也不会寒冷了，我会感
　　到分外的温暖。

师：你感谢雪人给予的温暖，有雪人的陪伴，这个寒冷的冬天也感受到了融融暖意，
　　不错。

生：雪人，贺卡真的是你写的吗？我们做个约定哦？每天放学后我都来看你哦！

师：她写了两层意思，首先是不大相信，其次又情愿相信，并与雪人约定经常见面。
　　在矛盾中叙写，这也是记叙文写作常见的情况。所以大家在写作记叙文的时候，
　　一定要想想故事背后的道理。我们继续看作者是怎么写的。

（PPT 显示）

　　　雪人：我收到你的贺卡高兴得跳了起来，咱们不是已经实现神话了吗？但
我的同学说这是假的。是假的吗？我爸说这是大人写的。我也觉得你不会写贺
卡，大人是谁？十万火急！告诉我！（15 个惊叹号）你如果不方便，也可通知
我同学，王洋电话 621××10；张弩电话 684××77。

　　　祝愿：万事如意 心想事成！

　　　　　　　　　　　　　　　　　　　　　　　　　　　　　　　李小屹

师：作者的贺卡内容有哪些特点啊？

生：写出了李小屹的欣喜和怀疑的矛盾心理。

师：是的。这些我们同学也多有提及，很好。正是这欣喜又怀疑的矛盾心理推动了
　　情节的发展，并预示着作者的写作意图。下面的情节中，李小屹还要回贺卡吗？

生：不要了。

师：为什么呀？（学生无语）因为写来写去，故事没什么变化，没有推进。该怎么变
　　化呢？

生：让李小屹和作者见面。

师：你认为李小屹与作者要见面吗？

生：要见面。满足他的好奇心。

生：不见面，因为作者情感上不愿意让李小屹失望。

师：我也认为还是不见面为好——想一想，为什么不见面好？

生：故事更有悬念。

师：是的。这是写记叙文要注意的。

生：有想象空间。

师：写记叙文这也很重要。还有吗？

（学生没有反应。）

师：大家一定要注意，写记叙文一定要写故事。写故事干什么呢？是为了表达主题。所以故事的安排，要根据主题的需要。——刚才有位同学虽然声音很小，但思路很清楚，她说作者情感上不愿意让李小屹失望，这就抓住了文章中的情感内涵进行思考。下面请继续看原文。

（PPT 显示）

> 我把贺卡放回去，生出别样心情。李小屹是个相信神话的孩子，多么幸福，我也有过这样的年月。在这场游戏中，我应该小心而且罢手了。尽管李小屹焦急地期待回音。
>
> 就在昨天，星期日的下午，雪人前站着一个女孩，背对着我家的窗。她装束臃肿，胳膊都放不下来了。这必是李小屹。她痴痴地站在雪人边上，不时捧雪拍在它身上。雪人橘子皮嘴唇依然鲜艳。
>
> 我不忍心让李小屹就这么盼望着，像骗了她。但我更不忍心破坏她的梦。不妨让她惊讶着，甚至长成大人后跟自己的男友讲这件贺卡的奇遇。

师：文章写到这里似乎结束了，但后面还有一句话的结尾，请同学们帮忙补出来。注意要从思想情感的角度去写，也就是说要考虑文章的主题了。

（学生写结尾并交流。）

生：我犹豫地看着那个李小屹，还有那茫茫雪地里的雪人，心里莫名地生出种种凄凉。

师：这位同学写得怎么样？

生："凄凉"不太好。

师：怎么改？

生：改为"温暖"。

师：很切合主题，但"温暖"与上文有重复之嫌。

生：温馨。

师：很好，注意结尾不要和前文重复。还有哪位同学读读自己写的结尾？

生：过了很久，雪融化了，雪人也消失了，但我相信她心中会永远相信这贺卡奇遇。

师：最后一句很好，现在很多孩子已经不相信这样的童话了，像刚才那位认为有鬼的同学一样。（学生笑。）

生：我把视线从窗外收回来，我想，这样的孩子很难再遇见了，这个冬天我会很温暖。

师：为什么要"把视线从窗外收回来"？

生：思考的时候通常都是这样吧。

师：完全可以删去，凡是"通常这样"的句子不一定要写，不如直接写"这样的孩子很难再遇见了，这个冬天会很温暖"，这样更简洁。最后一句比较深刻，也许生活中根本没有李小屹，或者很少。——这本身就是一个童话。我们来看看作者的结尾。

（PPT 显示）

　　一个带有秘密的童年是多么的幸福。

师：这个结尾有什么特点呢？

生：很有总结性，也很深刻。

师：这样的结尾与上文的"神话"相照应，点明了文章的写作意图：存留着神话的童年是最幸福最值得珍惜的。大家看看这篇文章还缺什么呢？

生：题目。

师：我们为它拟一个什么样的题目好呢？

生：孤单。

生：写给雪人的贺卡。

生：雪人贺卡。

生：冬天雪人怀中的一丝温暖。

师：题目最好不要直接写主题，否则，显得不够含蓄，如"温暖"之类的；"写给雪人的贺卡"只是全文内容的一部分，不能涵盖全部内容。题目要写特别之处，写给"雪人的贺卡"不如"雪人贺卡"，后者更简洁。

（出示原文题目：雪地贺卡）

师："雪人贺卡"和"雪地贺卡"哪个更好？

生：雪人贺卡。

师：嗯，我也认为"雪人贺卡"更好，文章就是围绕"贺卡"写了李小屹和雪人之间的故事，探讨了一个令人深思的问题——童心的可贵。但作者用"雪地贺卡"肯定有他的考虑。或许，他是以为"贺卡"不只是雪人的，而是几个人之间的，并且用"雪地"更能表现这几个人纯洁的心灵。

我们来总结一下，看看这节课我们学到了什么？

（边板书边总结）

　　这节课我们学习了记叙文的写作，要抓住特别之处去写故事，首先是一个特别的人，一个好奇的作者，抓住事物特别的地方，便写出了这样一个特别的故事，揭示了一个特别的主旨。

十、"记叙文故事情节的展开"教学实录

师：我刚才听了一节课，发现同学们身心发展非常健康，在生活中发现了很多故事。这是写好文章的基础。但是，你能从生活中发现一个具有开发价值的故事，并不等于就能写一篇好文章。我们一般从生活中看到的原始素材和故事，往往都比较单薄，还不是一个丰富的故事，所以对于我们想写好记叙文的同学来讲，有一个很重要的基本素养，就是要善于对事件进行展开。（板书：事件展开）比如，刚刚有位同学看到小猪，这位同学看到一对情侣，如何把你看到的这个镜头转化成一个故事呢？从看到可写的故事到有分量的文章，中间有一个比较长的过程，有很多要求。我们今天和大家来尝试事件怎么展开。事件展开有很多种方式，今天我们主要学习其中一种。

　　先给同学们读一篇文章，这是我们班一位同学写的。我先读前面的一部分，大家听的时候就要在脑子里想一件事。想什么事啊？

生：想后续事件的发展。

师：非常好。作文的题目叫"满分"。（板书：满分）

（教师读文章。）

　　中考前的日子，是紧张而忙碌的，不经意间一模即将来临，他，一位成绩优秀的初中生，正在努力为一模做准备。一遍又一遍地翻着书本，以至几乎能把书本内容背诵下来，就这样他信心十足地参加了一模考试，果然考场上是一帆风顺，几乎没有遇到什么难题。过了几天，物理老师来报成绩了，这次考试我们班有一个满分，在此给予表扬，他两眼发光，激动地盯着老师，王小川，接着是热烈的掌声响起。随着掌声，他的眼神却暗淡了下来。他知道这掌声不是送给他的，拿到卷子的时候，明晃晃的 99 分很是刺眼，就差一分啊，就一分啊，满分就与他失之交臂。他的心中是无比遗憾，翻了一下试卷，他却无比地疑惑，这道题目我明明是正确的，为什么扣我一分呢？"题目明确规定算到小数点的后两位，你为什么算到第三位呢？"老师呵斥。"可是我算到第三位，数值上没有错啊。"他的争辩显得如此的苍白无力。"那可不行，一切要按照题目上的要求，你先下去吧，下一次好好努力。"

师： 这个故事就先读到这个地方。大家都听明白了吧？现在我们面前已经有这样一个故事了，或者说，有了这么一个事件。但它能不能算一篇理想的文章呢？或者说，能不能算一篇文章呢？

生： 不能。

师： 不能，最明显是字数不够。高考要求我们作文多少字啊？

生： 800 字。

师： 这还差得远了。更重要的，不仅仅是字数的问题，更重要是什么问题？

生： 没有情节的展开。

师： 对，但还有更重要的。这位同学说还没有情节的展开，那么情节展开的目的是什么呢？文章有一个重要的标志，是什么？

生： 要有思想。

师： 非常好。要有灵魂。一个人可以长得高一点、矮一点，但是要有灵魂。故事的展开就是要表达思想，思想就是文章的灵魂。如果让你们接着写，你们觉得故事怎么发展？大家想一想，两三位同学议论议论也可以，哪位同学想到了就先交流。

（全班同学自由讨论）

师： 有没有同学有比较成熟的想法？这一组先来吧，派个代表说一说。你觉得这个故事下面会怎么发展？

生：可能是对他的激励，老师鼓励他。

师：（板书：老师鼓励）老师鼓励后怎么样？

生：继续努力。

师：你们觉得怎么样？

生：比较俗。

师：不要紧，大俗就是大雅。（学生大笑。）

生：被老师批评后，心理很不平衡，奋发向上，中考考了个很好的成绩。

师：就是被老师这么一刺激，下面就到了中考了，中考就考好了。为什么这就叫俗呢？

生：这样的情节从初中就开始写了。

师：好，如果你想到更好的方案可以再说。其他同学呢？

生：他对这个事情还是耿耿于怀，上课的时候，跟老师交流的时候，再次讨论这个问题时，老师对他已经有了固定的印象，感觉他像一个刺头一样的，他们之间的交流也不好了，那个学生在物理学习上也遇到了障碍。

师：我帮你把情节概括一下。就是跟老师的关系交恶了，形象也不好了。这边的同学呢？有什么不同想法？

生：也许是这次考试后心里有了阴影，在下一次考试时他就特别去注意，却取得了相反的效果，没有考好，经过这个事件，他就再去找老师交流，老师给他建议，考试终于考好了。

师：我们帮他概括一下，由有阴影到考不好，最后再考好。这位同学呢？

生：故事中还有一个拿满分的同学吗？他找到那位同学的试卷，发现他也保留了三位小数，然后找老师理论，老师说一模是电脑阅卷，不能改分数，那位同学就是永远的 100 分，他就是永远的 99 分。

师：用"永远"两个字啦？

生：因为改不掉分数。

师：那也不能用"永远"，后面还有考试的呀。

生：或者是中考的时候他拿了 100 分，他的同班同学拿了 99 分。

师：好的，有点意思。找小川的卷子，那道题小川也保留了三位小数，分数不能改维持原判。

生：还有一个故事就是他自己加了一分。

师：他这一分加到哪里去呢？是老师的记分册上还是他自己的卷子上呢？

生：加到他自己的卷子上，他觉得自己没错。

师：在试卷上添上 1 分变成 100 分。你老师不给我，我认为我是 100 分。非常好啊，请坐。但到底怎么样写更合理呢？大家先想一想，事件的发展必须达到什么样的要求？有没有同学想到？

生：我觉得要大致符合人的认知。

师：符合认知规律，就是要合理。（板书：合理）除了合理以外呢？还有什么要求？刚刚已经有位同学说了，要有意思。写记叙文首先把题目变成一个故事，然后用故事表达一个意思。这很重要，后面怎么写有没有同学想到？

生：应该要出人意料。

师：应该要出人意料，（板书：出人意料）但又要合理，对不对？其实这就是我们所谓的要有波折有波澜，要有变化。（板书：波折、波澜、变化）很好，摸到记叙文的门道了。要有变化，要写出跌宕的变化来。好的，同学想一想，还有没有其他要求？没有同学想到，那黄老师来补充两点。一是最好聚焦到一个点上，围绕一个点展开。（板书：围绕一个点）换一个角度从反面说，就是不能散。最重要的是后面一个，什么叫故事呢？莫言说他是一个讲故事的人。记叙文就是讲故事，故事就有情节，什么叫情节？事件之间的发展要有因果关联。好的，现在我们清楚、明白了这么多要求。大家来审视一下上面的种种方案，你们觉得很显然哪些方案是不太好的？很显然相对好的是哪个方案？大家认为在试卷上反复写几个 100 分好不好？

生：不好。

师：为什么不好呢？首先你反复写 100 分干什么呢？

生：骗自己。

师：骗自己，再来看，聚焦到一个点上，有没有聚焦到一个点上？我们现在的事件聚焦到什么点上呢？你认为应该聚焦到哪个点上？

生：聚焦到满分上。

师：对。再来看有没有因果？老师不给我写 100 分我就自己写 100 分，有没有因果？因为老师没有给我 100 分，所以我就自己写上 100 分。那高考的时候就不要去考了，老师把试卷发给你，你就都写100分。其实这位同学的发言有个漏洞，你自己写下来的这个100分跟考试的100分，是不是同一个100分啊？

生：不是。

师：你这个100分不代表成绩，只是一种不满的情绪。所以，我认为聚焦还不是很集中。被老师批评后，心理很不平衡，奋发向上，中考考了个很好的成绩。这个方案怎么样？

生：不好。和原来的故事不在一个点上。

师：对。矛盾不集中。由有阴影到考不好，最后再考好。这个方案也有这样的问题，而且因果关系也不够合理。其他方案我们不再一一评点了，同学们自己可以想一想，也可以互相进行讨论。下面我们一起来看看原作者是怎么展开的。看看他的展开是不是符合这些基本要求。

　　按照题目上的要求，他一边念叨，一边离开老师的办公室，转眼间，二模到来了。他进入物理考场以后，又想起了老师的这句话，嘴里不断地念叨着："一定要按照题目上的要求。"周围的同学无不侧着头过来看他。"这位同学，你在说什么呢？"监考的老师一边皱眉。"没什么，老师"，他这才反应过来。前面的题目完成得很顺利，他也很苛求自己每道题百分之百正确。做到一道填空题时，他突然疑惑了。题目很简单，可是题目明明写的是"溶化"，他记得书上写的是"熔化"。他犹豫了很长时间，耳边又响起了老师的那句话，"一切按照题目上的要求"。于是他很果断地写下了"溶化"。整个考试期间他反反复复地看这道题，反复安慰自己说："一切按照题目上的要求"。可是，心里头总感觉很忐忑。考试结束之后，他特地去问了语文老师，语文老师告诉他说："要看主语，如果主语是水，液体的，那就填'溶化'；如果主语是金属，那就填'熔化'。"他悬着的一颗心终于放下了。很快，又到报成绩的时候了，他眼中再次充满了希望的光芒。"这次考试很可惜，我们班没有一个100分，只有一位同学得了99分，太可惜啊，就因为写错了一个字。同学们，考试的时候一定要注意细节啊。"老师的话无情地破灭了他的满分希望。

好，这是这位同学写的事件的发展。现在我们大家一起来讨论一下，比较一下。认为这位同学写的事件发展比较成功比较合理的请举手。（学生举手的较少）都

不认为成功，是吧？我们先请两个举手的同学来说说。好吧，你认为他的事件
发展为什么比较成功？

生：这种情况是完全有可能发生的，满足了合理这个要求。而且还挺有意思的，跟
平常写的不太一样。

师：既比较合理又比较出乎意料。这位同学呢？

生：我觉得这样写比较容易产生悬念。

师：为后面的发展提供了悬念。

生：而且这样写也有一种写老师关注细节的讽刺意义。

师：对老师的那两句话具有讽刺的意味，是这个意思吧？

生：但是我觉得他这样写的话，会不会导致读者认为，这个作者是刻意这样写。

师：怎样写的呢？

生：老师如果给他满分，这篇文章的档次就下降了。

师：这位同学已经想到了后面。有没有同学觉得这个事件的展开并不是太好的？觉
得还没有我们班同学前面几个方案好的呢？（没有同学发表不同意见）这位同
学，你是认可还是不认可啊？

生：稍微有一点不认可。

师：我看出了你不认可。你主要对他哪些方面不太认可呢？

生：我们刚刚讨论的时候也讨论到了，就是他太注意细节了。觉得不够出乎意料，
还在意料之中。

师：你觉得要出乎意料，一定要让所有人都想不到。

生：我觉得还是没有升华到一个主题吧。

师：还没有升华到一个主题，非常好。我觉得这位同学说得非常有道理。但他前面
一句话，同学们不要太纠结，不要刻意强调出乎意料。有意识地强调事件的跌
宕起伏就很好了，因为我们毕竟不是文学创作。就算是文学创作，一个电视剧，
是不是所有情节我们全都想不到啊？另一点，这位同学讲得非常好，这样写意
思还不是很明白，确实如此。

下面说说我的看法，我从总体上还是非常认可这位同学的写法的。第
一，事件很明显有了新的发展。我们刚刚的几个故事，老师鼓励，自己加
100分都处理得比较简单而单调，事件没有本质的发展，没有推进。大家

明白我的意思吧？第二，我尤其认可他的，就是聚焦在一个点，矛盾很集中。考试写完了再写考试，满分还是满分，然后紧紧抓住老师一句话，那句话太重要了，因为那句话体现了因果，就是因为前面那句话导致了后面一次考试又没得到满分。有些同学抓住他和得满分的同学之间的关系，就没有抓住主要矛盾。所以，原作者的安排，总体来说还是比较好的。刚刚有两位同学已经讲到了事件的后一步。一名同学说后面肯定导致老师给他难堪，还有一位同学说这样写意思还没有明白。是的，文章还没完啊，事件还要再向前发展。下面我们围绕让它的意思更明确，想一想，让你写，事件会怎么发展。请大家注意，除了刚才的种种要求以外，还要让它不但有意思还要意思明确。

哪名同学想到了就先说。在说的过程中想法就会更丰富起来。第一次的想法不一定就是成功的，但是想着想着就会更理想。所以，刚刚有位同学说，思路打开以后就会越来越满意的。

（全班同学讨论。）

好，那边的同学先来，说说你们这一组的想法。

生：主题讽刺教育制度或者是考试制度。

师：怎么讽刺？下面怎么写呢？

生：就写两次考试，就是下一次考试又特别注重细节，又没得 100 分。

师：现在大家聚焦的意识比较强了。一模，二模，后面再来一个三模行不行？就来一个三模吧，三模考得好考不好？

生：考不好。

师：因为什么原因考不好？

生：因为注重细节。

师：因为注重细节，大家已经摸到记叙文写作的一种写作方式的门道了，因果关系非常重要。第三次考试他又因为老师那句话没考好。这组同学啊，你认为怎么展开？后面要不要写考试了？

生：不写考试了。

师：那写什么？

生：他们俩的成绩不能更改了。第二次考试他没错，是改错了。

师：大家认为合理吗？（学生没有反应）我认为不太合理。原来的事件，矛盾在于老师前后的语言，在于这位同学的心理，现在变成了阅卷的失误。这两种矛盾不是一个性质，就分散了。你们三个人刚刚讨论的是不是这样？

生：第一次老师跟他说要注意细节，第二次他就开始死抠细节，我以前也因为死抠细节被扣分，但还不像他这样死抠错别字，我感觉他这样已经不算注意细节了，已经过头了。

师：那是不是说第二件事情不合理，或者说他的心理出了问题？这就像一个填空题，没有唯一的答案。你觉得应该怎样安排比较合理呢？

生：我觉得老师既然说让他注意细节，那下次就应该留心；如果说要出问题，那就是他把题目看得太认真了，把题目意思给理解错了，而不是看错了一个字。

师：这位同学的想法我觉得非常有道理。其实我的意思就是想让同学们对作者的第二次安排做出揣测。作为物理的试卷，纠结"溶"和"熔"是没有道理的，应该纠结在某一个符号上导致没有拿到满分，更为合理是吧？但由此可见这名同学已经不是"注意细节"，而是典型的"纠结于细节"了。但这个纠结是什么原因导致的呢？大家可以思考。总之，我还是比较认同他这个说法的。——你这位同学，我发现我上你当了。大家有没有发现我被他拐跑了？那位老师讲的不是一个细节问题，老师讲的是什么？"一切按照要求去做。"但这位同学把我们拐跑了其实就是发展了另一个情节。就是后面还是要让他考一次。再考的时候也是细节出错，看错了符号，最后又考不好。是这个意思吧？其他同学呢，有没有不同的思路？这位同学有。

生：接下来第三次考试，他碰到和第一次一模一样的问题，没注意又做错了，考完试才发现这次跟上次一样的错。结果他又很懊恼，知道自己肯定又拿不到满分了。

师：怎么错的？还是小数点后面保留三位数？

生：对。还是保留三位数。但最后他发现却是满分。

师：最后发现是满分？有点意思。他的情节是，再考遇到同一个题，而且是同一个答案，也是题目要求保留两位小数，他保留的还是三位数，但这回考到满分了。你认为这样好不好？

生：非常好。

师：你认为他这样写是要表达什么意思呢？

生：讽刺一下，因为一样的答案却是不一样的成绩。

师：讽刺什么？主要是讽刺老师批改试卷不认真？这是一种思路，讽刺的矛头就是阅卷老师。大家想一想这个合理不合理？

生：看起来这个安排很具有讽刺效果，其实不是很合理。对照前面的要求，还是分散了主题。

师：这个安排，我也觉得不是很好。不是不能讽刺老师，但讽刺老师的阅卷粗心，和前面已有的情节不够一致。如果还能紧扣前面老师的话，就好了。下面我们看看原作者是怎么写的？"紧张的日子过得飞快，一眨眼中考到了"。大家看，是中考好还是三模好？

生：中考。

师：对，这体现了事件的张力，也使结果更具有震撼力。

　　考试的时候，他充分吸取了前两次考试失败的经验，仔细地审视每一道题目，幸运的是中考并没有什么难理解的字眼，要求也很清晰，他小心翼翼地写着、做着。直到铃声响起那一刻，他长长地舒了一口气，悬着的心终于放了下来，这一回终于能拿满分了。他心中无比地欢喜。中考后的放假是轻松而愉快的，他躺在沙发上悠闲地看着报纸。看到中考答案的时候，他的心又紧张起来了，首先翻开了物理答案，一道道题目对下来，都没有问题，直到最后一道题。怎么还有这样一道题？我怎么没看到呢？他有点疑惑了，或许是太轻松了，以至于忘掉这道题了吧，我怎么可能漏掉这道题呢？从来考试也没有这样的情况啊。他自我安慰道。愉快的日子如白驹过隙，眨眼间就过去了。这一天是领分数条的日子，他在座位上忐忑不安，那张蕴含了无数期望的纸条从前面传过来，终于他拿到那张轻松又沉重的纸片，他看了一眼。随即脸色煞白，无力地瘫坐在椅子上，90分，最后一道题刚好是10分。

现在我们讨论两个问题。第一个问题：我们是让这位同学考好好，还是考差好？认为考好好的同学举手。（两位同学举手）你说说理由。

生：考那么多次，让他考好一次也挺好的。

师：他心比较软，一般心软的男孩子特别受女生欢迎。但我们不是要表现同情心，而是要思考写作的安排。你的理由呢？

生：这样安排的效果是积极向上的。

师：中国的古典作品大多是这样的，来个大团圆的结局，题目是满分，最后也是满分。但是大家要记住，最后让他考了满分，你是要表现什么意思呢？这点太重要了。你要告诉人们什么呢？只要注意细节，只要按规定要求，只要听老师的话就能考满分？所以我认为从主题的深刻性，震撼力，从阅读欣赏审美的角度讲，恐怕还是不要让他考好。下面是第二个问题：让他没考好，是什么原因比较好呢？你可以有各种各样的安排，但是必须有一条，必须和前面两次，构成一个内在的联系。最后一次，最关键的一次没有考好，没有拿到满分，他的原因是什么？这就是主题的指向。所以记叙文特别强调这种因果关系。好，下面就涉及主题的指向了，最后的结尾就太重要了。这里有两个结尾，我们来比较一下。

结尾1：这一学期期末表彰的名单上再也没有出现他的名字。

结尾2：一年以后，他以一个普通高中生的身份，夺得了物理竞赛的金牌。

认为结尾2写得好的同学请举手。（举手比较多）哪位同学来说说理由？

生：给读者留下了很大的想象空间。

生：我认为结尾2意义比较深刻，现在的教育伤害了很多比较有天赋的学生。

师：她的意思我明白了，就是拿满分的未必有出息，不拿满分的未必没有出息。有没有人认为结尾2不好的？

生：我觉得结尾2和整这篇文章跟有种脱轨的感觉，我觉得结尾1比较深刻，有很深的意味，唤起了对主人公的同情。

师：我跟这位同学的意见比较接近，比较喜欢结尾1。一般来说，记叙文的结尾要干净，结尾要含蓄有意味。更重要的是，不喜欢结尾2，什么原因呢？第一，不合理。一年后，这么纠结的一个高中生夺得了金牌了？不可信。让人无法理解，而且拿金牌就是成功，就是"有出息"吗？这是想用另一种方式来肯定大家批评的教育。

现在请每位同学给这篇文章写一个结尾，要能体现我们前面提到的各项要求。——啊，要下课了。那就课后再写。黄老师写了三个结尾，你们看一看哪一个更好？

  结尾1：原来往往越想得到的就越得不到啊。

  结尾2：他后来才明白，或许人生本来就没有满分。

  结尾3：中考结束了，他病了。可到底是什么病呢？

认为结尾1好的请举手。（没有举手的）认为结尾2好的请举手。（少数举手）好，找位同学说一说为什么结尾2好。

生：文章的中心是想拿满分，最后发现人生本来就没有满分。很自然，也很深刻。

师：认为结尾3好的来说一说想法。

生：我认为结尾3思考的空间比较大。

生：我认为结尾1和结尾2和前面的内容没有什么太大关系。

师：想不想听听黄老师的意见？

生：想。

师：前面两个都是议论式的，把主题点得很明，也很有深度。但引申得的确有些突然，而且我以为记叙文以叙述的方式结尾更好。结尾3由没有考好而生病，由他的病进行设问，很自然。到底谁病了，什么病，让读者去想。可能是心病，也可能是教育的病，当然也可能是社会的病。但是黄老师也觉得三个还都不够好。为什么？因为最好的结尾在你们心中。好的，下课。谢谢同学们！

十一、"一则材料的多种使用"教学实录

师：我们今天学习的内容是记叙文的写作。先问大家一个问题，如果让你写记叙文，你第一个环节要考虑什么？

生：考虑写什么事情。

师：对了，思路都很清晰。写记叙文第一个环节是选择一个事件。下面我给大家讲一个事件。大家注意听，能写什么样的话题。

  在一个学校的高中二年级，有一位女生长得很普通，成绩很一般，最大的优点就是同学关系很好。这一学期班主任准备进行班级干部改选，班长是自由

竞争。这位学也萌生了竞选班长的念头，但是又不太自信，于是就找了最要好的几个铁哥们、铁姐们商量这个事情——你们叫死党，对吗？几个死党、最要好的朋友都说：你竞选，我们挺你，我们支持你，我们为你加油。然后，这个女同学就下定决心准备去参加竞选，竞选演讲发挥得非常出色。但结果她没选上，觉得自己不如另外几位同学优秀，还是能接受的。但是后来一个偶然的机会，她知道了同学们投票的结果，她只有一票，那一票就是她自己给自己投的。她无法接受这个事实。

故事到此为止，大家想一想，这个故事可以写什么样的话题呢？这个故事能写成什么样的记叙文呢？我们先来讨论一下，这个事件可以写什么样的话题。想好的同学可以发言。你想到的是什么？（教师问一名男生。）

生：我觉得没选上应该是她自己的关系吧。

师：你没弄清楚黄老师的问题，我没有问她选不上的原因。

生：做事情要靠自己的能力。

师：同学们，我们是什么课，是班会课吗？不是，是政治课吗？也不是。我们是作文课，想一想这个事件你可以用它来写哪些话题？

生：我觉得可以写友谊。

师：写友谊，非常好。第一个话题可以写友谊。友谊到底是什么呢？怎么样才是友谊呢？对，是个好话题。其他同学呢？

生：写人。

师：写人，不错，但所有写作都可以写人。你可以具体说写人的哪些方面吗？

生：写人与人之间的关系。

师：写人与人的交往，还是写人与人的关系？

生：关系。

师：很深刻。有时候，想一想人与人的关系有点可怕。当然不必害怕。

生：我认为可以写关于鼓励的问题。

师：关于鼓励，对，因为她是在同学们的鼓励下竞选的，非常好。一个好材料总是可以写无数个话题，有无数个立意。

生：我认为从她死党的角度，写一个关于诚信的话题。

师：可以写诚信，几个死党不太诚信。这位同学的习惯很好，边思考边写出关键词，这个对构思写作非常重要。——是的。写诚信，写承诺，都不错。这位同学你想到什么了？

生：要自己相信自己，因为她自己给自己投了一票。

师：她可以写自信，好的，再想。构思作文的时候想得越多越好。

生：我觉得还可以写一个做人的话题。

师：做人，做人的话题太大了，所有的事情都是做人。

生：如果这件事发生在我身上，我可能就会发奋学习，用这个来——

师：来证明自己。

生：对。

师：你是一个很要强的孩子，但还可以把话题再小一点具体一点。这位同学——

生：我觉得可以写竞争。

师：关于竞争。

生：或者是关于抉择的，因为她的朋友在给她投票之前是在友谊和自己的理智之间抉择的。

师：很好很好。这位同学——

生：她只得到了一票，可以写一个关于意外或者惊讶的话题。

师：意外。

生：意外的结果。

师：非常好。再想下去，一定还有很多。我们理一理，应该说是两个大的思路，一个是围绕她的几个朋友，围绕她的同学和她的关系，还有一个主要是围绕她自己。现在我们思考一下，一个事件可以写很多话题，写作过程中应该对这个事件怎么进行加工呢？

生：要有侧重点。

师：能再具体些吗？

生：就是有些内容进行特别详尽的叙述，而其他方面进行略写。

师：非常好，这可是至关重要的一步。我们一定要记住，一个材料可以写很多话题，但是每一个话题对材料的加工应该是不同的。概括一下是，有的地方详写，有的地方略写；有的地方要写，有的地方不写。另外还要注意，如果需要写但原材料没有这样的内容，怎么办？

生：要用自己的想象。

师：对，想象，补充。好的。那现在我们以两个最常见的话题来考虑写作的详略和思路。一个写友谊，一个写成长的心路历程。那么，它们应该分别侧重写什么？请同学们各选一个进行思考。请大家认真考虑。

（学生考虑几分钟后，进行交流。）

你选择的哪一个话题？

生：成长。

师：成长。好的。你准备重点写什么？

生：主要写她的心理变化和她的情感。

师：非常好，有没有其他同学也选择写成长的？你的想法跟他一致吗？

生：我也是写的成长话题。我主要是把事件当成一个表现的线索，而内心独白穿插了整个写作过程。

师：两个人都淡化事件，主要写心路历程。现在看来有一点是肯定的，如果要反映这个孩子的心路成长历程，我们一定要突出心理的主线。具体说写什么心理？

生：沮丧。

师：沮丧？

生：因为她得知自己只有一票后，觉得她的朋友，她的死党背叛了她。

师：你的意思是倒过来叙述？如果顺叙，你认为第一个阶段应该写什么样的心理？

生：得知竞选班长的消息，高兴和兴奋。

师：是兴奋吗？她觉得自己的机会来了，很兴奋，是吗？

生：我认为内心是忐忑。

师：忐忑？

生：对，要不要竞选，拿不定主意。

师：大家一起来讨论一下，得知竞选的消息，是兴奋、高兴，还是忐忑不安？——我们分析一下。首先是她对竞选有没有把握？

生：没有。

师：对。没有把握。因为她不是很优秀，成绩很一般，只有同学关系好一点，所以她觉得有点希望，但是不太有把握。大家还要注意，记叙文要善于写出矛盾来，忐忑就是矛盾，忐，有希望，头向上，忑，头向下，没希望。——找几个死党商量以后呢？什么样的心理？

生：然后就是自信满满。

师：商量了以后肯定是自信满满，即使不是满满，肯定有点自信了。接下去写什么呢？沮丧？这样跳得太快了——大家注意，为了文章更有感染力和震撼力，主题更有表现力，要努力写得有变化。——准备竞选的过程中什么心理？

生：紧张的心理。

师：非常好。这个时候她一定会紧张，似乎很有希望，当然还有些忐忑。这样波澜就出来了。演讲以后呢？什么心理？

生：自信满满。

师：也是自信满满？有没有把握？

生：期待。

师：对，期待好。感觉不错，但也没有把握。——这个地方我们可以具体想一下，一个女孩子想象着自己做了班长的情境。——后来呢，结果出来了。结果出来了以后什么心理呀？

生：失落。

师：对，失落。知道仅仅得一票之后呢？

生：愤怒。

师：很生气，很激动。是不是就这样结束了呢？最后应该写什么？

生：乐观。

师：是不是一定乐观？

生：不一定。

师：不一定。但肯定对这件事情有一个认识理解的过程，并且这个认识和理解一定体现出她的成长。

好的，我们刚才是讨论写成长的重点。其他同学有没有写友谊的？重点应该写什么？

生：写竞选前她朋友和她的对话。

师：写她的朋友的表态。我也觉得这是一个重点。就写竞选前的对话？其他呢？

生：竞选之后，她和朋友再次对话的对比。

师：要写出对比。其他同学有没有写朋友关系的？——你也是，你构思是不是一样呀？

生：我觉得应该重点写她知道结果之后，知道她朋友背叛她之后的那些感受。

师：很复杂的感受。这也可以形成对比。

生：我觉得还可以再扩展一下，再写她如何解决与朋友之间的矛盾。

师：写矛盾的解决？有意思。

生：写分歧怎么消除。

师：也就是她怎么走出来的。

生：然后再探寻为什么没有选她的原因。

师：大家觉得要重点探寻为什么没有选她的原因吗？

生：没有必要。应该写在得到这个消息的时候，内心对过去她跟死党之间的回忆，突出关系非常好。

师：我也觉得没有必要重点探寻为什么没有选她的原因。在对话中有所交代就行了。看来，大家都强调要前后对比。大家觉得要强调前后的对比吗？同意这样写的请举手。

（大部分学生举手。）

黄老师也举一下，我也同意这几名同学的意见。如果要写对朋友的理解，对友谊的理解，前后的对比很重要。那么，前面除了写朋友的鼓励，还要写什么，使前后对比更强烈，表现主题更有力？

生：写她跟死党之间的交往。

师：这位同学说前面还要写她跟死党之间的交往、友谊。大家觉得要不要写？

生：要。

师：对的，我也认为可以这样写。一开始把友谊表现得越强烈，后面投票以后就越震撼，她就越痛苦，最后所要表现的主旨就越深。从我们的讨论中可以看到，同一个材料写不同的话题，材料的处理空间很大，具体安排又和具体的主旨有关。

下面我们请同学们来听我读一篇我们班上一位同学写的习作。请大家认真听，然后来评点一下这篇文章有的可取之处和不足之处。

文章题目叫"四叶草"。他给那个女同学起了一个名字叫臻晨，日臻完善的臻，早晨的晨。

　　臻晨是一名默默无闻的高中二年级女生：身高平平，身材平平，相貌平平，就连学习成绩也是不好不差，中上游。臻晨唯一值得自豪的便是在班上有几个死党，几个人一起上学，一起回家，一起上厕所，从同学聊到教师，从班级聊到国家，可以说是无话不谈。

　　当那个星期五的午后臻晨告诉她的死党们她想竞选班长时，三个人几乎不由自主地同时停住了脚步。那一瞬间静得出奇，似乎连空气都凝住了。幸好小A反应比较快，率先开口打破了沉静："我们一定支持你。"小B似乎想说些什么，被小A抢先开了口："我把这一株四叶草送给你，祝你竞选顺利！"一边说一边从书包里取出一株四叶草轻轻地放在臻晨的手心里，还不忘向小B抛了一个眼神，于是小B把刚到嘴边的话咽下了下去。臻晨自然是十分感动，小心翼翼地把四叶草放入笔袋，口中还不忘说道，你们可一定要投我一票哦。

　　"当然会了。"小B说。

　　准备竞选的日子是紧张的，臻晨必须在课间拉选票完成竞选演讲稿，还要准备迎接各种刁钻古怪的提问。每周日准时出现在公园的那几个人也少了一个，只剩下小A和小B在商量着什么。

　　臻晨把四叶草固定在卧室的墙上，以此作为自己最大的动力，但竞选的结果还是不理想。尽管臻晨的发挥也很出色，但在强手面前仍不能及。班长没选上，只捞到一个课代表，臻晨已经很满意了。在夕阳的余晖下，与死党们走在回家的路上，她感到很舒畅。有四叶草的陪伴，她晚上会睡得很香。

　　可是第二天早上太阳没有从东方升起，取而代之的是大片的乌云。臻晨把作业放在教师办公桌上时，不经意地瞥到了票数统计，自己的名字下赫然一条横线。那是她自己的一票。顿时，像是一块大铁块重重地砸在了她的心头，她跟跄地跑进教室，去找小A和小B讨一个说法。——所有认识她的人都说从来没看到过她这么凶，——小A的脸上居然还是一如既往地挂满了笑容，说我看别人都没有选你，我这一票不能浪费呀。她看了一眼臻晨接着说，别急，下一次帮你多拉两票，那么我一定选你。

　　臻晨没说什么，她终于明白了，所谓死党也就是置你于死地的同党，她终于明白了所谓保证都不过是一句空话，所谓礼物都不过是一种形式，所谓朋友也只是为了需要互相利用。臻晨悄悄把卧室墙上的四叶草取下来，收藏在抽屉里。尽管她看到这个四叶草心如刀绞，但她要记住它，它刻着她成长的印记。

从此臻晨退出了原先的"铁三角"，取而代之的是当今的班长大人。臻晨变得比原先更加沉默。一年后的班长竞选臻晨没有再参加。

十年后臻晨坐在办公室里，就如许许多多的人一样，堆着笑脸应付着上司，不时地训斥着自己的下属，带着同一种微笑和所有人交往。那株枯萎的四叶草还静静地躺在她抽屉里。

请同学们谈谈总体印象，作一个总体评价。如果你认为这篇作文能打 80 分以上，请举手。（举手的同学不少）哪名同学做一个简略评点？好，这名同学。

生：她以四叶草为线索，构思比较巧妙。并且揭示了一个道理，一件小事情可能会影响人的一生，立意比较深刻。所以给她打 80 分。

师：她打 80 分，理由有两个。一个是构思比较好，第二个是主题比较深刻。哪位再说说？

生：我觉得她前面的铺垫比较好。开始时她们两个窃窃私语，把嘴边的话都咽了回去，对后面的结果而言会有铺垫作用。

师：这一点非常重要，后面的情况是出乎意料的，但是前面铺垫充分，就觉得不突然。是吧。

生：而且合理。

师：非常好，而且很合理。这是写记叙文很难处理好的事情。后面要有震撼力就要有突然，但是你要合理，前面就要充分铺垫，所以投票前嘀咕咕咕已经暗示了不投票。其他有没有好的地方呢？

生：我主要是认为她的想象力丰富，有很多情节的创新都非常合理，给人以震撼。

师：是的，黄老师原来提供的是干巴巴的小材料，写 900 字的文章，很多内容是自己补充出来的。还有一个小技巧也不错。文章的题目叫什么？"四叶草"。比直接用友谊做话题要好，更含蓄，这个"四叶草"在全文中起了一个很重要的作用，刚才同学讲的，它起到了线索的作用，并和自己内心感受形成一种虚实之间的互补。应该说这篇文章好的地方还有很多，但这篇文章也有很多不足的地方。有没有发现？

生：如果最后再写小 A 和小 B 的事就好了。

师：再写什么？

生：小 A 和小 B 的事。

师：这里还要写小 A 和小 B 的表现？这是一个观点。其他同学呢？

生：我认为她的结尾比较消极，可以设计一些情节让主人翁走出阴影。

师：比较消极？

生：对。

师：他用了消极这个词，其实读了这个文章以后，我还不只是消极，简直是——

生：沉重的心理。

师：对。很沉重。所以我专门找了这名同学，让他把这篇文章的主题调整一下再写成另外一篇文章。不就是没有当班长吗，不就是朋友没有投票吗。你看看，一辈子活得这么累，这么压抑。——好的，道理不多讲了。现在我们先动脑筋，让这个可爱的臻晨快乐起来。大家看怎么写可以让她快乐起来。首先要把问题想通，那几个死党是不是像臻晨想得那么阴险，那么可怕，那么恐怖？

生：不像。

师：我也觉得是。想一想，那几个同党不投票有几种可能？

生：根据实力来说，如果她没有实力也就可以不投她的票。说明她们还是对友谊特别珍惜。

师：那为什么你鼓励她参加竞选呢？

生：鼓励她主要是让她充满自信，不希望她做一个——

师：找不到自信的人。

生：对。

师：好的，这可以理解，我们鼓励你去竞选，我们就是让你自信，我们并没有说一定要投你的票。还有没有，大家想一想，如果友谊就是要投票，这是一种什么？

生：是交易。太肤浅了。

师：太肤浅，太庸俗。

生：不真诚。

师：说得多好。这才是真正的不真诚。有的人拉选票，理由就是我们是哥们，我们平时关系那么好，你不投我的票吗？这是对投票的亵渎，这是对权力的亵渎。对不对？票是投给谁的？是投给最适合的人。——大家下面想一想，如何让这位受伤的女同学转变呢？

生：让她再重新相信友情。

师：对。但她已经失落到底了，对朋友们很失望了，如何完成这个转变呢？

生：她们是朋友嘛，她们不可能因为她生一次气，就完全放弃她。

师：怎么办呢？

生：我觉得她们还会试着说服她。

师：能具体一点吗？怎么说服这位同学走出这个阴影？

生：找老师。

师：这是方法，找老师也可以。还有其他方法吗？

生：可以让她看一个故事，得到一些启发。

师：我觉得这个方法不错。读书是治疗心灵创伤的灵丹妙药。还有没有其他方法？

生：让那些同学们来帮她。

师：我觉得这是最好的方法。作为她的朋友应该这样做。不是四叶草嘛。朋友心灵受伤了，她们不能不管她。你会怎么做呢？

生：去向她解释一下。

师：这些同学聚到一起和她聊聊投票的事。

生：她当时可能太过冲动，想得太偏激。

师：大家把前因后果一讲，她或许就理解了。是的。我甚至想到，可以借鉴刚才那篇习作的方法，让她们10年甚至20年之后再谈起这件事，让她回头一想，觉得自己当时真不应该那样。——好的。一定还会有很多种方法，我们就不再讨论了。

我相信我们班的同学在作文中一定能找到好方法消除臻晨的误解。

现在我提醒大家注意刚才两位同学的发言。一名同学强调前后对比，但是她想把前面的内容放在后面写，一开始就写震撼，沮丧，失落；另一位同学把之前的友谊和后来事件的发展穿插起来。这就涉及一个什么问题呢？

生：倒叙。

师：对。同一个事件可以写不同话题，同一个事件也可以有不同的叙述方式。可以倒叙，可以顺叙，还可以复杂一些——穿插写。

大家有没有想到除了不同的叙述方式还可以有多种叙述人称。有哪些人称？

生：第一人称。

师：第一人称，还有呢？第三人称，还有呢？第二人称能不能写？当然能写呀。

生：写一封信。

师：对。其实不用书信，也可以用第二人称。除了多种叙述人称还可以有不同的叙述主体。有哪些主体？

生：这个竞选的女同学。

生：几个朋友。

师：还有呢？

生：老师。

生：家长。

师：非常好。——这个素材的主角就是我女儿。我女儿后来也写了一篇文章，她的主题是放在自我认识上，文章的题目叫"成长是一道明媚的忧伤"。在她写这个文章之前，她没走出来，情绪极度消极。黄老师给她写了一篇文章，想跟她谈谈，但是当面谈不好谈。知道我用什么方法跟她谈吗？

生：书信。

师：你们太聪明了。要下课了。大家回头小结一下，写记叙文有哪些基本要求。

　　——首先要有一个适合的事件，然后要由事件想到适宜的话题或者规定的话题，结合话题提炼适当的主题，根据话题和主题确定材料处理的详略，再根据需要确定适当的叙述方式和叙述主体。

但黄老师今天这节课的重点不是学习这些写作知识，而是要告诉大家：记叙文写作中一个材料的多种运用。

　　好的，下课，谢谢同学们。

十二、"议论性材料的审题和立意"教学实录

师：写作文会遇到一个无法回避的问题，就是审题。材料作文的题型很多，其中有一种是议论性材料，我们今天这节课就来学习议论性材料的理解和分析。

先来看一句话，这句话是苏州某年高中三年级模拟考试的作文题，我将它写在

黑板上。

（板书：一个人可以走得很快，但不可能走得很远；只有一群人才能走得更远。）

师：这句话看上去很好懂，但要想写好其实不容易。我们现在面临一个选择，你愿意选择一个人走呢，还是一群人走呢？

选择一个人走的请举手。

（有几名学生举手。）

师：毛泽东说过一句话，真理往往掌握在少数人手里。所以，一个人走其实不可怕，说说你想一个人走的原因。

生：如果去死的话，就一个人走。

师：的确是这样，但我们还是更多地考虑生的问题吧。孔子说，不知生，焉知死。在这个年龄考虑死的问题，稍微有点早。（学生笑。）

生：一个人走，可以想快就快，想慢就慢。

师：我们要学会概括，你的意思是一人走，可以更自由。（板书：更自由）

师：请赞同一群人走的同学们举手。（大部分学生举手。）

请你们说说，一群人走有哪些好处？

生：我选择一群人走，是因为无法忍受一个人的孤独。

师：是的，一群人走的好处之一，是不孤独。（板书：不孤独）

生：一群人走，可以互相勉励。（板书：互相勉励）

生：一群人走，可以互相帮助。

师：是的，人总有不够高大、不够顽强的时候，当这个时候，有一个同伴拉你一把，多好。接着说。

生：一群人走，可以相互启发。

师：是的，一个人的思维总是有局限的，一群人走，可以形成思维互补。（板书：思维互补）

生：跟着别人走，很容易丢失自己。

师：你是从否定一群人走的角度来说的。换句话说，就是一个人走，可以保持自我。

（板书：保持自我）

师：这名同学有着非常好的思维品质，就是当我在想方设法证明自己观点正确的时候，我们还可以去想想别人会不会是不对的。

我们现在来回顾一下，刚才有几名同学赞同"一个人走"，理由有更自由、保持自我等。更多的同学说要"一群人走"，主要理由有：不孤独；互相鼓励，获得精神慰藉；可以互相帮助；可以思维互补。说到这里，同学们至少可以写两篇文章。

师：说理的最基本要求是要有理有据，这一点我们班同学做得不错。让我们的认识更加深刻，更加全面，我们还可以否定相反的观点，当然也可以否定自己的观点。请同学们尝试否定相反的观点或者否定自己的观点。

生：我否定自己的观点，我刚开始赞同"一群人走"，但现在看来，还得看是一群什么样的人。

师：同学们，你们看，这就叫思想。如果不是志同道合，一群人走就不孤独吗？我上了一辆大巴车，车上有五十多人，但我仍然是精神孤独的，因为车上我一个人也不认识。因此，一群人未必不孤独。

生：我反对"一群人走可以相互勉励"这个观点。比如，我好朋友考差了，我心里难过；他考好了，我心里更难过。

师：哦，你是说要看心胸。一群人在一起并不一定是相互鼓励的，也可能是相互拆台的。是不是？

生：是的。

师：你说得很深刻。同学关系的确是很复杂的关系，有些同学是相互鼓励，有些人却是死在同学手里。

生：我否定一个人走的观点，因为这群人也可以是志同道合的一群人，那么相互之间就不会是负面的干扰。

生：我不同意。即使是一群志同道合的人也会有不同的想法。

师：是的。毛泽东、陈独秀都要建立新中国，算是志同道合的，但他们选择的方法、道路并不一样。

生：我也反对一个人走。因为一个人走，缺失方向感，很容易一意孤行。

师：是这个道理，一个人走很容易走进沙漠，你就潇洒吧。（学生笑。）

一个人的思想不仅体现在辩论的时候，还体现在与自己思想的交锋上。议论文写作是一个不断否定自我的过程。

到目前为止，我们始终在"一个人走"与"一群人走"之间进行二元对立的选择。人生是不是只有"一个人走"和"一群人走"两种情况？我希望两次都没有举手的同学发表你的意见。

生：我的观点是，肉体上可以一群人走，精神上必然一个人走。

师：你的意思是表面上一群人走，实际上一个人走。能举个例子吗？

生：写诗的人和学数学的人虽然在一起，但灵魂并没有在一起。

生：我认为，在生活态度上，我们可以选择一群人走。但是，当我们与别人意见不同的时候，要保持自己的见解，一个人走。

师：你说的是某一方面需要一个人走，某一方面又需要一群人走。能不能用"有时候，有时候"来说说你的观点呢？

生：人生可以分为两个阶段，一是知识积累的阶段，一是创造发展的阶段。前一个阶段需要一个人走，后一个阶段需要一群人走。

生：我跟他相反。前一阶段需要一群人走，后一阶段需要一个人走。

师：同学们，你们赞同哪一种？赞同前一种，还是后一种？

生：我赞同前一种。积累是一个人的事情，一群人更利于创造。

生：我赞同后者之说，因为创造属于自己的发现，创造需要自由。

师：能不能跳出这两种说法？

生：这样的分法是不科学的。其实，这两者是交错的。在学习积累的时候，有时候需要一个人走，有时候也需要一群人走。

师：你说得很好，我们讨论这个问题时，其实可以不要限定在这两个阶段。还有没有其他观点？

生：同一个阶段，既要一个人走，又要一起走。

师：请你阐述一下。

生：我来建个模。一个人走是纵向的，一群人走是横向的。

师：能不能说个具体情境，不要建模，建模是理科思维，写作文需要用"比如"这类术语，举个例子或者假设一个情境。

生：好的，比如，我要写一篇论文，我是一个人写，同时又要借鉴其他人的成果。

生：我不同意，写论文也可以先一群人讨论，然后各写各的，干完后汇总。

师：你的观点是，一群人走的时候，也可以各走各的？

生：是的。

师：还有其他观点吗？

生：一个人要在一群人中走，一群人像一个人走。

师：你先说说第一句。

生：一个人要在一群人中走，是说一个人要在一群人中汲取智慧。

师：同学们说得都不错，但是你们的思维还有陷阱。你们总是在比较一个人与一群人的关系。能不能着眼于一个人本身，谈谈一个人与一群人的关系？好的思维，总是跳出别人给自己设计的陷阱。

生：一个人在社会生活中总是无法一个人真正独立地生活，他需要依靠别人而生活，但同时他又可以保持自己精神上的独立性。

师：你说得很好。一个人在很多层面具有两面性，如精神追求与物质追求。一个人在精神上可能总是一个人走，一个人的外在生活可能总是一群人走。是不是可以得出这个结论——人，总是一个人走与一群人走的统一交融？

生：是。

师：有没有谁能证明，即使在精神上，我们也不一定是一个人走。

生：我们的精神成长总离不开与名人在精神层面的沟通。

师：说得很好，一个思想健全的人总是和许多伟大的人在一起。

师：刚才，我们跳出了二元对立的思维怪圈，但对这句话的理解还没有达到深刻、透彻、独到的程度。我们现在回到这句非洲谚语本身，看看这句话除了"一个人走"与"一群人走"的矛盾外，还有什么矛盾？

生：快与慢。

师：你读到了题目中隐含的一组矛盾，很好。这句话里还隐含着其他矛盾吗？

生：远和近。

师：准确地说，应该是"远"与"更远"。非洲谚语这句话里"只有"这个词暗含着命题人的情感倾向。如果你们来选择，会选择"远"还是"更远"呢？

生：选择"更远"，着眼未来。

师：哦，你是选择"更远"，提前做好规划。

生：我也会选择"更远"，因为命题人的意图就是"更远"。

师：但你也要注意，对命题人一味地献媚迎合也是不受欢迎的。作文问题也是人生问题，不能为作文而作文。如果为了迎合命题人而故意编造假话、谎话，除非遇到智商比傻瓜还要低的阅卷教师，才会给你高分。在考场里拿起笔写下你的选择时，就是你目前人生的选择。

生：千里之行，始于足下。"远"是"更远"的前提。

师：你的观点是，有近才有远，有远才有更远。

生：对的，这样可以使目标更清晰。

师：明确眼前需要做什么。

生：我反驳他的观点。如果我们在雪地里走路总是看着脚下的路，走出来的路线是弯的；如果盯着远方，走出来的路线是直的。

师：你是说，有一个更远的目标定位，方向才能更明确。

生：我不同意。我们讨论远与更远，不是在雪地里走这个特殊的情境。

师：有道理，我们写议论文举例时应举常态的例子。个别、特殊的例子不具有说服力。

　　写好议论文，不仅要有敏锐的感觉，还有理性的论证。审题，不仅是要得出观点，还要有一个论证框架建构的意识。

师：这句话还有另一组矛盾是"快"与"慢"，你会选择快还是慢？

生：慢，因为慢可以看得多。

生：不但看得多，而且看得更加深入。

生：快太累。

师：快太累，慢可以享受些。那有没有同学证明快更好？

生：我认同快，因为超越一步，价值无限。比如，科学发现就需要快。

师：科学发明的确需要快人一步。还有其他观点吗？

生：该快的时候快，该慢的时候慢。

师：看来大家已经不被我引进陷阱了。当快则快，当慢则慢。举个例子。

生：有风景的时候走慢点，穷山恶水可以走快点。累的时候也可以走慢点。

生：我认为，写作文平常写慢点，高考写作文快点。

师：你们同意吗？

（学生迟疑。）

生：我补充一下，我是说，平时写作文可以多去想想，写得尽可能慢些，只有这样，到了考试的时候才能写快、写好。

师：能不能提炼出观点来。

生：慢是为了打基础，为了快。

师：有了前面的慢，才有后面的快。生活大概也是这样。

师：其实，这句话本身是有逻辑漏洞的。因为快和远并不是绝对对立的，走得快未必就走不远。关于"快"与"远"，还有其他观点吗？

生：我选择既快且远，因为快和远之间并没有必然的矛盾。一件事可能某一阶段就需要快。

生：我选择以远为目的的快。

生：既不要快也不要远。

师：老师觉得很欣慰。大家对话题的认识越来越深刻，也越来越辩证。是的，人生一定要既快又远吗？

我们思考问题时，经常会掉在别人的陷阱里。人生的精彩或许恰恰在于也不快也不远，有时一个人走，有时一群人走。

我们刚刚进行的是议论性材料的分析，请同学们归纳一下透彻、深刻地理解材料的方法。

生：要从原文出发。

师：对。这是第一条。

生：要跳出二元对立的思维。

生：要跳出作者为我们设立的思维陷阱。

生：我觉得不仅如此，还要跳出老师最后的观点。

师：我觉得最重要的是善于跳出自己的陷阱。刚才我们是讨论材料的分析和理解。现在我们再来聊聊观点的选择。大家先说说这句话我们可以有多少个观点。

生：人生必须一群人走。

生：人生只能一个人走。

生：人生可以一个人走，同时也可以一群人走。

生：人生有时候一个人走，有时候必须一群人走。

师：还有吗？

生：人在某些方面可以一群人走，人在某些方面可以一个人走。

师：仅仅是着眼于一个人和一群人吗？

生：人生应该追求快。

生：人生应该慢慢走。

生：人生不必追求远。

生：如果可能，人生应该追求远，让生命更有长度。

师：还有吗？

生：远和不远是相对的。

生：远和不远是统一的。

师：很好。非洲人这句谚语，可以让不同的人获得不同的人生启发。如果同学们根据这材料确定观点，你们如何选择呢？

生：我写人生要慢慢走。

师：为什么这样确定呢？

生：因为我就是这样想的。

师：非常好。很多同学将作文和实际生活对立起来，是不可取的。言不由衷，就难免牵强附会，很容易有漏洞，明眼人一眼可见。

生：如果我的观点很消极，怎么办呢？

师：首先，要让你的观点不消极。我们为什么要消极地看问题呢？其次，你所谓的消极，如果从积极的角度去写，很可能就是有深度。你是什么消极观点呢？

生：一味求远，容易翻车。

师：这个观点并不消极啊。只要是本着负责的态度，对自己负责，对生活负责，只要能够进行充分的论证，就没有所谓的消极的观点。

好，时间不多了。我提醒同学们，当我们对材料有了深入的分析之后，选择观点时，既要言发于衷，又要切合题目；既要吃准命题意图，又要有自己的思考；不仅要力求新颖，更要能够自圆其说。当然，要真正做好，还要我们多练习，多思考，思考题目，更要思考生活。好，下课。

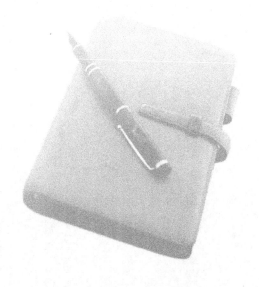

社会反响

一、阅读黄厚江：从本色语文到共生教学

杨九俊

　　江苏省首届基础教育成果奖评选，黄厚江老师的语文本色教学获得特等奖，同时他作为主要编写者的苏州教育出版社出版的初中语文教材也获得特等奖，江苏省首届教学成果奖评选，黄厚江老师的语文共生教学又获得特等奖。这是江苏省唯一一人，可能全国也不多见。他为什么会获得这样丰硕的成果呢？

　　我以为，要解读黄厚江老师学科研究成功的原因，要解读黄厚江老师的语文本色教学和共生教学，先要解读黄厚江其人。

（一）黄厚江的成长经历

　　黄厚江老师提倡以语文的方法教语文，以语文的方法学语文。我在这里响应他的倡导，"阅读"黄厚江，并且记录一些阅读的随感。

　　黄厚江老师的成长经历与许多个"三"相关联：第一，工作过"三所学校"：最普通的乡村中学——一般省重点中学——苏州中学这所全国著名中学；第二，在不同时期形成过"三个关注的重点"：考试的成绩——课堂教学的艺术——语文学科的使命；第三，教学研究经历了"三个阶段"：专业知识和教学内容研究——教学方法、学习方法的研究——语文学科课程研究；第四，师徒关系有过"三部曲"：开始间接学人家的——然后拜师正式学习——现在主持名师工作室，领导共同体；第五，语文教学研究有过"三个目的"：为生存——为发展——为热爱的事业；第六，就连获奖，黄厚江老师也都是"连中三元"：全国圣陶杯论文比赛，他是三个一等奖（最高奖）；江苏省师陶杯论文比赛，他也是三个一等奖（最高奖）；江苏省省政府的成果评比，他也是三个特等奖。

　　黄厚江的成长经历提示我们，教师成长至少有以下关键元素。

1. 树立理想

　　理想是人生前进的动力。教育工作者的理想，就是对新人培养的渴盼，对新人培养的坚持。黄厚江从来没有放弃过理想，他自称是"浪漫的现实主义者"，他对学

生的要求是："你可以不做诗人，但做人不可没有一点诗意。""诗意"其实也可以理解为人性中理想的光泽。尽管在应试教育的环境下，"要行走在理想与现实之间"，他有时也迁就，也妥协，成为"戴着枷锁的舞者"。但由于他个人的努力、积累与坚持，对语文教学的规律已经登堂入室、深得三昧，进入了一种自由王国。所以，他的课，已经感觉不到对应试的顾忌和束缚感、僵化感了，有时候，已经是一种诗意课堂了。

这使我联想到普鲁斯特在《追忆逝水年华》中的一段文字："当现实折过来严丝合缝地贴在我们长期的梦想上时，它盖住了梦想，与它混为一体，如同两个同样的图形重叠起来合而为一体。"有梦者，事竟成！这对青年教师的成长是具有重要启迪意义的。

2. 站稳课堂

如同一个演员的成长，必须在舞台上"滚"出来，教师也必须靠一节一节的课垫起人生的高度。黄厚江是靠课堂安身立命的。他为自己的书写的自序，就题为"成长从课堂开始"。他说："一个教师的尊严，一个教师的幸福，一个教师的价值，都来自课堂。"信哉斯言！朱光潜先生提倡人生要"慢慢走，欣赏啊"，就强调人生要创造自己生命的图画。人生其实是在展现生命，欣赏生命。作为一名教师，钟情课堂，用心课堂，研究课堂，享受课堂，人生才具有真正的意义。作为一名高中教师，黄厚江上的初中语文的公开课就有 400 多节，简直有些匪夷所思。他成长的案例告诉我们，名师是站立在一节一节经得起推敲的课上面的。

3. 潜心读写

在我的朋友中，厚江未必是读书最多的人，但他读书有自己的特点。比如，有些书厚江读过许多遍，他告诉我《论语》不知读了多少遍，《老子》《史记》《红楼梦》都读过不止一遍。他还有一个好的习惯，总是带着思考的问题和研究的课题与经典对话，而且会把心得随手记下来。比如，阅读《论语》，他的研究心得《〈论语〉读人》已经出版，听说还很受读者欢迎，有关方面的专家也给予很高评价。

黄厚江的阅读不以广博胜，他的精读其实也是一条好的路子。前贤们也有这样的主张。比如，陈寅恪就提出过人生的阅读也就是几十本书，我的揣测，这应该是让我们足以安身立命的几十本书。就语文教学说，文学、文化源头的几十本书是至关重要的。有的学者提出过，人生要反复读一本大书，那是可以让你取之不尽、用之不竭的。在黄厚江那里，《论语》《史记》《红楼梦》大概就是。杨义先生指出，要带着"精神关注点"阅读，张弦以待，雁过留声。这一主张厚江也有很深的体会。

厚江是一个勤奋的笔耕者，他更多的写作是撰写语文教学论文，到目前为止，他公开发表的论文就有 400 多篇，《人大复印资料》转载了 100 多篇。美国有位学者讲过一句很有意义的话："写作是唯一的""在你和不可能之间"。厚江基于实践，基于思考，基于研究，下笔千言，滔滔不绝，把许多不可能转化为积极的可能。我想，这其中有些是名头、名号、名利，更多的则是生活的充实和精神的饱满。

（二）黄厚江的教学主张

一位名师总有自己的教育哲学，或者称为教育思想、教育观念、教育主张等，它使其教育活动和思想带有了倾向性、一致性、稳定性。黄厚江老师举起的思想旗帜为"本色语文"。其基本内涵，一是语文本原，立足母语教育的基本任务，明确语文课程的基本定位；二是语文本真，探寻母语教学的基本规律，实践体现母语基本特点的语文教育；三是语文本位，体现语文学科基本特点，实现语文课程的基本价值。他语文教学的基本定位，是以语言为核心，以语文学习活动为主要形式，以提高学生的语言素养为根本目的。他对语文最基本的要求，是"像语文课"。

阅读黄厚江的本色语文，引发我思考的如下。

1. "本色语文"是"我们"的

《论语》里有一个片段，似乎对讨论厚江的本色语文有些启发。子夏问曰："'巧笑倩兮，美目盼兮，素以为绚。'何谓也？"子曰："绘事后素。"子夏曰："礼后乎？"子曰："起予者，商也，始可与言诗已矣。"

我想，"素以为绚""绘事后素"，都讲到一个底色的问题，素洁是人外在的和精神世界的底色。这个"素"就是最基本的，就是厚江强调的"原点"。从这个意义上说：厚江的本色语文不是"我"的，而是"我们"的，是反映语文规律的，是语文最基本的东西。

2. "本色语文"又是"我"的

在我看来，名师的教育哲学、教学主张一类的东西，都是他们对学科本质独到的理解、发现和表达。所以，它又是"我"的，是"我"与"我们"的统一。陈嘉映教授在《价值的理由》里有对类似问题的深刻的阐述："本真不是现成地摆在那里的东西，它倒毋宁是某种新鲜的东西，我们搜集各种历史线索把它创造出来。只不过，这种创造与科技创造不同，它从来不是单纯的进步，而是在不断变化的情势中，创造出与以往的优秀卓越尽可能坚定的联系。"我以为，黄厚江的"本色"就是陈嘉映先生所说的"本真"。其中，有厚江自己的"创造"。

3. "本色"应当进一步贴近语文的特质

列宁说过，人的知识是"无限地近似于一串圆圈"。厚江对"本色语文"的探索还在螺旋式上升的路上。我曾建议厚江老师更多地从以下方面思考语文本原的问题：第一，从母语习得的特点看，更多关注综合性、实践性；第二，从汉语自身特点看，更多关注形象性、诗性；第三，从人文学科特点看，更多关注主客观的融合性；第四，从教学基本特点看，更多关注活动性、经验性。当然，这些方面有的厚江已经论及，只是还需"言其详"而已。

给老师们作"本色语文"讲座后为老师签名

（三）黄厚江的超越

在黄厚江的本色语文教学主张得到人们广泛认可的时候，黄厚江老师又提炼出了他的语文共生教学法。其实，在第一次评审他的语文本色教学成果时，我们已经关注到了他的共生教学法，只不过当时它还不是一个独立的成果，而是语文本色教学这个成果的一个部分，黄厚江老师将它表述为语文本色教学的操作机制。这一次，它在和语文本色教学互相组合的同时，本身已经成为一个独立的有理论有实践的教学成果。

从语文本色教学到共生教学法，我们看到的是黄厚江老师的超越精神。

当很多教师沉湎于多年不变的教学时，当很多教师顺着新课程改革的时尚之风盲目跟进时，当很多教师感到不满于现实的许多问题但又找不到突破的路径时，当很多教师对许多时兴的说法和做法并不认可而又说不清楚时，黄厚江老师已经行走在探索的路上。他一个问题一个问题地思考，一个问题一个问题地解决：从语文课程的性质，到两性的具体内涵及其统一；从语文学科的基本特征，到语文课堂的基本原则；从语文教学主张，到语文教学方法；从阅读教学基本定位，到阅读教学的基本策略；从写作教学的基本定位，到写作教学的基本策略；从课堂教学诊断，到学科质量评价；从必修教学，到选修教学；从学科研究，到专业素养……他的研究几乎触及语文教学的每个领域，甚至每一个领域的每个具体问题。于是，当别人彷徨的时候，当别人埋怨的时候，当别人无所适从的时候，他已经找到了自己的路，已经有了自己系统的主张，有了自己的教学方法。他远远地超越了许多和他同行的人。

而更可贵的是他对自己的不断超越。本来，作为一个普通的语文教师，形成了鲜明的教学风格，形成了自己的系统主张，已经是一件很了不起，也很值得自豪的事了。如果是一个容易满足的人，如果是一个故步自封的人，陶醉于满足于已经有的成果和成绩，是完全可以理解的。同时，这也是很多关心他的人所担心的。2012年中国教育学会中学语文教育专业委员会（以下简称中语会）在苏州召开黄厚江语文本色教学研讨会，我应邀在会上讲话时就再三提醒黄厚江老师要在追求本色、立足原点的基础上努力追求创新和突破。显然，对这一点，黄厚江老师自己是非常清醒的。他在《语文的原点：本色语文的主张和实践》的封面上写道："本色，不是守旧；本色，不是倒退；本色，更不是无为。本色，不排斥其他风格；本色，也不反对创新；本色，更不放弃更高的追求。本色，是语文教学的原点。你可以走得很远，但这里必须是出发地。"这几句话，黄老师不仅仅是写在书上的，更重要的是写在心上的，是写在自己的每一天的教学和研究的行动之中的。于是，我们又看到了他一系列新的成果，看到了他比较成熟的语文共生教学法。

在谈到语文共生教学法和语文本色教学的关系时，黄厚江老师说：语文共生教学法是语文本色教学主张实现的主要机制。语文本色教学，是针对语文教学种种异化行为提出的教学主张；语文共生教学法，是遵循母语教学的基本规律，运用共生理论从丰富的教学实践中总结出来的，能体现语文本色教学基本主张的教学方法。前者主要是理性思考，后者主要是实践操作。前者是守正，后者是创新。

语文本色教学的核心主张是"把语文课上成语文课，用语文的方法教语文，学生按母语学习的规律学语文，教师按母语学习的规律教语文"，语文共生教学法的核心理念"用阅读教阅读，用写作教写作；在阅读中教阅读，在写作中教写作"，是立足阅读教学和写作教学对语文本色教学核心主张的具体体现。它要求教师必须用自己的阅读和写作引领学生的阅读和写作，用自己的读写感受引发学生的读写兴趣，用自己的读写体验激活学生的读写体验，用自己的读写思考激发学生的读写思考，用自己的读写发现引导学生的读写发现，用自己的读写经验引导学生的读写过程。它要求教师要重视教学过程和教学现场的教学价值和学习价值，让学生在读写实践中形成读写体验，在读写实践中掌握读写方法，在读写实践中形成读写经验，在读写实践中培养读写能力。引导和促进学生互相共享语文学习的感受，互相启发语文学习的思考，互相激活读写的体验，互相激活读写的思维。这就是我在前文所说的，对母语习得综合性、实践性特点的关注，对汉语形象性、诗性特点的关注，对人文学科主客观融合性特点的关注，对语文教学活动性、经验性特点的关注。

在此，我们不难看到黄厚江老师不断超越自己、不断向语文教学研究纵深领域探索的精神。

（四）黄厚江的学术品格

阅读黄厚江，从他的语文本色教学主张的提出、语文共生教学方法的提炼中，我还看到一个学科研究者应该有的可贵的学术品质。

1. 承担意识

说实在的，语文教学及其研究的许多理论问题和实践问题，大家都看得很清楚。但问题怎么解决呢？踏踏实实去思考，去探索的人并不很多。时至今日，很多人仍然热衷于问题的揭示：课程标准有问题，教材有问题，课程知识有问题，课堂教学有问题，高考命题有问题……批判都是比较容易的，可是问题谁来解决呢？这是一切问题的最大问题。隔岸观火，发发牢骚，都是轻松的，但意义却很寥寥。

而黄厚江老师从来都不是一个只会提出问题的人，他总是寻求着每一个问题的解决办法，哪怕是他感到力不从心的问题，他也不惜作一番努力和尝试。如果说解决阅读教学的定位问题，解决写作教学的定位问题，解决阅读教学的基本策略问题，解决写作教学的基本策略问题，某种意义上还是他作为一个一线教师应该关注、能够解决的问题，那么对于语文课程的性质问题，恐怕真不是一个一线教师能够解决的问题，而黄厚江老师却责无旁贷、义无反顾地面对这样的问题进行自己的思考，并做出回应。什么是语文工具性的内涵，什么是语文人文性的内涵，它们两者又是怎样的统一，这样的问题，课程专家似乎也很少有人愿意正面做出回答，而黄厚江老师却丝毫也不回避。他说：语文不仅是"学习的工具""工作的工具""交际的工具"等日常生活的工具，更重要的是人的精神生活的工具。他说：语文学科人文性的内涵主要是，培养学生对母语和民族文化的热爱，培养学生积极乐观的生活态度和丰富健康的情感，培养学生健全的人格和良好的审美情趣。他说，语文学科的人文价值必须体现在工具价值的实现过程之中。

2. 建构意识

我们常常发现，黄厚江对许多问题的思考和探索都是多层次的，都是系统化系列化的。比如，课堂教学，他立足学科特点提出了"以语言为核心，以语文学习活动为主体，以学生语文素养提高为目的"的基本要求，他立足教学过程提出了语文课堂教学的和谐原则、整体原则、适度原则、节奏原则"四项优化原则"，他立足日常教学提出本色课堂的基本特征是朴实。不仅如此，他还对这些内容的每一方面进行更加细致深入的研究。比如，语文本色课堂对"朴实"的追求，他就进一步明确了教学内容要简明，教学过程要简洁，教学方法要简易，要有实在的语文积累，要有实在的语文能力训练，要有实在的语文学习活动等具体要求。对于如何达成这些要求，他也立足教学实践进行深入的探索，他总结了语文教学活动设计添加、删减、整合、分解等具体策略，总结了语文课堂教学凭借设计的多种方法，总结了多种作文课型的教学要领。在黄厚江老师的语文教学研究中，无论是宏观的问题，中观的问题还是微观的问题，他的想法和做法往往都不是零散的，而是组合成为一个有机的系统。这种自觉的建构意识，其实是承担意识的具体体现。

尤其让人敬佩的是，他总是立足教学实践进行自己的探索。这就让我们想到黄厚江老师的另一可贵的学术品质，就是他的实践精神。

对于关注的每一个问题，黄厚江老师几乎都会立足教学实践进行思考，并且几乎都能找到在实践中加以体现的具体方法。比如，工具性和人文性两性统一的问题，他不仅试图分别明确两性各自的主要内涵，不仅概括提出"语文学科的人文价值必须体现在工具价值的实现过程之中"这样纲领性的观点，而且从操作层面寻求解决这个矛盾的具体方法。在黄厚江老师的共生阅读教学基本课型中，有一个课型叫言意共生教学，它就是体现两性统一的最直接也是最有效的方法之一。如果我们认真研究黄厚江老师的课堂，就不难发现他关于两性统一的主张，绝不是脱离实践的概念和空头理论，而是体现在每一节课，甚至每一个教学细节之中的。

不仅仅是两性统一这样的重大问题，对于语文教学每一个领域的问题，他都试图使自己的一切主张能够在课堂实践中体现出来。他提出了阅读教学的基本定位，就同时提出了阅读教学的基本策略；他提出了写作教学的基本定位，就同时提出了写作教学的基本策略。他提出了语文本色教学的系列主张，就提出了实现这些主张的语文共生教学方法。他提出语文共生教学的方法，就提出了树式共生课堂结构，就总结了阅读共生教学的12个基本课型，就提出了共生教学的三大操作要领，而且他还为阅读教学和写作教学的每个课型提供了不止一个典型的教学案例。

需要指出的是，黄厚江老师的实践精神，更体现在他的一切主张和理论都来自自己的实践，他没有一个来自书本的主张，更没有一个脱离教学实践的主张，这大概就是他的主张能够深得广大一线教师接受和欢迎的原因所在。他一直宣称，他说的就是他所做的，他从来不做只说不做的事。我们更为认可的是，他从自己的实践中提炼出一系列的教学主张，提炼出自己的教学方法，总结出自己的课堂教学结构，绝不是为了这些"成果"本身，而是为了改善自己的课堂教学，是为了改善更多人的课堂教学，是为了改善学生的语文学习状态。所以，他的教学主张和教学方法形成后，他总是自觉地用自己的理论主张衡量检验自己的课堂教学，使他的课堂教学品质不断提高，也使他的教学风格更加鲜明，使他的理论主张更加完善更加经得住实践的检验。正因为如此，他的主张很快就形成了极其广泛的影响，被很多教师运用到自己的课堂教学之中。

（五）黄厚江的意义

阅读黄厚江，是因为黄厚江的意义。我想，这至少表现在五个方面。

1. "本色语文"源于本色的人

黄厚江个人的性情、气质、教育背景、成长道路，对于他的本色语文的影响是全面而深刻的。"我即语文"，厚江又是一例。他的意义在于，我们对语文教学的追求，其实就是在做人的登攀中拾级而上。

2. 教学主张的本质内涵在于人文关怀

那些能够照亮人们精神世界的教育哲学、教育观念、教育教学主张，都是源于人文关怀，源于人道主义精神。陶行知先生的"捧着一颗心来，不带半根草去"，斯霞的"童心母爱"等，无有例外。黄厚江的本色语文包含了对学生的理解和感悟，在阐说本色语文时，他曾经有多个设问：教学中，你在意的是谁？你的问题，学生应该回答吗？课文解读，你是从学生的立场出发的吗？这样的活动学生需要吗？你的目的，真的是为了学生吗？你的教学，对学生有用吗？"本色"在某种意义上就是基于学生，就是学生立场。同时，他的本色语文，也包含了对自己成长经历的感悟。这就提示我们，坚守人文立场，弘扬人文精神，实践人文主张，是有可能产生响亮的思想的。

3. 做一个乐观主义者

在应试教育疯狂得几乎无以复加的境地中，我们听到太多的无可奈何的叹息，一些教师看不到光亮，自暴自弃者有之，随波逐流者有之。黄厚江说他是"浪漫的现实主义者"，这里的"浪漫"就是坚守理想，就是具有乐观的精神。黄厚江是一个语文的乐观主义者。他以积极的姿态走向生活，他看到了光明，看到了希望，坚持有所作为，渐渐大有作为。他的成长案例对于广大的教师们是有鼓舞意义的：只要我们乐观，信心就存在；只要我们努力，希望就存在；只要我们前行，理想就终会照亮我们的生活！

4. 坚持在"守正"中"创新"

常常有人把"守正"和"创新"对立起来，以为坚持传统、注重继承就不可能创新；追求创新，就必须抛弃传统。其实，无论从学理上还是实践上，这样的观点都是站不住的。黄厚江老师的探索及其成果非常有力地说明了这一点。他的语文本色教学无疑是坚持传统的，是立足"守正"的，是坚守语文的原点的。当初，甚至有人以为他的主张和新课程改革的主流是不一致的。但当我们看到黄厚江老师立足母语学习的特点和规律，依据语文本色教学的基本主张，运用生物学科的共生理论，提炼出语文共生教学法，协调语文教学中的多种矛盾，有效地改善学生的语文学习状态和语文教学课堂状态，有效提高学生的语文素养和促进语文课堂教学改革时，我们对在"守正"中"创新"无法再持怀疑和犹豫的态度。

5. 语文教育应该有技术路径

黄厚江的本色语文有实践体系的雏形。他创造了许多具体的、可以操作的东西。语文的"可为"，很重要的是理念落到现实，是具有很强的操作性。厚江一直坚持这样做，仅以课堂教学设计说，他就提出：添加，增加课堂的广度和厚度；删减，让课堂由多到精，以少胜多；重组，在整合中提高教学效益；分解，使重点、难点的解决更加到位。语文教学之难，对于青年教师往往就难在笼统，难在模糊，难在飘忽。如黄厚江老师这样，在正确思想观念的导引下，找到一定的技术路径，于是我们就在接近科学性的意义上，能够"做"起来。黄厚江老师的语文共生教学法的成功推出，更是一个有力的明证。他提出了具体的教学方法，总结了基本的课型和操作要领，提供了丰富的典型案例。于是我们的实践，也就可能如黄厚江老师的所作所为一样，在现实的土壤里生长着金灿灿的希望。

（作者为江苏省教育学会会长、著名特级教师）

二、本色：黄厚江的"语文品质"

成尚荣

黄厚江，常常让我们想起大树的叶子。他说，他的每一年都是树上的一片叶子。叶子，在阳光下透出最鲜亮的色彩，那是叶子最本真的色彩。于是，说起黄厚江，当然会情不自禁地去叩开他犹如树叶的"本色语文"的大门，倾听本色语文发出最质朴然而是最生动的声音。

本色语文是一个概念的建构。建构一个概念意味着理念的凝聚、见解的整合、理论的成熟。我倾向把建构的概念叫作教育主张或教学主张。其实，透过概念抑或主张，我们应当寻觅主人的品质。主人的品质好比是概念、主张的精灵，又是概念、主张诞生的关键，建构概念必须首先培植自己的品质，建构概念的过程也是培植品质的过程。

我怀着好奇心，做一番考量和思索想使黄厚江的品质"显现"出来。（席勒在《审美教育书简》里所使用的"显现"最能准确、最能传神地表达我对黄厚江的认识）品质的显现，可以帮助我们去把梳黄厚江的研究、实践的历程，捕捉本色语文最深处的东西。并且，我以为，不妨把黄厚江的这些品质叫作"黄厚江语文品质"。正是因为黄厚江的品质铸就了他的本色语文，显现了语文的品质。这样，我们就在"本色语文"和"语文品质"中间搭起了一座桥梁，这是一种研究的方式，也是建构的方式。也许这正是今年诺贝尔文学奖得主马里奥·巴尔加斯·略萨总结自己小说创作时所说的："让写作方式成为小说的主角，作品的结构比内容重要。"用探究的方式，可以梳理出黄厚江本色语文的内隐性结构，从中显现黄厚江的"语文品质"。

（一）理性批判的品质：内心的忠诚、视野的开阔

当下，我们缺少批判精神。殊不见，公开课的评课几成"评功摆好"，连一些学术高层论坛的思想锋芒也在无形中消遁，有的甚至成了低俗的搞笑。若如此下去，教学研究、学术批评将会离我们而去，剩下的只能是一种声音，平庸苍白进而大家附会趋同，而批判与研究荡然无存，发展与创造就无从谈起。

黄厚江可不，他保持着一种沉着的理智，在深入观察后，发出一种质疑式的追问：当强调语文具有人文性，语文就成为人文的时候，当强调语文是文化，文化就成为语文的时候，当强调不能不关注生命，语文就成了生命教育的时候，当强调语文和生活紧密联系，生活成了语文的时候……黄厚江都会这么问自己：是这样吗？为什么会这样？应该怎么样？这种发自内心的质疑与追问，表达了他内心的忠诚——忠诚于真正的声音，忠诚于真正的语文，忠诚于真正的研究。这不禁让我们想起了梁实秋。梁实秋评论莎士比亚，从他的导师——18世纪英国著名批评家塞缪尔·约翰孙那里学到了批评的原则，即要像莎士比亚忠实于生活、忠实于人性那样，"不沾染某一地点的特殊风味""也不受偶然的时髦或暂时的风尚之影响"，而是"忠实地把生活反映出来给读者看"。黄厚江忠诚，比如，关于"诗意语文"（当然我是支持这一命题的）的评说：有人在"诗意语文"的口号下追求语文教学的无功利，

黄厚江的反问是："语文真的无功利吗？"他认为，如果语文真的除了给人一点诗意外便不再有什么功利价值，那么语文也就失去了它存在的价值。

黄厚江这种内心的追问固然表现了他内心对于事物本真与实质的忠诚，固然是他的良知和道德标准使然，此外，这与他的学术功底与开阔的视野分不开。我始终认为，一个优秀教师的判断十分重要，决策往往以判断为前提。假如，他的判断只是出于他的直觉，只是出于他的情感，判断可能会有偏差甚或有失误。黄厚江的理性批判精神和品质来自他学术视域的开阔。他一直在读书、学习，读书、学习为他洞开了一扇又一扇窗；他一直在追问、反思，追问、反思让他从事物的表层走向内核；他一直在研究，研究让他在拥抱灿烂感性的同时，拥抱深刻的理性，锻就了理性思维的品质和习惯。正因为此，在雾里看花、涛飞云走时，他才会看得真真切切、明明白白；也正因为此，他的本色语文才会呼之而出，瓜熟蒂落，像是透过云雾后一次美丽的日出。理性批判的品质让黄厚江保持了本真的自我，黄厚江首先是本色的。

（二）追根寻源的品质："元"的思索、"道"的遵依

本色语文反映的是黄厚江追根寻源的品质。语文的被萎缩、语文的被夸大、语文的被拔高、语文的被虚化，黄厚江以简约而辛辣的语言点了语文教学之穴。他点穴时的自我提问是：语文到底是什么？我们从哪里来？我们要到哪里去？哲学式的提问触及语文的本质与走向，用他自己的话来说，"我喜欢用原点思维的方法思考问题""常常从最初的问题开始思考"。

的确，我们需要回溯，回到本质处去追问，寻找并明晰语文的"身份"。语文不应该有多种身份，换个角度说，语文可以有多种身份，但必须认定它本真的、独特的身份，否则，多种身份必然产生职责、功能的冲突，在冲突中迷乱，直至迷失"语文自我"。语文的身份来自"最初的"规定性。寻找语文最初的规定性，必须回到语文"最初的地方去"。这就是"元"的思索追寻与"道"的遵依把握。

元者，万物之始。在汉语中，"元"的主要含义是：本原的、根本的、首位的，还有大的。在追根寻源中，黄厚江对本色语文的基本内涵越来越清晰，越来越准确：一是"语文本原"——其基本定位是"以语言为核心，以语文学习活动为主要形式，以提高学生的语言素养为根本目的"；二是"语文本真"——"教师按语文的规律去

教，学生按照语文的规律去学"，即语文的本真在于语文规律的把握；三是"语文本位"——"体现语文学科的基本特点，实现语文课程的基本价值"，即语文本位在于本身价值与特点的坚守。最终，黄厚江对本色语文的回答是："语文就是语文"。语文"就是"关于正确理解和运用祖国语言文字的课程，"就是"按语文本身规律教学的语文，"就是"回到语文的本质上去，既"不是"另一种语文，更"不是"语文。这样，本色语文显现了语文最根本的、最基本的、最稳定的特性，因而可以理解本色语文是"首位"的，也是最"大的"。

执教公开课后和听课教师们合影

　　黄厚江不仅在"元"上思考，而且在"道"上追寻。"道可道，非常道。名可名，非常名。"但，道应该是可以领悟的。我们可以把"道"理解为道路，引申出规律，还可以引申为规则，但是，"道"最为重要的是指生命的创造力。形而上之为道。对于黄厚江，"道"就是发挥自己的创造力，唤醒语文本身的活力。本色语文本身就显现了黄厚江的创造力，而且，他进一步地说，"本色语文并非没有追求：本色，不排斥其他风格；本色也不反对创新；本色，更不放弃更高更好的追求。"他说："本色，是语文教学的原点。你可以走得很远，但这是出发地。"这是一种真诚的、重要的提醒，因为，我们走得远了，常常忘掉出发的地方。其实，回到出发的地方，是为了新的出发，在归来与归去中，我们走远了，也走好了，走高了。这就是"语文之道""语文教学之道"。黄厚江依循这一"道"。

"元"与"道"的统一，显现了黄厚江不忘"本"的品质。这一品质让他永远站在出发的地方，又站在遥远的地方，永远站在起点，又永远在追寻终点。

（三）主体建构的品质：完整建构、理性思维和主体精神

本色语文绝不只是一个概念，更不只是一句常挂嘴边而无实在内容的口号。黄厚江进行了本色语文体系的建构。而他的建构，有深刻的思考，系统的把握，理论的支撑，又在建构中形成自己的见解，闪烁着"本色"的品质。

本色语文体系的建构，黄厚江从课程观、教学观、教学原则（黄厚江将其纳入教学观）、教学结构、教学策略、教学方法（后三者黄厚江统称为教学机制）等几个方面去思考和设计。显然，他的思考是深入和系统的，他的设计是框架式的和科学的，因而所架构的体系是完整的。我以为，这样的架构发展下去，不断完善，黄厚江建构的应当是"本色语文课程论"。而且，它是在新课程背景下和新课程理念下的建构，体现的和实现的是新课程价值，显现了黄厚江的"课程品质"。具体说，一是他的课程意识。语文的边界是明确的，但语文的边界不能自我封闭，他把语文教学体系的建构置于课程之下，坚守的既是"语文本位"，又是"课程本位"。这样，黄厚江就有了一种超越。二是他的课程视野。讨论阐释工具观时，黄厚江明确地说："尽管'语文的外延与生活相等'早就成了人们熟知的一句话，但人们并没有全面地把握它的内涵。我们认为，'生活'绝不单单是'学习'和'工作'，也不单单是'交际'，甚至可以说，最主要的不是'学习''工作'或'交际'，丰富的'精神生活'和'情感生活'，是'生活'的主要内涵。"显然，这是黄厚江的课程新视野。三是课程能力。黄厚江一直在建构语文，包括语文选修课程，并把选修课程的基本特征界定为：要求高一点，容量大一点，活动多一点，专题意识强一点，选择余地大一点，学生的自主再多一点，课程个性强一点。在课程建构中，黄厚江以他很强的课程能力使自己成为课程的创造者。

黄厚江课程建构中显现的品质，也体现了他的理性思维。他有自己的理论视角，把理论和实践结合起来，形成自己的概念系统，这是难能可贵的。比如，他提出了语文教学的两个操作机制：和谐共生教学法、树式共生课堂教学结构。教学机制都

指向"共生"，从理论基础、核心、基本特征、主要形式以及前提等方面，做了清晰的阐释。尤其是他所阐释的工具观、人文观、统一观、教材观、知识观、训练观、过程观等，都有自己独到的见解。比如，语文课程的"知识"的"中位"概念等，这些都充溢着理论的色彩。他的理论来自实践，来自对实践经验的提升，是一种实践性理论、扎根性理论。在课程建构中，黄厚江以他的思考，逐步使自己成为佐藤学所说的"反思型实践家"，成为"本色语文"的理论的建构者。

黄厚江在课程建构中显现的品质，还体现在他的主体精神上。他有自己的追求。他追求做一个平民语文人，人生五十载，平平淡淡；教书三十年，平平常常，也是一种追求。其实，平平淡淡中蕴含着深刻，平平常常中透析着丰富。他追求做一个有着强烈现实感的人，很少怀想天空，难得仰望星辰。其实，在"很少""难得"中，我们体悟到他把自己的脚踩在坚实的大地上。他追求做一个实践主义者，多做少说、不说只做，对功利化的拒绝，正是对崇高的真正理解和追求。他追求做中庸主义者，不喜欢极端，喜欢不偏不倚。其实，他追求的是智慧，追求的是艺术。如此，黄厚江发挥了主体精神，真正像位教师，真正是位研究者，这就到了一个很高的境界。

黄厚江以自己的本色建构本色语文，建构本色课程。说到底，黄厚江建构的是自己的人生。他的人生是本色的，然而这样的人生又是多彩的、丰富的、深刻的。人生的本色才可能有语文的本色；人生的多彩、丰富，才可能使"本色语文"更具意蕴；人生的深刻，才不会使"本色语文"平淡、平庸，相反越显其深度。这就是黄厚江的品质，黄厚江的"本色"品质。就这样，从本色语文中显现了本色品质，又从本色品质建构起内隐的心理文化结构，培植了真诚的精神气质，锻造了建构课程的能力。就这样，黄厚江永远使自己的每一片叶子闪亮、珍贵。

（作者为国家督学、著名教育研究专家、江苏省教科所原所长）

三、今生痴爱在语文

——记全国著名语文特级教师黄厚江

王建锋

2012年10月，全国中语会主办的"黄厚江本色语文教学"研讨会在苏州举行。

在谢绝了苏州本地区所有代表的情况下，来自全国各地的一千多名代表把会场挤得水泄不通，能插脚的地方都站满了代表，许多教师只能挤在门外走廊上听课、听报告，主席台两侧也都是席地而坐的教师。黄老师一人上四节展示课，做两个专题讲座。一天半的时间，场场爆满。可谓盛况空前，史无前例。

那么，是什么使黄老师和他的语文课堂教学具有如此魅力呢？

2010 年，黄老师在《从教卅年抒怀》一诗中写道："当年从教非初心，滋味渐得乐探寻。卅载一心勤着力，今生痴爱在语文。"

这首朴实的小诗，叙说了黄老师从教 30 年的心路历程，也道出了他成功的秘诀就是对语文教育事业的"痴爱"。

（一）特级中的特级

谈到黄厚江老师，许多特教教师都说："如果我们也算个特级，那么黄老师就是特级中的特级"。这些教师发自内心的敬佩溢于言表。的确，很多特级教师都把黄老师当作自己的教师。这不仅因为其中有些人就是他的徒弟和学生，也不仅因为黄老师是许多特级教师研修班的教师，最主要的是因为黄老师对语文的挚爱，是因为黄老师语文教学研究取得的卓著成就，是因为黄老师对语文事业的巨大贡献。

和苏州市名师班的徒弟们在一起

在全国语文教学界，黄厚江是一个令人敬畏的名字。

他是全国中语会学术委员、教师发展中心副主任，省基础教育教学指导委员会中学语文学科专家委员，省中语会副理事长，苏州大学硕士研究生导师，南京师范大学中学语文教学研究中心研究员，是中国人民大学复印资料《中学语文教与学》和《中学语文教学》等多家学术刊物编委。他应邀在全国各地执教公开课数百节，举办语文教学讲座数百场。无论是他的课堂教学还是他的专题讲座，都深受一线教师欢迎。他在全国有大量的粉丝，不仅有年轻人，还有许多中老年教师。有一次他到宁波讲座，一位已退休的老教研员特地赶来听课，他说："我是黄老师的粉丝。他到宁波讲座，我不能不来！"

有人说，如果按照评审特级的材料要求，黄老师的成果可以评很多个特级。

他的研究成果获得省以上奖励 30 多次，其中省一等奖以上达 20 多次。在江苏省首届基础教育教学成果评选中他一人获得两项特等奖，是全省唯一一人。他的"本色语文"教学思想在全国具有非常广泛的影响，多家语文刊物进行宣传介绍，多所学校进行实验推广，全国中语会课堂教学课题组多次组织研讨会。不少省市组织了"黄厚江本色语文教学研讨会"专场。

黄老师先后在省级以上刊物发表论文 400 多篇，其中在核心期刊发表 200 多篇，被《人大复印资料》《中国教育报》等报刊转载 100 多篇。个人教育思想专著《黄厚江讲语文》由语文出版社出版，已再版发行一万多册，获 2009 年苏州市哲学社会科学成果评比二等奖。专著《语文的原点》由江苏教育出版社出版，评为全国"2011年影响教师的 100 本书"。专著《语文课堂教学诊断》由江苏教育出版社出版，是目前国内学科课堂教学诊断唯一专著，课程专家认为具有填补空白的意义。2012 年，教育科学出版社约请黄老师出版了专著《享受语文课堂》和《还课堂语文本色》，这两本书出版后被很多教育部门和学校列为教师专业发展的培训教材，受到广泛的好评。

黄老师应邀主编、参编教材、教参近 100 部。为主要编写者的国标本苏教版初中语文教材，全国有一千多万学生使用，为核心组成员的国标本苏教版高中语文教材，全国有近千万学生使用。与南京大学中文系徐兴无教授合作编写、为第一作者的高中语文选修教材《唐宋八大家散文选读》，不仅在全国供学生选用，而且版权被香港教科书出版部门购买。黄老师先后承担和参与多项教育教学课题研究，为国家十五规划重点课题"中外母语课程比较与我国母语教材创新的研究"主要成员，该课题成果《中外母语教材比较研究》获苏州省哲学社会科学优秀成果一等奖。他主持和独立完成了多项省市立项课题。

尤其让大家敬佩的是，他的许多研究成果都走在语文教学改革的前面。早在1998年他就发出了"语文教学亟须建立一个科学的效率标准"的呼吁，论文发表后，《人大复印资料》和《中国教育报》分别全文转载，其观点和构想与2001启动的课程改革的语文课程标准基本一致。新课程改革初期，很多人简单否定传统和历史、一味追求所谓的新理念和新形式，不少人迷惑于人文性和工具性的关系，黄老师则始终清醒地强调"语文课程改革是改良不是革命"，"人文性的价值只能体现在工具价值实现的过程之中"，明确提出"语文教学必须以语言为核心，以语文活动为主体，以提高语文综合素养为目的"。10年之后，《义务教育语文课程标准》修订的主要内容之一就是强调语文是一门语言运用的综合性实践性学科。在新课程改革推进的过程中，他针对许多人认识上的误区先后提出了语文教学的教材观、知识观、过程观、方法观和训练观，及时解决了一线教师的许多困惑。

黄老师为什么能够在语文教学和研究上取得这样巨大的成就呢？探寻他成长的历程或许能够让我们找到答案。

（二）最爱是课堂

"教师的成长从课堂开始。""教师靠课堂立身。""教师的职业幸福主要来自课堂。"在和青年教师们谈论专业成长时，黄老师总是这样恳切地说。这些话，都是黄老师自己成长历程的深切体会。

黄老师对课堂的热爱，是源于教师的责任，而不是出于功利追求。当初填报志愿，黄老师并没有填报师范学校，后来被调剂录取进了师范学校。当他走进教室成为一位教师时，面对孩子们的眼睛，他就决心要做一个好教师，做一个学生喜欢的教师。黄老师每学期拿到新书，都要自选几篇课文，自己进行磨课。没有人听课，就自己上自己品味，自己评价，自己反思。他和师范的几个同学自发组成了一个课堂研究的"沙龙"。大家常常聚到一起，互相听课评课，研讨课堂教学。

这种自发的教学研究，尽管缺少名师大家的引领，但却实在有效。黄老师的课，越来越受到学生的欢迎，而且引起了难得下乡的县教研员丁汝愚先生的注意。在丁先生的悉心栽培之下，黄老师的进步与日俱增。不久就遇到了江苏省首届语文优质课评选的难得机会。黄老师作为一个乡村中学的教师，一路斩关夺隘，由乡到片，由片到县，由县到市，以盐城市一等奖第一名的身份参加省里的比赛。

黄老师对课堂的热爱，是那么单纯，又是那么执着。很多人有了一点小名气，就不再愿意上课，生怕坏了自己的"英名"。黄老师则不然，时至今日，他仍然对上课乐此不疲。学校主要领导几次劝他不要再担任日常教学，带带徒听听课，指导指导青年教师，可他坚决不愿意。对于执教公开课，他也几乎是来者不拒。在学校上，到市里上，到省里上，到全国各地去上，上高中课，也上初中课。有些课已经有了深得大家认可的非常好的教学设计，可他还要再琢磨第二个方案、第三个方案，《蜀道难》《黔之驴》《谏太宗十思疏》等好多课，他都有不止一个版本。

黄老师对课堂的热爱，更表现在他对语文课堂教学深入系统的研究。在省里的课堂教学比赛获奖之后，他就开始了对语文课堂教学的理性思考，不久就提出了语文课堂教学优化的和谐原则、适度原则、节奏原则、整体原则，论文在《江苏教育》上连载，应邀在各地进行专题讲座，得到一致好评。新课程改革之后，他结合新课程理念的学习，又提出了语文课堂教学的知识观、训练观、方法观、过程观和教材观等一系列的观点，形成了广泛的影响；他总结的"加（添加）、减（删减）、乘（整合）、除（分解）"课堂教学设计优化法，他的阅读教学凭借设计的方法等都深受一线教师欢迎，尤其是青年教师的喜爱。从教学目标的制定到教学主体的确立，从教学内容的确定到教学方法的选择，从教学过程的展开到教学活动的组织，从文本处理到问题提出，从教学逻辑到教学评价，从共生教学法到树式共生课堂结构，从课堂构建到课堂教学诊断……几乎语文课堂教学的每一个方面，他都进行了深入的研究，并提出了自己独到而又具有普遍意义，具有理论高度而又便于操作的主张和做法。很多教师都说自己是从黄老师的论文中学会教学的。他先后出版的专著《黄厚江讲语文》《语文的原点》《语文课堂教学诊断》《享受语文课堂》和《还课堂语文本色》等都是以语文课堂教学为核心内容。

无论是中学语文教师，还是专职的教学法专家，对课堂教学有如此系统、深入的研究，在理论和实践两个方面都取得如此显著成果的，全国恐怕难找到第二个人。

（三）全面发展是他的追求

有人说，黄老师是语文教师中的"三好生"。这样说，的确非常有道理。其实，准确一点说，黄厚江老师是一个"全面发展"的语文教师。

绝大多数特级教师仅有一"特"而已，或长于上课，或重在研究，或教学效果比较突出，像黄厚江老师这样课上得好、教学效果好、教学研究更好的实在少之又少。

早在20世纪90年代，黄厚江老师自然、和谐、厚实、大气的教学风格就已经很有影响，不仅深受学生欢迎，而且得到同行广泛推崇。他的课堂是他本色语文教学思想和本色语文课堂的典型体现。如今，他的许多教学案例被当作课堂教学的经典，在全国具有巨大的影响。高中课，初中课，阅读教学，写作教学，现代文教学，文言文教学，几乎各种文体的教学，黄老师都能拿出经典的课堂。学生把听黄老师的课作为骄傲，同行把听他的课作为荣幸。

在全国语文界，黄厚江老师的评课和讲座也是有口皆碑。凡是听过黄老师评课和讲座的教师，无不啧啧称赞。他诚恳的学术态度，丰厚的教学积累，系统的学科理论，透辟的理性分析，诙谐的语言艺术，每次都能给大家带来思想的启迪和现场的享受。目前，他的讲座已经形成一个完整的系列，除了教材培训和课程培训之外，广泛受到一线教师欢迎的内容就有：语文教学的本色追求；阅读教学的基本定位和基本策略；作文教学的基本定位和基本策略；语文教师的文本阅读；阅读教学的文本处理；共生阅读教学的基本课型和方法；共生写作教学的基本课型和方法；课堂教学设计优化的基本策略和方法；教学过程的展开和教学活动的设计；教学凭借的教学功能及其设计；语文课堂教学的诊断；语文教师的学科研究及其专业追求；教学风格的形成和教学思想的提炼；语文课堂教学的学生立场等。

尤其让一线教师佩服的是，黄老师不仅课上得好、讲座好，教学效果还非常显著。他在很多场合都说：在中国做一个教师，不会对付考试是不称职的，仅仅会对付考试是很可怜的，只会让学生做练习是愚蠢的。他曾先后任教12届毕业班。无论是在生源较差、条件落后的农村基层中学，还是在管理严谨、重视应考的一般省重点，或是在历史底蕴深厚、追求素质教育的苏州中学这样的著名重点中学，黄老师任教的班级在各类考试，尤其是在高考中成绩始终名列同类学校同类班级前茅，在高考中常有超常表现。更为学生喜欢和同行佩服的是，他是公认的作业最少、负担最轻、上课最受欢迎的教师。

黄老师追求好的考试成绩，而不靠做练习，不让语文课变得索然无味，是因为他对考试有着深入研究。他经常提醒大家：考试是必须重视的，但更要重视研究语文是怎么考好的。他先后发表过语文学习方法的文章一百多篇。他认为这是他课堂研究的坚实基础，也是他考得好的主要原因。他不仅多次参与和负责中考命题，多次参与省会考命题，还不止一次参与和负责省高考命题，这使他对命题的过程和特点有了全面的了解。他还自觉地对命题规律进行探索和研究，发表过多篇关于语言表达题、现代文阅读题、文言文阅读题以及作文命题和评价的论文，形成了广泛的影响。

黄老师教学研究成果的丰硕，早为大家所熟知。不仅让一线语文教师叹服，还让许多教学法教授和课程都专家都敬佩的是，黄老师作为一个普通的中学语文教学，对语文课程也有着系统深入的研究。他提出了"语文不仅仅是学习和交际的工具，更重要的是人的精神生活的工具""语文的人文性只能体现在工具价值实现的过程之中""从语言习得的规律寻求语文教学的科学化""语文教学亟须建立一个科学的效率标准""选修课是让语文课更像语文课，而不是让语文课不像语文课"等一系列具有广泛影响的观点。他系统地解释了语文新课程中"知识""能力""过程""方法""训练"等问题，提出了语文课程的知识观、过程观、方法观、训练观和教材观，其"语文学科的知识是一个中位概念，语文学科的知识学习只能融合在阅读和写作的过程之中，语文课程的知识学习本身不是目的，而是为了服务于学生的阅读写作等语文学习的需要"等观点，不仅使一线教师的许多困惑得到了解决，也得到许多课程专家的高度评价。

听过黄老师课的教师，都说黄老师的课上得好；读过黄老师论文的教师，都说黄老师的论文写得好；听过黄老师讲座的教师，都说黄老师的讲座讲得好。而对黄老师有全面了解的教师都知道，黄老师是一个真正全面发展的语文教育专家：能上课，会应考，有实践，有理论，有思想，有方法，编教材，懂命题。

（四）方向总是定位在语文教学上

1998 年，在黄老师的人生中是一个重要的年份。

　　这一年他 40 岁，评上了江苏省特级教师。这时人生的岔路也出现在他的面前：一是继续在语文教学的道路上前行；二是转移重心做学校的管理工作或者到教研部门做负责人。

　　前面一条路很不容易，似乎也看不到新的目标。很多人劝他，评上特级已经到顶了。你成不了于漪，也做不了魏书生，再说于老师、魏书生也没有脱离行政。走不走后一条路，黄老师也很矛盾。一位关心他的前辈就明确要他在学校有一点位置，这样语文教学研究的开展才更为便利。但说真的，走进那样的角色，过那样一种生活，又不是他内心所喜欢的。

　　正在他纠结的时候，又一个岔道摆到他的面前。随着形势的开放，很多有吸引力的城市面向全国引进优秀教师。以黄老师的知名度，有意要他的学校很多。正如黄老师在自己的散文中所说，他是一个非常恋旧的人。可是他也和很多人一样，有着走进新生活的强烈愿望。当苏州中学校长的电话打到他家里的时候，他在两个岔道口之间的选择似乎有了答案：他是属于语文的人，是属于课堂的人，他必须也只能走语文的路。

　　2005 年，苏州市教育局要调黄老师进苏州市教研室工作。尽管黄老师很喜欢这个岗位，而且对自己胜任这个岗位充满信心。他答应领导考虑考虑，可是，当他想到要告别课堂教学，要离开校园，要远离学生，他的天平就开始倾斜了。第二天一早就给领导打电话谢绝了领导的信任。领导让他再考虑考虑，他说：我已经考虑过很多次了。

　　2010 年，江苏省首届基础教育成果评奖，黄厚江老师的本色语文获得特等奖，他作为主要编写者的苏州教育出版社出版的初中语文教材也获得特等奖。本来获得个人特等奖成果的就只有很少几个人，而一个人获得两项特等奖的就仅有黄老师一人。因为多年辛劳，黄老师显得比实际年龄衰老。很多人就劝导黄老师：达到这样的高度已经很不容易了，该歇歇了。可是黄老师觉得：如果放弃了课堂，如果没有了语文教学，整个生活将变得索然无味。所以，这些年来，他还是一样的带班，还是一样的上课，还是一样的进行教学研究。

　　因为江苏省的高考只有语文、数学和外语三门计算总分，所以到了高中三年级这三门学科的课时特别多，学校考虑到黄老师活动多、年纪大，另外还有行政工作，就让他在高一教学。他虽然接受了安排，但总觉得像做了亏心事，心中充满了愧疚。

今年苏州中学和南京大学招收了突破高考的"匡亚明实验室"，校长再三动员黄老师任教这个班的语文。开始黄老师也是不肯答应。因为绝大多数教师都在面对高考进行教学，而自己却要远离高考，总觉得自己像一个战场的逃兵。

全国中语会组织的黄厚江本色语文教学研讨会成功举行之后，又有人劝黄老师：你已经创造了一个教师的奇迹，这应该是你的精彩谢幕。甚至有人说，年纪也不小了，该有的都有了，还能再怎么样呢？不要再折腾了。黄老师也觉得大家说得非常有道理。但再想一想，就觉得语文教学上自己还有很多事情要做：课堂教学好像刚刚找到路径，本色语文教学还要进一步完善，共生教学的探索才刚刚开始……

三十多年来，在每一个岔道口，黄老师的指针总是指向语文教学；在每一次该歇脚的时候，黄老师的脚步都从未曾停息；每一个该打句号的地方，他都把它写成了逗号。他前行的方向也没有改变，因为他对语文教学的爱没有改变。

（作者为《语文教学通讯》高中版主编）

四、在坚守语文本色中实现语文教育的现代追求

——黄厚江语文教育思想综述

南京市教育科学研究所　洪劬颉

自从语文设科以来，人们就一直在思考"语文是什么""什么样的语文课是真正的语文课"这些最基本的也是最根本的问题。新课程改革以后，这些问题更是引起了广泛的关注。然而，见仁见智，众说纷纭，令人眼花缭乱，莫衷一是，甚至让人为之却步。而黄厚江老师却以自己质朴而本色的理解，坚实而卓越的实践，做出了回答：在坚守语文本色中实现语文教育的现代追求。

（一）

黄厚江老师始终是一个独立的思考者。

他首先是一个怀疑主义者。面对旗帜林立、纷繁多变、术语纷飞的语文教育，他对诸多论调从不跟风，对时髦的东西与其说是"接受得慢"，不如说是对其持有怀疑。他无论遇到什么新鲜的说法，第一反应就是："这在课堂中怎么体现？这在日常

教学中能不能做到？这对实际的教学到底有没有效果？"①还在 20 世纪 90 年代，当人们几乎群起而攻之地声讨语文教学低效率的时候，他冷静思考：什么是语文教学的效率？如何衡量语文教学的效率？写出影响颇为广泛的论文《语文教学亟需建立一个科学的效率标准》，在新课程改革前几年就提出了制定语文课程标准的设想，论文被人大复印资料和《中国教育报》转载。针对风行一时的"新概念作文"，他追问作文教学的规律到底是什么。当有人陶醉于"诗意语文"追求语文教学的无功利时，他反问："语文真的能够无功利吗？"他认为，如果语文真的除了给人一点诗意之外便不再有什么功利价值，那么语文也失去了它存在的价值，"正是语文的功利价值，才使得语文具有长久的生命力"，才具有了诗意语文的可能。新课程改革初期，很多教师产生了新课改是一场革命的错觉，他撰文《"课改"是"改革"，不是"革命"》，廓清了许多教师对新课改的误解。而这一切正是他由于从不迷失自我，敢于怀疑，勇于思考。

然而，黄厚江又不单单是一个怀疑主义者，他甚至说自己不是一个"浪漫主义者"，而是一个现实主义者，是一个"浪漫的现实主义者"，"是一个戴着枷锁的舞者"。和许多教育名家一样黄厚江老师最为关注的是学生的健康成长和终身发展，但和许多名声很大的名师名家不同的是，黄老师从不讳言要关注学生的分数。在令许多名师难堪的分数面前，黄厚江老师无疑是个胜利者，他从不以任何原因否认对考试成绩的应有重视，甚至直言不讳、高调宣称："让学生考好是一个教师的基本职责。"②我有时觉得这种宣称是不是不太符合黄老师的地位；然而，细细咀嚼，才不得不为这种立足实际、自加压力、敢于承担责任的行为而折服。

黄厚江老师始终立足于现实的土壤，在现实与理想之间穿行。当然这并不意味着他躬腰屈膝前行，但这也给他的诸多立论定下了基调。他的怀疑不是从一个极端走到另一个极端，而是寻找语文的本色，探寻语文的本质和使命，追寻语文学习的基本规律，寻求语文教学的基本策略。他在语文学科工具性和人文性这一两性之争中，始终持"统一论"，但与众多统一论不同的是，他不断追问：语文到底是什么样的"工具"？语文课程的"人文性"的基本内涵到底是什么？"工具性"和"人文性"在教学过程中到底是什么样的"统一"？他立足于语文课堂教学的实际，始终认为语文的"人文性"总是在语文的工具价值实现过程中得到体现。是在工具性中体现人文性，而不是在人文性的基础上体现工具性；而且这种体现是自然而然、和谐融合的，而不是刻意追求、牵强附会的。联系到"知识与能力、过程与方法、态度情感价值观"的三维目标，黄厚江老师认为"工具性"与"人文性"的统一必须落实在三维目标的"过程与方法"之中，以"过程"为载体、为主轴，知识的掌握、能力的培养，都应该在"过程"中体现，而"情感态度价值观"应该糅合在前两个维度实现的过程之中③。他在 2002 年就提出"语文教学要强化'学'的过程"④，直指长期以来的"结论教学"的痼疾，强调了语文学习的过程观。

黄厚江老师始终是自己思想的踏实践行者。他追求的语文课是本色的语文课；追求的教学风格是"自然、和谐、厚实、大气"；追求的语文课堂教学境界是"人"与"人"的和谐、内容与形式的和谐、语文和非语文的和谐。在阅读教学中，他追求的是以听、说、读、写能力为主的语文素养的全面提高；在写作教学中，他追求的是引导学生写出平平常常的好文章⑤。论及本色语文课堂的基本特点，他总爱以"家常菜"为喻。他说：家里来了客人，用自己的拿手好菜招待客人，这是一种尊重，也是一种诚恳，如果还要追问平时每顿饭是否都这么吃，似乎就显得不近人情；但要专门到高档饭店去学习如何烧鱼翅和鲍鱼，似乎就没有什么意义，鱼翅鲍鱼自然有人爱吃，但就是学得一手烧鱼翅和鲍鱼的绝活，家常过日子几乎用不上，还不如学习把炒青菜、红烧肉烧得出色更为实用。

正是由于有着清醒的头脑、独立的思想和执着的探索，并始终坚守着本色语文的思想，他在语文教学的实践和研究中取得了令人瞩目的业绩，其卓越的贡献主要为：提出语文课堂教学和谐原则、适度原则、节奏原则、整体原则；阐释语文课堂教学教材观、知识观、训练观、过程观；揭示语文课堂教学的教学逻辑；探寻语文课堂教学的常见形态和基本形式；倡导既能体现语文教学规律、又能体现新课程理念的本色语文；在阅读教学和写作教学领域都形成了自己比较系统的理论和个性化的实践。

（二）

黄厚江老师是一个思想者，但更是一个实践者。他始终把目光投注在课堂上。我们可以从黄厚江的课堂教学来探寻他语文教育教学的基本特点。

2005 年 7 月 8 日。连云港新海高级中学。"全国特级教师课堂联展"。黄厚江老师执教写作课《写出人物的个性》。在自由评课和专家评点时，有两种截然不同的意见：有人认为黄老师的课从教学思路到教学手段和方法，均无新颖奇特之处，能这样教的老师很多；而有人认为黄老师的教学在朴素的风格中很好地体现了新课程的理念和语文教学的基本规律。特级教师何宜隆认为，这节课突出了学生的主体地位又发挥了教师的主导作用，既有方法的指导又凸显了学生学习的过程，是一节振聋发聩的新课标示范课。在新课改大好春光中，乱花渐欲迷人眼，不少教师迷失了方向，越关心改革越不知道如何改，越有心改革越不知道课如何上，只能追逐那种热热闹闹、花里胡哨、哗众取宠的所谓"好看"的课，唯新为好，唯奇为好，唯"美"为好，而轻视、藐视甚至无视最具实际价值的常规课。黄厚江老师在《新课改：我们需要什么样的语文课》⑥中从本色语文思想出发提出真正好课的三个前提：每一节课的教学都可以这样教；每一个具有基本素养的教师都可以这样教；每一所普通学校的学生都可以这样教。在这节课上，黄厚江以"获得写作知识、学习写作方法、体验写作过程"为基本逻辑对花里胡哨的公开课作了一次"反动"，也给与会教师做了一个形象的"家常课"范例，立足学生，立足教材，立足实际，立足于师生教学的现实场景，不求新奇好看，以最朴素的形式实施教学，在师生对话中，实实在在地给学生以实惠，教会学生循序渐进地学会听、说、读、写；体现了他一贯追求的"作文教学要作用于学生的写作过程"⑦的教学过程观。

2005年9月29日。扬州邗江中学。"江苏省首届高中新课程示范观摩大会"。黄厚江老师执教《"谛听天籁"（《江南的冬景》《西地平线上》）板块整合教学》。以"分享初读感受、品读喜爱片段、解决关键问题（在标题'西地平线上'后面补加'中心语'概括文章内容等）、探讨比较异同（景色特点、写景方法等）、深度探究（'大美'与'优美'的内涵）"来组织教学，几乎看不到教师的讲授，甚至没有对文本作一处讲解，整堂课都是教师引导学生去发现问题和探讨问题，自始至终通过简要提问引导学生一步步熟悉文本，被"吸入"文本，从而投入地进入学习状态。我们知道，整合教学很容易滑入"为整合而整合"或"该整合的不整合，不该整合却整合"的误区中去，而黄厚江老师在这堂课中始终抓住文本展开教学。既抓住文体的共同特点，又抓住单篇的个性特点；既注重教学内容的整合，又注重教学方式的开放；既注重学习内容的有效选择，又注重学习方式的切实指导；既有浅层次的问题铺垫，又有深入的文本研习和问题研讨；既启发独立思考，又提倡合作探究。在丰富的语文活动中，学生经历了一次高效率、快节奏、多样性的高峰体验。

　　2005 年 11 月 26 日。南京金陵中学河西分校。"江苏省高中语文新课程教学观摩活动"。黄厚江老师执教《阿房宫赋》。首先与同学一起研究课前提出来的"问题"中"具有普遍性的问题"，引导学生积累文言知识，理解文章内容，在引导中不断提示阅读文言文的方法；然后让学生根据对文本的理解在一段教者缩写的短文中的括号里填入合适的词语，既是检查学生对文本理解掌握的程度，也是对学生阅读概括能力、思维能力的训练。在整体把握文意的基础上，教师范读，引领学生感受"赋"体文语言的美、语言的气势和文章所表现的阿房宫的特点；指导学生学会朗读"骈偶"的段落，在朗读中体会"赋"的特点；仅仅有这些还嫌不够，又精心设计一个"改写结尾"和原文比较的语文活动，组织学生展开讨论，引领学生理解杜牧借古讽今、针砭时弊的主旨，理解赋体文"体物写志"的特点。褚树荣老师在评价该课例时说，"一堂课就是一篇文章；从文字到文章，从文章到文化，融会贯通，一堂课就有一种思想。"⑧

　　由这些经典的教学案例，我们不难发现黄厚江老师本色语文教学的基本特征：

　　一是一切教学活动指向学生语文素养的提高。可以说，黄厚江老师课堂教学中的一切活动都是语文的活动，一切活动都为了学生语文素养的提高，没有一个游离于语文的教学环节。这就使得他的课堂能够把新课程的理念、语文教学的基本规律和良好的教学效果比较好的统一在一起。

　　二是让语文成为学生精神成长的沃土。可以说，黄老师用他的课堂立体地展示他的一个基本教学理念：语文课只能是语文，又不能仅仅是语文。他始终认为关注学生的精神成长和思想成长是语文的应有任务，也是语文教师的应有责任。让学生感受魏徵进谏的感情基调、从《谏太宗十思疏》中摘出句子加工作为自己的座右铭，通过改写比较《阿房宫赋》的结尾，这些富有创意的语文活动，无不着眼于学生的精神成长和思想成长。

　　三是用语文的方法教语文。黄厚江老师并不排斥运用各种新的教学手段和教学方法，但他清醒地追求用语文的方法教语文。他曾多次表达过一个观点：某种意义上说，语文教学没有什么新的方法，只有没有用好的方法。他一再强调新课程改革的语文教学，不是依赖于方法的变化；新技术新手段的运用，并不代表是新课程理念的体现。即使是新的方法和手段，也必须和语文的学习方法有机结合，否则很难有好的效果。只有用语文的方法才能教好语文。

四是师生共同营造和谐的课堂。黄厚江老师提出的语文课堂的"四项基本原则"中的第一条就是和谐原则，而其中最主要的是师生关系的和谐。在教学主体的问题上，黄老师提出了师生双主体融合的新颖观点。新课程改革之后，他撰写文章针砭学生主体的虚假和教师主体的失落。听他的课，人们最强烈的感受是始终如行云流水，师生高度融洽，一切都是那么自然，师生各得其宜，各尽其"责"。

五是让所有学生享受语文学习的快乐。语文是最有乐趣的学科，然而在今天要享受到语文课的快乐并不容易。可在黄老师的课堂上学生却能如愿以偿，黄老师的课堂让我们充分感受到语文课应有的也是独有的魅力：语言的魅力，文学的魅力，思想的魅力，教学智慧的魅力，学习过程的魅力。这一切带给他的学生无穷的快乐；另一方面，学生的学习过程和成长过程，也带给他无尽的快乐。

20年前，当黄厚江老师还是一个教坛新秀的时候，时任江苏省中语会会长王文荪老师曾对黄老师说过：你的课很有上海钱梦龙的特点，希望你好好努力争取成为苏北的钱梦龙，江苏的钱梦龙。有意思的是，2007年秋在江苏教育学院组织的一台全国性的大规模课堂教学展示中，黄厚江老师和钱梦龙老师先后登台授课。听了他们的课，我们敬佩王老生前眼力的同时，也觉得当年王老的希望已经成为现实。

（三）

黄厚江老师几乎在语文教学的每一个领域都形成了自己比较系统的理论和有效的做法。阅读教学和作文教学，现代文和文言文，高考复习和命题研究，课程改革和教材建设，无不如此。这里我们先对黄老师的阅读教学思想作一个简略描述。

黄厚江老师将阅读教学的基本任务定位为在阅读中学习阅读，在阅读中积累，在阅读中提高语文综合素养。黄老师将自己的阅读教学思想概括为三个"以"：以文本理解为基础，以问题探讨为引导，以语文活动为主线。

文本在阅读教学中的地位这个本不是问题的问题，近年来居然成了一个大问题。在教学实践中，或者死扣文本，或者远离文本。有识者指出这样做都不对，但又说不清到底怎样做是对的。黄厚江老师用非常明白的语言把这个似乎"说不清"的问题说得清楚清楚："传统的阅读教学把文本理解作为阅读教学的唯一任务，把作者的思想作为理解的唯一答案，是夸大了文本的地位，矮化了阅读教学的目标，违背了阅读教学的基本规律；但如果只把文本作为阅读教学的话题，文本没有理解，就组织各种花哨的活动，以为可以随意处置文本，可以随意解读文本，则是更严重地违背了阅读教学的规律。"他还用一个极为形象的比喻说明这个道理：就像带领学生参观一个图书馆，前一种做法把学生带进某一个图书室，大家围绕一本书中的某一个问题某一个句子就展开了研究和讨论，至于是什么样的图书馆便不再关心，参观图书馆的目的也放到了一边；后一种做法则是领着学生围绕图书馆大楼看了一圈，然后或者组织学生用漂亮的语言赞美一番图书馆，或者围绕图书馆展开热烈的讨论，至于图书馆是干什么的，有哪些图书、怎样查书，则全然不管。

黄厚江老师更多的是用他的实践，告诉我们应该怎样带领学生解读文本。

黄老师是不惮于"读"书的，尽管他的普通话不很标准。他还鼓励那些由于普通话不标准而不敢读的老师：普通话才有多长时间？我们的母语多少年历史？可见没有普通话之前人们也是读书的。《三味书屋》中的那位先生肯定不是普通话，却让鲁迅终生难忘。执教《阿房宫赋》时，黄老师以沙哑的声音声情并茂诵读后，全场响起了热烈的掌声。这掌声并不是对黄老师普通话的赞赏，而是因为黄老师以抑扬顿挫的诵读表现了对赋体文风格的准确把握，体现了他对文章内容的深刻理解，以及所实现的教学效果。

黄厚江对阅读教学中的"读"进行了系统的研究，做过专题讲座，有专门的论文。他坚持把"读"作为文本理解的手段和途径。2005年在镇江中学举行的"江苏省首届特级教师论坛"上，他执教《谏太宗十思疏》，将自己的朗读和名家朗读的录音对比让学生评价。这一勇气和智慧让听课的老师敬佩和深思。这样做的目的就是让学生通过诵读的比较体会出魏徵对唐太宗进谏激动心情，品味文章骈散结合的语言特点及表达效果。执教《季氏将伐颛臾》时，带领学生读了七遍文本，先是读准字音和句读，二是读出轻重和语气，三是读出文言文的味道，再分角色读出人物的情感和态度，最后是在读中发现问题。

黄厚江老师不只是注重诵读的"读"，更重视阅读的"读"，他在《语文教师的智慧阅读》①这篇长文中阐述了语文教师文本阅读的三重境界：陌生阅读、多元阅读和发现阅读，强调教师要有自己的阅读发现。他经常说：没有教师的阅读生成，就没有课堂的教学生成；没有教师的智慧阅读，就没有智慧的阅读教学。从前面所列的课例，我们不难发现这一点。

黄老师重视对文本的理解，既不是完全局限于文本本身、作者本身或某一定说的观点，也坚决反对打着"创造性阅读"幌子的随意性解读。在《语文教师的智慧阅读》中他说："过分强调文本理解的客观性或过分夸大读者个性理解的空间，都会扭曲阅读的正确行为，都会对阅读教学造成无法挽救的伤害。"黄厚江老师的阅读教学，就是以教师的智慧阅读按照阅读的基本规律引领学生学会阅读，在读中体会文意，在读中感知，在读中理解，在读中质疑，在读中探究。

当然，"读"远远不是黄老师阅读教学的全部，与"读"相伴的是问题的探讨和丰富的语文活动。需要说明的是，黄老师的"三以"阅读教学思想，从逻辑关系看，是相互并行的；但就其内涵而言，又是互相交融的。问题探讨和语文活动是文本理解的主要途径；问题探讨和语文活动，一方面以文本理解为基础，一方面又是对文本理解的深化；语文活动常常由问题探讨引发，同时又是问题探讨的主要方式。三者是你中有我，我中有你。

对阅读教学中问题探讨的策略，黄老师也有过深入研究，对问题的提出、问题的解决、教师提问和学生问题发现的关系，他都有自己的理论和实践。其中，他尤为关注问题提出的目的，明确指出：教师提出问题的目的是引导学生的阅读，是为了引发学生的问题，而不是为了教师自身的需要，更不可为"问"而问。在《为谁而问》一文中他说："问题由谁提出固然重要，但最根本的问题还是问题为谁而提。因为，即使问题由学生提出，而目的却只是为了配合教师的教学，这样的问题也没有多大意义；即使问题是由教师设问，但却是为学生的学习而问，那就很有意义。"[⑩]他把阅读教学中教师提出问题的基本作用定位为引导学生进入文本和激发学生的问题意识。

研读黄老师的课例，不难发现他的这些观点完全来自自己的实践，具有很强的可操作性。执教《窦娥冤》时，黄老师设计的主要问题是：窦娥冤在哪里？窦娥如何申冤？窦娥是什么样的窦娥？窦娥身上有哪些内在矛盾和冲突？在执教《群英会蒋干中计》时，他设计了四个"主脑"问题：蒋干为什么会中计？曹操为什么会中计？蒋干真的会中计吗？罗贯中对历史素材的改造合理吗？这些问题既有对文本的正向阅读，也有对文本的逆向质疑（黄老师称之为"双向阅读"）；既指向文本的理解，也指向思维的训练，同时也引发出学生的语文活动。

喜欢在课堂教学中寻找亮点的人，发现黄老师的阅读教学中最多的亮点都来自阅读中的语文活动，有人以为这是黄老师灵光一现、妙手偶得。其实，这是黄老师阅读教学的自觉而一贯的追求。黄老师一向对钱梦龙老师的"三主"极为推崇，但继承其思想的同时又有所发展。比如将其"以训练为主线"发展为"以语文活动为主线"。这是对新的课程理念的吸纳，也是对自身教学实践经验的总结。

我们看到在黄老师的每一节课中贯穿整个过程的都是有效的语文活动。从前面列举的三个典型案例中可以得到明证。再如执教《我们家的男子汉》，用人物语言改换文章的小标题，用一个富有哲理的句子表达对男子汉精神的理解；执教《黔之驴》，让学生根据课文"以老虎或驴子的口吻"对它们的"下一代"讲"当年的这个故事"；执教《守财奴》，让学生合作完成图文"失衡的天平"等等。这样的语文活动在黄厚江老师的课堂中随处可见，有的指向文章理解，有的指向思维训练，有的指向语言品味和积累，有的则是创意式的语文活动。

概言之，在黄老师看来，阅读教学就是"以文本理解为基础，以问题探讨为引导，以语文活动为主线"三者的一种交互活动的过程；阅读教学的任务就是，在这种交互活动中实现阅读教学"让学生在阅读中学会阅读，在阅读中获得积累、在阅读中提高语文综合素养"的目标。

（四）

作文教学是语文教学的最大难题，可黄厚江老师的教学研究和实践探索并没有回避这个问题，而是不断向这个难题发起挑战，并取得了可喜的成功。

他首先理性地思考中学作文教学的基本定位问题，即中学作文教学的性质和目的到底是什么。他在写作过程、写作期待、结果评价等多方面比较了中学生写作同专业作家的创作、一般人的自由写作的不同之后，得出结论：中学生的写作本质上只能是指令性的写作，是不自由的写作。因此，他认为中学作文教学的主要目标不是让学生写出难得一见的漂亮文章，更不是培养写作的高手或作家，而是训练所有同学至少是绝大多数同学能写出"平常的好文章"。他对目前高考作文要求学生在近乎苛刻的条件下根据高要求的命题写出高标准的、连绝大多数教师甚至连高考命题人自己也写不出的"好文章"的做法，深不以为然；对"浪漫主义者"完全从理想状态提出的写作思想和追求，也不完全接受。

但这绝不是说，黄老师认为中学作文教学就是考试作文教学，就是应试作文的训练。恰恰相反，在认识了中学作文的本质特点和中学作文教学的基本定位之后，

　　他提出了并实践着"双线共进"的作文教学策略，即尊重写作规律，通过自由作文从根本上提高学生的写作基本素养，引导学生从生活中和读书中获得写作种种积累，同时适当进行应试作文的技术训练（他认为这些写作的技术，不仅仅是考试有用，日常生活的一般写作也有用）。而这两条线之间呈强弱反向渐变的关系，即初中或高中三年前一条线逐渐趋弱，后一条线逐渐趋强，通俗地说，即七年级、高一以自由作文为主，九年级、高三以限制式指令式作文为主，七年级、高一以写作的种种积累为主，九年级、高三以学习写作技术为主。他始终认为，只有自由写作或只有技术训练，都不能让学生很好地适应考试写作的要求，也不能全面提高学生的写作能力。而一味强调文学性的写作，用作家创作的规律来教学中学生的写作，是完全违背中学作文教学规律的。从这样的写作教学思想出发，黄老师曾结合自己的教学实践总结了"重自由作文，轻统一作文""重课外作文，轻课内作文""重评讲，轻批改""重多向对话，轻单向传授""重自我表现，轻统一标准"的"五重五轻"的具体做法。据我们了解，黄老师这种观点和做法，正被越来越多的老师接受。

　　至于如何在目前学生的生存环境和写作环境非常不理想的情况下有效地改善写作教学，黄老师认为：既然我们无法改变现实，那就只能改变自己。他首先强调教师自己要能够真正把握写作的规律，要有写作的切身体验，否则所有作文指导和评讲终究难免隔靴搔痒。当然他并不是主张教师一定要"下水"作文，而是强调无论命题还是批改，无论是评讲还是辅导，都要"设身处地""感同身受"，要有切身体会，要能换位体验；如果只知道提出要求，只知道讲几句枯燥的写作知识，只知道几句干瘪的评语，是没有多大用处的。因此，他一直坚持散文、诗歌等各种文体的写作，也一直用心研究学生写作的基本规律和基本技巧。黄老师先后发表的指导学生作文的文章，有百篇之多，论文以外的文学作品也有近百件。这为他的作文教学提供了丰富的鲜活的资源。听说，即使在高三，黄老师班上的学生也常常"罢课"要求他讲作文，而黄老师的作文评讲课一连上几节学生还不尽兴更是常有的事。

　　黄厚江老师主张：教师的作文教学要真的有效，就必须能"作用于学生的写作过程"。他认为现在作文教学的效率尤其低下，甚至基本无效，除了教师自己并不真的了解写作，不了解中学生写作的特点和要求，更主要的问题是作文教学完全游离于学生的写作过程。他发现很多语文教师的所谓作文教学，就是做三件事：出题目、打分数、写评语。即使有少数老师尚有作文的指导和评讲，但所谓指导和评讲（其实是一种伪指导、伪评讲），要么就是贩卖各种写作知识，要么就是开宣判大会，对学生的写作过程能发生的影响实在太小。因此他呼吁作文教学要作用于写作过程，并提供了种种建设性的做法。如现身说法，和学生共享自己在写作过程中获得的感受和体会，让学生从中获得启发，得到教训；典型展示，让学生在和别人交流写作感受和体验的过程中形成对写作过程的正确认识；放大细节，对写作过程中的一些重要环节进行全息式的解剖和铺演，让学生在放大的镜头中发现问题，在反复的历练中揣摩要领，领悟规律；现场提升，在修改和调整中获得过程性的体验，在动态比照中获得强烈的学习刺激；一题多写，内外组合，使学生自己的写作体验和写作反思成为改善写作状况、优化写作过程的学习资源；互批自改，互评自评，在批评和被批评、批评与反批评中提高对写作的认识和兴趣以及写作的能力。

（五）

也许有人会担心：黄厚江老师如此坚守语文本色，是否因其囿于陈旧的语文教学理念，而放弃了对语文教学的现代追求？我们可以明确地说，这样的担心是多余的。黄厚江老师倡导的本色语文，绝不是封闭、守旧，而是在坚守语文本色之中实现语文教育的现代追求。黄厚江老师的本色语文对语文教育的现代追求主要体现在：

1. 语文课程定位的学科个性意识

个性追求，应该是现代性的最基本内涵，语文课程自然也是如此。但在语文教学追求现代性的过程中，恰恰有很多做法走向了反面，使语文学科的课程个性渐趋淡化。课程个性模糊，已是很多教师教学理念和教学实践中的共同问题，而黄厚江老师在这一点上是非常清晰的。无论是对语文课程性质的理解，还是对语文教学许多具体问题的诸多论述，无论是阅读教学还是作文教学，黄厚江老师的观点都立足于语文学科课程本身。他不仅从课程角度提出了"语文就是语文"的鲜明论断，而且对课堂教学、文言文教学、作文教学等具体领域提出了充分突出学科本位的具体思想。在关于语文的两性争论之中，黄老师专门撰文阐述"语文课程的人性内涵"，他反复强调语文的人文性必须在其学科价值实现的过程中得以体现。黄老师不止一次撰文陈说或在讲座中疾呼：语文课首先是语文课。并且概括出语文课的三个基本特征：以语言为核心，以语文实践为主要活动，以语文素养的提高为根本目的；而各种探索、创新都必须在这个前提下进行。他执着地用自己的思想和实践为语文课程争取着应有的个性尊严。

2. 中庸守正、充满理性的课程改革追求

似乎，每一次课程改革都会出现一股逆向的思潮——矫枉过正。然而，每一次课程改革的经验和教训也告诉我们：为了"达正"，需要"矫枉"。然而有时候"过正"的危害将会比"枉"的危害还要深重，更具有灾难性，甚至是毁灭性的。黄厚江老师是一个难得的理性主义者，他从不狂热于一时，更不偏执于一段。他努力在新课程理念和传统经验、素养提高和考试成绩、教师主体和学生主体、局限文本和游离文本、拘泥于目标和没有目标、满堂灌和满堂问、体验和分析、预设和生成等等对立的两极之间寻找着平衡点。他始终注重对语文课程规律、语文学习规律和语文教学规律的研究。他认为语文教学要教会学生把握语文学习的规律，才能实现"学会"向"会学"的转变，寻求到语文教学科学化的有效道路。他常用庄子的话，"臣之所好者道也，进乎技矣"来表达追求语文教学基本规律的决心和意义。他对语文教学的研究往往都是从"误区"的分析开始的，然而他又从不停留于指出误区，更没有走到另一个极端。该不该、能不能，常常是他思考的关键，这就使他的研究最大程度上表现出理性的价值取向；也正是这种理性的价值追求在最大程度上代表了语文教育的现代追求的方向。现代社会的发展早就证明，任何狂热都是不能持久的，唯有理性的追求者才是坚韧的，才能逐步逼近我们的理想。这可能也是黄老师追求探寻的力量源泉。

3. 落实到教学过程的人本意识

说语文教学要有人本思想，实在不算新鲜，但我们是听到的空言多，看到的实践少；停留于概念层面的辨析多，落实于教学过程之中的践行少。黄厚江老师的可贵就在于他将以人为本的课程意识落实到具体的教学过程之中。从教学目标的确定，到教学方法的选择，以及教学环节的安排，乃至每个教学环节教学时间的计划，他总是紧紧把握两个根本：一是学生需要，二是学生可能。学生不需要的不让学生学习，学生不可能的不让学生做。所以，他的课堂，很少有教学流程阻塞的情况，也很少有学生和教师思维无法接轨的情况；也正由于这个原因，他的教学意图总是很容易得到学生的呼应，也总很容易得到实现，他的点拨总很容易形成效果。很多老师常常以为这是得益于教师的经验丰富和教学技巧成熟，是遇到了好学生；其实最根本的是黄老师在设计教学方案和教学操作过程之中，始终坚持学生的立场。黄老师在论述他的训练观时曾提出几条原则，其中前四条为：训练意图要明确；训练指向要清楚；训练强度要适宜；训练方式要适当。[①]这几条原则每一条都是站在学生的角度提出的，都是根据学生的学习规律提出的。

黄老师的人本意识，常常表现为一种可贵的真诚。他有一段流传很广的论述："教育需要民主，但教育更需要真诚。教育的民主是可贵的，教育的虚伪最可怕，虚伪的民主比真诚的不民主更可怕。我们追求教育真诚的民主。虚伪会使民主变成欺世的东西，虚伪的民主会使我们的孩子再也不敢相信民主，哪怕是真诚的民主。有了真诚，民主总会诞生。"[②]他认为，语文教学的人本意识，真诚是第一要素。因为教育失去了真诚，教育就会成为一种罪过；教育者失去了真诚，教育者就成了罪人。

4. 语文课程价值实现的大众意识

黄老师现在工作的学校应该是江苏省一流的学校，教的学生也可以说是最优秀的学生，他自己也可以说是最优秀的教师，但也许是成长经历的关系，也许是工作经历的关系，也许是一种自觉的平民情怀，黄老师仍保留着强烈的大众意识。他反对语文教学的贵族化，并不是因为他自己做不到，而是因为很多老师做不到，很多学生做不到；他反对华而不实、花里胡哨的教学风格，并不单单是从教学效果的角度考虑，也包含着对更多的学生理解和尊重。他提倡写平常的好文章，也不全是对中学教学任务的准确理解，还因为他心中没有忘记那些才智一般、语文基础和天赋很普通的学生；他承担着种种压力提倡和追求把学生的成绩放到应有的位置上，完全不同于那些想通过学生的"成绩"来体现自身成绩的人，也不是为外在的压力所逼迫，而是由于他能够理解普通教师和学生生存环境的艰难。

黄老师的课程大众意识还体现为教学过程中的"平等意识"。这个平等体现为两个方面。一是对学生从学习意义上的真正尊重。既不是唯我独尊，一切由我；也不是一味迁就，一味认同；更不是矫情的赞扬和不负责任的肯定。这种尊重既是一种人本，也是一种真正的平等。黄老师的"平等意识"还表现为对各种层次各种个性学生的平等对待和尊重。这是他的课堂教学氛围总是那么融洽的根本原因。他不煽情，不搞笑，但学生都能融入教学的情景，成功的原因有很多，但最根本的是因为他心中有学生，心中尊重学生，心中有所有学生，心中尊重所有学生。

纵观黄厚江老师的语文教育思想与实践，不难发现他始终坚持着本色语文的理性追求。我们相信，黄厚江老师倡导的本色语文，在语文教育思想史上将具有"去蔽"与"豁蒙"的独特意义。他将与中学语文教育界的其他诸多大家一道引领着新课改朝理性方向发展，他所坚守的本色语文，也将成为语文百花园中一道引人注目的亮丽风景。

注释：

①黄厚江：《黄厚江讲语文》[M]，北京，语文出版社 2008，第 7 页。

②黄厚江：《行走在理想与现实之间》[J]，北京，《人民教育》，2005（2），第 42～44 页。

③黄厚江：《"工具性"与"人文性"是怎样的"统一"?》[J]，陕西，《中学语文教学参考》，2004 年第 6 期，第 3～5 页。

④黄厚江：《语文教学要强化"学"的过程》[J]，北京，《语文建设》，2002 年第 3 期，第 32 页。

⑤黄厚江：《黄厚江讲语文》[M]，北京，语文出版社，2008 年版，第 137 页。

⑥黄厚江：《新课改：我们需要什么样的语文课》[J]，北京，《中学语文教学》，2005 年第 12 期，第 26 页。

⑦黄厚江：《作文教学要作用于学生的写作过程》[J]，山西，《语文教学通讯》，2007 年 12 期，第 58 页。

⑧储树荣：《叙事主题：文言文教学的继承和创新》[J]，上海，《语文学习》，2007 年 2 期，第 60 页。

⑨黄厚江：《语文教师的智慧阅读——谈谈语文教师的文本解读》[J]，上海，《语文学习》，2007 年第 10 期，第 11～15 页。

⑩黄厚江：《为谁而问：也谈阅读教学中的问题提出》[J]，北京，《语文建设》，2006 年第 2 期，第 30 页。

⑪黄厚江：《语文教学的训练观及操作的有效性》[J]，北京，《中学语文教与学》，2007 年 4 期，第 10～12 页。

⑫ "名师语录" [J]，北京，《中学语文教学》，2002 年第 2 期封二。

（本文发表于《江苏教育研究 》2008 年 5 期）

五、"本色语文"对叶圣陶语文教育思想的承传和发展

徐　飞

叶圣陶语文教育思想在中国语文教育史上是一座无法绕过的思想高峰，至今仍发挥着重要的积极导向功能。一大批语文教育实践者和探索者从叶老的语文教育思想中汲取养料，运用于实践和研究，推动了语文教学改革的实践进程和理论建设。

"本色语文"主倡者黄厚江老师坦承："叶圣陶先生、张志公先生和吕叔湘先生，是我国当代语文教育的大家，尤其是叶老，堪称一代宗师，他的语文教育思想对我国语文教学的影响之深、之广、之大，是难以估量的。我们的本色语文教育思想，就是以三位前辈的教育思想为基础发展而来的，和叶圣陶先生的语文教育思想更是一脉相承。"[①] "本色语文"针对当下语文异化的种种现象，主张回归语文的原点，遵循母语学习规律，构建起独立而完整的课程体系，在当代语文教育界影响深广。因此，研究"本色语文"对叶圣陶语文教育思想的承传和发展，无论是对更加全面地认识、研究叶圣陶先生的语文教育思想的当代价值，还是对梳理总结新课程改革以来新的教学成果，进一步深化和推动语文课程改革，都是十分有意义的。

（一）从"应付生活的工具"到"精神生活的工具"

尽管"语文"这个词最早在夏丏尊先生的论文中出现，但作为一门课程的概念是叶圣陶首先提出的。1942年，他在《认识国文教学》中提到，旧式教育"不能养成善于运用国文这一种工具来应付生活的普通公民"[②]。由此，"语文是应付生活的工具"被明确提出。

叶老的"工具论"对现当代语文教育影响至深。1956年颁布的教学大纲强调，语文是交际的工具，是社会生产斗争和发展的工具。1980年、1986年、1990年、1992年的大纲都表述为："语文是从事学习和工作的基础工具。"1996年、2000年表述为："语文是最重要的交际工具。"2011年《全日制义务教育语文课程标准（实验稿）》和《普通高中语文课程标准（实验）》表述为："语文是最重要的交际工具，是人类文化的重要组成部分。工具性与人文性的统一，是语文课程的基本特点。"

"工具"前的定语在不断调整、变化,但无论是"交际",还是"社会生产斗争和发展",抑或"从事学习和工作",都脱不开"应付生活"的窠臼,甚至内涵变得更加狭窄。其实,叶圣陶先生也非常重视语文对学生心灵成长的重要作用,他明确指出:"第一,须认定国文是儿童所需要的学科。第二,须认定国文是发展儿童的心灵的学科。"③不过,将语文表述为"应付生活的工具",终究还是遮蔽了语文的人文性特点,"发展儿童的心灵"这一特点没有得到充分显现。

可能正是基于此点考虑,黄厚江老师对语文的表述更加具体明晰,他提出:"语文是人们物质生活和精神生活不可缺少的重要工具。"④并具体阐述:"这样的概括包括了'学习''工作'和'交际',涵盖了人们一直放心不下的'人文',也不需要先说是'最重要的交际工具',然后再补充一句'是人类文化的重要组成部分。工具性和人文性的统一,是语文课程的基本特点'。"⑤黄厚江老师强调语文是"精神生活的工具",这就摆脱了"工具"和"人文"都难以表述的两难,也避免了人们对"工具论"的狭隘理解,突出了21世纪语文教育更重视内在精神生活、言语生命的特点。很显然,他的这一观点,不仅仅是缘于这个问题引起广泛争论的社会背景,也不仅仅是根据自己的实践和研究提出的,还是叶老的"工具论"和"发展儿童的心灵的学科"思想的自然沿承。

黄厚江老师针对工具性的窄化和人文性的泛化,不仅在上述定义中界定了工具性的内涵,还具体界定了语文学科人文性的内涵。对工具性和人文性两者之间的关系,即对如何"统一"的理解,黄厚江老师立足课堂实践也明确提出了自己的主张:"在语文课堂教学中,语文的人文性总是在语文的工具价值实现过程之中得到体现的。"⑥

(二)从"学生本位"到"学生立场"

以学生为本位,是叶圣陶教育思想中非常重要的一条。早在1919年,他在《对于小学作文教授之意见》中就指出:"作文命题及读物选择,须认定作之者读之者为学生,即以学生为本位。"⑦1941年,叶老提出了"学生主体"的思想:"国文课是教师与学生共同的工作,可是主体究竟是学生。"⑧1944年,针对有些教师提出要"制服"学生,叶老说:"教育事业既是为学生的事业,在认定'学生第一'这一点上,他们(指当时他所肯定的两位教师)总该受到尊敬。"⑫"学生本位""学生主体"

"学生第一"的内涵或许并不完全一样，但都从不同侧面表达了叶圣陶教育思想中鲜明的学生观。

"以学生为本位"，这一观念在今天已为大家所熟知，而在当时却是对传统教育理念的挑战。大家知道，中国传统文化中的一大痼疾是长者至尊和老人本位，表现在学校教育中则是师道尊严，而师道尊严对于学生主体性的发挥而言却是严重的桎梏。在语文教育起点的设定上，叶老坚持儿童本位应是语文教育的出发点。"一篇精读教材放在面前，只要想到这是一个凭借，要用来养成学生阅读书籍的习惯，自然就会知道非教他们预习不可……教师只要待学生预习之后，给他们纠正、补充、阐发；唯有如此，学生在预习的阶段既练习了自己读书，在讨论的阶段又得到切磋琢磨的实益，他们阅读书籍的良好习惯才会渐渐养成。"⑨叶老还强调学习动机的激发，主张通过情境的设置以激发学生语文学习的兴趣。

以学生为本位，就要求语文教师以学生所需和发展作为语文教学的出发点。"本色语文"同样关注学生本位，所不同的是，黄厚江老师提出了"学生立场"这个概念："因为无论是拔高的、架空的语文，还是被转移了内容和目标的语文，以及只为考试的语文，都是对学生的伤害，都没有把学生放在'第一'，而是把教师放在了'第一'，考虑的是自己的业绩、自己的名利。而本色语文特别强调教学活动的一切选择都应该确立'学生立场'，都应该立足于学生的需要。"⑩"学生本位"和"学生立场"的内涵并无太大区别，但两者的定位略有不同。"学生本位"还是出于"学生主体"的考虑，脱不了主体性哲学的窠臼；而"学生立场"，则是主体间性哲学的体现，更强调主体间的交互关系。虽不能说这两者之间存在高低优劣，但至少可以说黄厚江老师的"学生立场"是对"学生本位"和"学生主体"的必要补充。

(三)"教为不教"：从教育思想到课堂实现

叶圣陶语文教育思想的精髓如果用一句话来加以概括，那就是他经过半个世纪的思考而概括出来的"教是为了达到不需要教"这一至理箴言。

1983年，90岁高龄的叶老在教师茶话会上说："刚才有一位同志说到我说过'教是为了不教'。后来我加了四个字，'教是为了达到不需要教'。我觉得这样表达比较明白。是不是不教了，学生就学成了呢？非也。不教是因为学生能够自己学习了，不再需要教师教了。"⑪叶老强调，"不需要教"，既是教的动机，也是教的目的。

"教是为了达到不需要教"，"教"在前，"不需要教"在后。要达到"不需要教"，首先须"教"，但这里的"教"不是一般意义上"为教而教"，而是"为了达到不需要教"的"教"。这就要求教师善教、善导："故教师之为教，不在全盘授予，而在相机诱导。必令学生运其才智，勤其练习，领悟之源广开，纯熟之功弥深，乃为善教者也。"⑫这是对"善教者"提出的高要求。从"教"到"不需要教"的具体步骤，即教与学的过程。在叶圣陶看来，结果固然重要，而过程可能更为重要。所以，"给指点，给讲说，却随时准备少指点，少讲说，最后做到不指点，不讲说。这好比牵着手走，却随时准备放手，在这上头，教者可以下好多工夫。"⑬在叶圣陶看来，过程是动态的、随时可以调控的；不同的教学对象达到理想目标的过程未必相同，善教者在这些不同的过程中应显示出因材施教的高度艺术技巧。

总体而言，"教为不教"作为叶老的重要教育思想，其意义已超越语文学科本身，可作为所有学科教学的普适性追求。可对于一线教师而言，叶老的这一教学思想如何在课堂教学中得以具体实现，仍然是令人困惑的问题。而"本色语文"在吸收了叶老"教是为了达到不需要教"的思想精髓后，则在实践层面积极开展探索和研究。

首先是从大量成功的课堂实践中总结出本色阅读教学和本色写作教学的基本定位、基本策略。黄老师明确提出：阅读教学就是让学生在阅读中学会阅读，写作教学就是教学生能写平常的好文章。从学术的角度看，这样的主张自然还需不断实践和完善，但在实践层面却厘清了当前很多教师模糊不清但又必须解决的基本问题。而这一系列主张，都是基于"让学生不需要教"。

不仅仅提出了主张，明确了定位和策略，黄厚江老师还从自己几十年的语文教学实践和大量优秀教师的实践经验中总结出"语文共生教学法"。所谓语文共生教学法，是运用共生理论，根据母语学习的学习规律，从大量实践中总结出的语文教学方法。它主张用阅读教阅读，用写作教写作，在阅读中教阅读，在写作中教写作，特别强调教师自身的阅读体验和写作体验对于教学的意义，特别强调教学现场的教学意义，追求在共同学习中实现学生的学习成长。

清晰的定位和具体的策略，行之有效的教学方法，很好地实践了叶老"教是为了不需要教"的教育思想，回答了很多教师"如何才能实现不需要教"的问题。黄老师自己还亲自实践，为一线教师们理解和借鉴这一教学方法，提供了一批教学案例。

注释:

①⑯黄厚江：《本色语文的理论依据和思想基础》，载《教育研究与评论》，2012（10）。

②刘国正：《叶圣陶教育文集》，第 2 卷，北京，人民教育出版社，1994，第 92 页、第 12 页。

③刘国正：《叶圣陶教育文集》，第 3 卷，北京，人民教育出版社，1994，第 12 页。

④⑤⑥⑩黄厚江：《语文的原点》，南京，江苏教育出版社，2011，第 20 页、第 20 页、第 26 页、第 115 页。

⑦⑫⑬叶圣陶：《叶圣陶语文教育论集》，北京，教育科学出版社，1980，第 115 页、第 34 页、第 78 页。

⑧叶圣陶：《叶圣陶集》，第 10 卷，南京，江苏教育出版社，1990，第 89 页。

⑨叶圣陶：《叶圣陶教育名篇》，北京，教育科学出版社，2007，第 188～189 页。

⑪叶圣陶：《叶圣陶集》，第 16 卷，南京，江苏教育出版社，1990，第 157 页。

（作者为苏州工业园区教师发展中心教研员）

六、在关系的建构中共生共长

——黄厚江老师课堂关系研究

陈俊江

著名哲学家、教育家怀特海在其代表作《过程与实在》一书中，对牛顿基于"硬的、有重量的、封闭的物体——如原子的宇宙观"表示了大胆的质疑，进而提出了一种基于"关系"的宇宙观。在他看来，宇宙是由各种事件、各种存在物相互联系、相互包涵而形成的有机系统，宇宙的真相存在于"关系"之中而不是物体之中。这个观点给教育带来的启示就是：课堂作为"小宇宙"，它的真相也存在于"关系"之中，即课堂之中的现实其实是由"关系"组成的。"关系"的有机建构，能有效激活课堂，从而实现教学效益的提升和师生的共同进步。

考察黄厚江老师的课堂，我们在惊叹、欣羡其行云流水的教学艺术的同时，对其课堂关系的和谐呈现，一定会留有深刻的印象。这种关系，可以是师生关系，可以是师生与文本的关系，也可以是教学内容与教学过程的关系等，不一而足。黄老师深谙课堂关系的奥秘，往往在课堂关系的建构中实现共生共长。我们认为，要观察、研究黄老师的课堂，要学习、实践本色语文理论，"关系"是个很好的视角。

（一）在群体对话中萌生新的理解和共识

上课，是师生共同完成的劳动。这种劳动的成功，首先决定于师生间的相互关系。听黄老师的课，很多听课者都感觉很舒服，这大概和黄老师在课堂上所营造的平等、民主、和谐的关系是密切相关的。确实，他擅长建构"关系"，他在自己的课堂实践中总是致力于让自己直接跟学生进行有意义的交往，并经由自己让学生之间也发生种种有意味、有趣味的联系，从而使课堂呈现出多层次、多维度的"关系"。单单这一点，已足以令人赞叹。但如果仅仅注意到这一点，似乎尚未能窥见其堂奥。其实，黄老师课堂师生关系建构的更高境界是，在群体对话中实现了意义理解的拓展与深化。

"如果我们把关系理解为人类生活的本质，那么就需要为教育寻找一个新的根基，我们认为这一根基就是对话关系。"[①] 这就非常明白地告诉我们，通过对话完全可以建构起师生之间重要而和谐的关系。而且，对话在建构关系之时，还促成了大家对意义的理解。所以，英国思想家戴维·伯姆曾诗意地论述道："对话仿佛是一种流淌于人们之间的意义溪流，它使所有对话者都能够参与和分享这一意义之溪，并因此能够在群体中萌生新的理解和共识。"[②] 由此看来，听黄老师课的感受，与其说是舒服，不如解读为听课者也是"关系"中的一分子，同样沉浸于课堂群体对话的"意义之溪"，并收获了润泽之益。

我们来看看黄老师的课堂是如何实现"在群体中萌生新的理解和共识"的。《我们家的男子汉》的教学就是一个典型课例[③]，黄老师精心预设，巧妙引领，浅文深教，让学生通过群体对话把寻常看来没啥嚼头的文章学得有滋有味，听、说、读、写诸方面皆有所得。尤其是分析小标题作用这个环节，先让学生说说小标题的一般作用，接着找一找文中是否有小标题和相关部分内容不相吻合的情况，再归纳本文小标题的主要作用，然后引导学生用文中人物语言改换小标题，最后讨论比较两种小标题的不同效果。环环相扣，学生的思维在群体对话中互相碰撞，互相激活，生发了许多新鲜的见解，丰富并深化了对文本内涵的理解。课堂就像春天的原野，草长莺飞，黄老师精心营造的群体对话氛围就是那"又绿江南岸"的春风春雨。

黄老师在一堂写作课上训练学生抓住形象特点来刻画人物。他从让学生用他的名字"黄厚江"三个字分别组词入手，再让学生发现他的特点，然后从中选择一个特点写片段，再运用各种方法丰富内容突出特点，巧妙地搭建群体对话平台，学生的写作感受和认识在充分的对话中彼此撞击，激荡起"意义之溪"的层层涟漪。学生在观察、描写、交流、修改中体会领悟怎样写人物的个性特点，有哪些角度，用哪些方法，如何获取写作素材等。这样的群体对话激活了表达欲望，调动了写作兴趣，让学生浑然忘却作文之苦，而在学习的成就感中不知不觉地加深了对写作的理解。

又如《装在套子里的人》的教学，在研读小说结尾四句话时，学生的思维活动出现了"旁逸斜出"，教者乘机"引爆"师生对话，让学生在交流探讨中明白"我们必须把'套中人'和思想上有套子的人区别开来"的道理，从而帮助学生更加深刻地把握小说的人物和主题。这个片段之所以精彩，乃是因为教者着眼于现场，努力建构一种群体对话关系，使包括教师在内的所有对话者都非常自然地渐入佳境，从而睿智地把原本是课堂学习过程中的一个"意外"点化成一种启发、一种延伸、一种提高。

以上数例，都可谓在群体对话中萌生了新的理解和共识。现场的对话不是单一的线性的对白，更不是抬杠式的辩论，而是一个群体对话的有机系统，呈现出交叉的立体的又是和谐的态势。这样的交流不是为了寻找一个标准答案和统一结论，而是调动所有参与者的体验和思考，实现不同思想的互相碰撞、不同感情的互相激荡，师生之间心扉互叩，灵犀共启，质疑辩难，和而不同，其认识和理解都获得了丰富、提升与新的生长。

（二）在言意共生中提高学生的语文素养

黄厚江老师本色语文的主要内涵就是，"把语文当语文教学，用语文的方法教语文"。他对语文课的表述是，"以语言为核心，以语文学习活动为主要形式，以提高学生的语文素养为根本目的"。④

他是这样认识的，也是这样实践的。共生教学，是黄老师本色语文的主要教学方法。而他的共生阅读教学的一个最基本的课型就是，"言意共生"，言意共生的核心就是，"因言得意，因意悟言"。教学《蜀道难》，仅仅是诗篇的前三个字"噫吁嚱"，他就让 5 名学生进行了不同的朗读，在亲近语言中激发兴趣，营造氛围；接着又让两个学生对三处含有"蜀道之难，难于上青天"的主旨句进行比读；然后师生合作朗诵全诗，由教者读反复出现的主旨句，由全体学生读其他大部分内容；随后又让学生分组合作，研读主旨句复沓咏叹之间的相关内容；最后，让学生自由朗读全诗的同时，教者在黑板上同步画出图谱，以表达自己对诗歌排行的理解，从而把课堂教学推向高潮。这样酣畅淋漓的课堂令听课者拍案称奇，其奥妙就在于多层次的"言意关系"的建构。

这首先体现在以语文活动建构关系。一堂课，黄老师竟能通过如此多的语文活动，把所有学生都编织到各种各样的关系之中，使其不愿置身于事外，不能超然于课堂，从而更加专注地学习，更加深入地理解文本。学生为什么这么投入呢？因为学生不仅希望自己成为课堂的见证者、观赏者，更乐意成为各式各样课堂活动的参与者、体验者。语文活动能够使每一个学生都置身于"关系"之中，学生可以在这样或那样的"关系"中展示自身的优势，收获自我实现的愉悦。

这其次体现在通过言意共生的关系建构，来达成学生语文素养的提升。在诸多的语文学习活动中，黄老师尤其重视的是语言活动。《蜀道难》不是音乐，但有音乐一样的节奏；《蜀道难》不是绘画，但有绘画一般的形象。在教学中黄老师从语言入手，通过多种形式的朗读，引领学生披文以入其情，披文以会其意，去理解诗作的节奏与形象，去探究诗心。在会其意的同时，并未得其意而忘其言，再引导学生品味诗歌的语言，理解作品如何表情达意，体会诗仙汪洋恣肆的语言驱遣之妙。看似手法传统，实则深得诗歌学习之要义。一是由"言"入"意"的感知，一是由"意"到"言"的品味，学生在言与意的双向多个来回的互换融合中，获得了言语智慧和语文素养提升的机会与实效。

《装在套子里的人》的教学，黄老师主要安排了这样两个语言活动：一是用一个词语来概括别里科夫恋爱故事的特点；二是比较"套中人"和"装在套子里的人"两个不同标题的内涵。这不仅仅是一个概括训练和一个语言比较揣摩的活动，而是在言意融合中引导学生深入理解人物性格特征和表现手法，并进一步理解作者对人物的态度以及小说的主题。

《葡萄月令》教学中，单是语言的活动，就有感性的读评，有理性的品味，有全文的压缩，有特定指向的概括，既有读的训练，说的要求，写的提升，又有听的指导（记录中心词），这种全方位多层次的语言实践活动，非大手笔无法企及。而缩写比较和用比喻说说作者心中的葡萄这两个语言活动，尤其表现出其教学智慧和本色语文的要义。

语言活动，是黄厚江老师所提倡的阅读教学的三大策略之一。他在教学中通过丰富的语言活动架设了师生沟通联系的桥梁，在言意共生中引领学生更好地理解文本。在黄老师的语文课堂上，组织活动便是建构关系；从语文学习的本质意义上看，最内核的关系就是言意共生，它使得学生言语素养和语文能力的提升成为一种正在发生的行为和有效呈现的状态。

（三）在过程内容的互动中达成学习资源的现场再生

黄厚江老师认为，教学过程和教学内容之间，是一个双向作用的互动关系。他所致力追求的和谐共生语文课堂，有一种基本形式就是教学过程与教学内容的共生，即通过课堂学习过程激活并丰富教学内容。教学过程，不仅是为了完成教学内容，同时也在生成教学内容，两者之间构成和谐共生的关系。

《孔乙己》是入选多种教材的传统篇目，黄老师换一个视点重教经典，他认为小说中所侧重描写的孔乙己的"手"，是孔乙己性格的标识，也是孔乙己命运的象征，于是独辟蹊径地抓住文中对孔乙己的手的描写来设计教学。先让学生通过这双手初步解读孔乙己这个人物，再让学生根据具体情节在阅读中展开合理的想象和"再创作"，自由补充关于手的描写，丰富了文字背后的内容，"复活"了作者笔下的人物，走进了人物的内心世界。以想象和描写作为主要活动形式的教学过程，极大地拓展了教学空间，丰富了学习内容。在这样的想象、描写与交流中，教学过程推动文本的再生，文本再生丰满了教学过程。这样的双向互动，有助于加深学生对小说人物及主题的理解。

教学《谏太宗十思疏》，黄老师以新旧教科书的注释和版本的不同来设计教学凭借，并让学生根据文中的句子提炼四字格言警句，把寻常教学中一般都绕道而行的难题，变成引领学生提高文言文阅读能力和欣赏能力的新路径，生成许多新的鲜活的内容，实现了教学过程、学习过程与教学内容的互动再生，从而有效拓展了教科书的使用空间，提升了教科书的使用价值。

如果说在黄老师的阅读教学中，教学过程和教材之间往往呈现和谐共生的关系，那么，在其共生写作的研究和实践中，不管是师生之间的写作共生，还是生生之间的写作共生，黄老师都特别强调写作过程的互相激活，写作体验的互相交流和写作经验的共享。他认为，作文教学要作用于学生写作的过程，注重过程与内容的互动，追求教学过程对教学内容的培育、催生与丰富、提高。

以"风"为题的议论文的评讲课，就是这样一个非常成功的课例。所选用的学生习作《一万人眼中一万种风》暗含三个不同的观点，文思散漫，不符合议论文要有一个且只能有一个鲜明的中心论点的写作要求。黄老师在充分肯定其语言和材料方面的优点之后，引导学生在讨论中发现习作的问题所在，加强了学生对观点明确这一写作知识的深层理解；然后让大家一起思考分别以原文中 3 个观点为中心论点来修改、重构这篇文章。这真是匠心独运，触处生春。黄老师从一篇不成功的习作中发现并"开采"其特有的生发价值和教学意义，调动学生在讨论、调整和修改中获得了过程性的体验。这就不是一般意义上写作知识的传授和写作理念的讲解，也不是通常的作文修改或升格训练，而是对写作教学过程的优化，并在教学过程与学习内容的互动中激活出许多新的写作体验和新的思想，实现了学习资源的现场再生。这样的教学也如"风"一样吹开心扉，吹活课堂。这样的课堂如一棵树，在师生的共同培育下抽枝长叶，更趋丰满，更显生机盎然。

经过长期的探索和尝试，黄厚江老师系统地总结出了"树式共生课堂结构"理论：一个点，一条线，多层次，求共生。无论是"一个点""一条线"，还是"多层次"，其一切努力的宗旨都在于"求共生"。为了"共生"，黄老师不是教教材，而是用教材教，他能创造性地使用教材，往往在我们的意料之外突然却又自然地使出一些招数，从而把课堂推向沸点，让所有学生都情不自禁地像苏联著名文艺理论家巴赫金所说的那样，"用其眼，用其唇，用其手，用其心，用其魂，调动全部的身心"。⑤当学生被"调动全部的身心"时，这样的教学过程常常能生发出许多新鲜的意义和独特的价值，这样的语文课堂之"树"花叶扶疏、摇曳生姿。

综上所述，黄厚江老师的本色语文理论及其课堂教学实践为我们开辟了一个崭新的语文领地，这其中蕴含了一个"密码"，就是"关系"；这个"密码"的关键字符，就是"共"。我们可以猜想，黄老师在总结"和谐共生教学法"时，在措辞上一定是经过一番精心推敲的；当他在大量的汉字中终于拈出一个"共"字，那一刻他一定是十分得意的。这不禁使我们想起了《论语》中的句子："愿车马衣轻裘，与朋友共，敝之而无憾。"是的，黄老师的课堂就是这样一个所在：时而是共处（互相尊重、互相支持），时而是共生（共同体验，即共同感受、发现、创造），时而是共长（共同成长，即共同提高、发展、丰富、实现），时而共苦（共同承受学习过程中的困惑），时而共乐（共同享受学习交往中的快乐），时而共鸣（互相亲近、互相融合）。教师与学生"共"，学生与学生"共"，言与意"共"，过程与内容"共"……彼此"共"而无憾。这是一种境界，这是一个自在圆足的"小宇宙"。

这种境界，不是以黑板、教科书、备课笔记为工具的旧式风景所能带来的，也不是"教师提问、学生回答、教师评价"的简单模式所能达到的。这种境界，需要教者把教学的智慧更多地转移到尝试建构多种多样的"关系"上来。在这多种多样的"关系"中，教师可以通过自己在读写活动中生成的独到而鲜活的教学内容，来激活教学过程，激活学生学习；学生也可以通过自己的学习生成，不断丰富课堂的学习资源。黄老师认为：激活之"活"，既指教师的教，也指学生的学。有教师的"活"教，才有学生的"活"学。学生的"活"学，又生成了教师的"活"教。在他所营造的和谐的行云流水般的教学情境中，"共"是"活"的前提和背景，无"共"何谈"活"，"活"自"共"中来。

黄厚江老师的"和谐共生教学法"，经过兀兀穷年的探索与持之以恒的实践，已然蔚成大观。我们完全有理由相信，如果越来越多的语文教师取法于他，就一定能不同程度地改变目前语文课堂的不良生态，就能逐步从根本上扭转语文教学"少慢差费"的格局。

注释：
①卡罗琳·希尔兹、马克·爱德华兹：《学会对话：校长和教师的行动指南》，北京，教育科学出版社，2009，第45页。
②戴维·伯姆：《论对话》，北京，教育科学出版社，2004，第6页。

③文中所引课例见于黄厚江老师的三本著作：《语文的原点》，南京，江苏教育出版社，2011；《语文课堂教学诊断》，南京，江苏教育出版社，2011；《享受语文课堂》，南京，江苏教育出版社，2012。

④黄厚江：《语文的原点》，南京，江苏教育出版社，2011，第7页。

⑤卡罗琳·希尔兹、马克·爱德华兹：《学会对话：校长和教师的行动指南》，北京，教育科学出版社，2009，第58页。

（作者为江苏省语文特级教师）

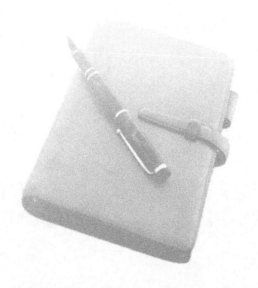

附　录

主要成果

一、获奖成果

1. "语文本色教学"获江苏省基础教育教学成果奖特等奖和国家级教学成果奖二等奖。

2. 教学方法"语文共生教学"获江苏省政府教学成果特等奖。

3. 作为主要编写者的苏教版国标本初中语文教材获江苏省政府教学成果特等奖。

二、出版的著作

1. 语文教学著作

(1)《播种核心素养的语文课堂》，华东师范大学出版社，2023 年 9 月出版

(2)《阅读课的姿态》，华东师范大学出版社，2022 年 5 月出版

(3)《用语文的方法教语文》，商务印书馆，2021 年 5 月出版

(4)《语文教学寻真》，华东师范大学出版社，2016 年 5 月出版

(5)《作文课的味道》，华东师范大学出版社，2016 年 8 月出版

(6)《黄厚江与语文本色教学》，北京师范大学出版社，2016 年 6 月出版

(7)《预约课堂的精彩》，漓江出版社，2015 年 7 月出版

(8)《从此爱上作文课》，漓江出版社，2015 年 7 月出版

(9)《黄厚江教语文》，语文出版社，2015 年 1 月出版

(10)《你也可以这样教阅读》，江苏教育出版社，2014 年 7 月出版

(11)《你也可以这样教写作》，江苏教育出版社，2014 年 7 月出版

(12)《享受语文课堂》，教育科学出版社，2012 年 7 月出版

(13)《还课堂语文本色》，教育科学出版社，2012 年 11 月出版

(14)《语文的原点——本色语文的主张和实践》，江苏教育出版社，2011 年 2

月出版

　　（15）《语文课堂教学诊断》，江苏教育出版社，2011 年 12 月出版

　　（16）《黄厚江讲语文》，语文出版社，2008 年 1 月出版

　　2. 学术著作

《论语读人》，漓江出版社，2014 年 9 月出版

　　3. 文学著作

长篇小说《红茅草》，语文出版社，2016 年 6 月出版

三、发表的论文

　　先后在有影响力的刊物发表语文教学论文 600 多篇，其中发表在核心期刊 400 多篇，被《人大复印资料》《中国教育报》等报刊转载的论文 100 多篇。